JN225142

フェニックスのような——はしがきに代えて——

古代エジプトの人々はフェニックスという想像上の鳥を創り出しました。不死鳥と訳されています。この鳥は五〇〇年ごとに、香りのよい木々を山のように積み上げて火をつけ、自らを焼きその中で一旦死にます。そしてその灰の中から新しいフェニックスがよみがえるのだそうです。戦後日本が生んだ天才の一人、手塚治虫はこの鳥を形象化して傑作『火の鳥』全十一巻を残しました。

さて、私は石川啄木という人の生き方がこの不死鳥のようだとよく思います。どうして啄木の生き方が不死鳥に似ているというのか、これをお話してみることに致します。

啄木はその二六年間の短い生涯において、二度（少なくとも二度）自ら火の中に突入し、自らを焼き亡ぼし、新しい啄木になってよみがえった、と思います。人間が成長していく上で脱皮を遂げる、ということは誰にでもあることです。しかし啄木についてはなぜ脱皮といわず、火の中に突入し、自らを焼く、などと言うのか。それは信じられないような困難な課題を自ら設定し、それに向かって突進し、奮闘し、全心身のエネルギーを燃焼させ、燃え尽きるまで闘いを止めないからであります。そして燃え尽きたときに新しい啄木が生まれ出ているからであります。

私は今日、そのような見地から石川啄木の生涯をたどってみたい、と思います。

不来方《こずかた》のお城の草に寝ころびて
空に吸はれし
十五の心

二

天空高く舞い上がった啄木が、最初に、いきなりその翼を収め、火の中に突入していったのは、一九〇二年（明治三十五）十月末のことでありました。前年の八月、与謝野晶子の『みだれ髪』が出ます。そこでは恋愛と性愛がけんらんたる言葉で謳歌されています。啄木はこの歌集に溺れるほどの愛着を示しました。そして短歌をつくるようになります。進行中の堀合節子との恋愛と『みだれ髪』とはたがいに因となり果となりしつつ、相乗効果をうみ出していったものと思われます。同じ八月、つまり啄木が中学校四年生のとき、高山樗牛の「美的生活を論ず」が出ます。樗牛は人間のもっとも深いところから湧き上ってくる要求を満足させるところに絶対の価値があると説きました。啄木にとってこの絶対の価値は文学と恋愛でありました。樗牛はそれを追求することこそ美的生活だ、といいました。啄木はいつでも全身をかけて動きます。もう盛岡中学校の勉強も校則もきっと無価値につまりガラクタに見えていたことでしょう。だからくりかえし怠けはする、カンニングはする、そこへ翌一九〇二年の岩手県は大凶作。お寺の経済も大変だったことでしょう。中学五年生の啄木は何の未練もなしに中学校を退きました。啄木には夢がありました。詩人になる、という夢です。ただし啄木が考える詩人というのはとてつもない概念であります。簡単に申しますと、時代の精神を代表し、信ずるところを貫くためには世の中全体でも敵として闘う気魄を持ち、学問と修養は深く広く、その主張が一国の文明の大動力となる「大《おほい》なる詩人」、これが啄木の思い描く詩人のイメージです。高山樗牛の「文明批評家としての文学者」がこのイメージのソースです。啄木はいきなりこれになろうとして上京したわけです。ムチャもムチャ、大ムチャでありました。だいたい親はほとんどお金をもたせていなかったようです。仕送りもできなかったようです。十六歳の少年が、明治三十五年という時代に、しかも冬に向かう季節に、ほとんど無一物で上京し、今申したような詩人になろうとする。この無謀にして果敢な壮挙こそ第一回目の、火の中への突入であります。「絶え間なき努力」というのは啄木のかくされたモットーであります。啄木に怠け者を見ているようではその啄木理解は浅いものであります。啄木は限界までがんばりました。一九〇三年（明治三十六）一月下旬から二月中旬頃のことを啄木は後年回顧しています。「樗牛死後」という文章にこうあります。

　小石川の先の下宿を着のみ着の儘で逐出された私は、東京へ出て三月とも経たぬ頃ではあり、年端も行かぬ身空で経験も無ければ知慧もなし、行処に塞《ふきが》つて了つて、二三日市中を彷徨《うろつ》き巡つた揚句に真壁六郎といふ同年輩の少年と共に（佐山という人の）室に二十日許りも置いて貰つた事がある。

とあります。そうした日々のうちのある大雪の日など、渋民村を思い、父を思い、母を思い、同室の真壁少年に気取られぬようにしてボロボロ、ボロボロ涙を流したりもしました。心身ともにずいぶん参ったようです。そしてついに二月末の敗残の帰郷となるわけです。こうした事実だけではまるでフェニックスのようではありません。従来のこの時期の啄木はこのように見られておりました。ところが最近わかったことなのですが、啄木はこの帰郷の直前に丸善に寄り英書を購入しているのです。これは日本に入荷したばかりのもので、リッジーという人の書いた“Wagner”という英書です。二円二五銭でした。啄木の窮状を知って急拠上京した父親の財布をはたいたお金によるものと思われます。この英書はその後の啄木にとって重要な意味を持ちます。さらに啄木は同じ時にこれまた発行されて間もないトルストイの人生論の英訳本を購入または立ち読みしています。これら日本の最先端の知識をもとにして、帰郷後間もなく啄木は研究を開始し、そして執筆したのが評論「ワグネルの思想」でありました。この評論が四半世紀前に岩城先生らによって発掘されたとき、その構想が雄大であり、問題のたて方が根源的であり、引用されている文献が時代の最先端に位置するものであることなど、いろいろな意味で人々を仰天させたものでした。この貴重な評論の掲載を許したのは『岩手日報』でありました。こうした作品の構想が東京にいてどん底に身を横たえていたはずの啄木の胸深くに赤々と燃えていたのであります。啄木は英書の“Wagner”を研究し、「ワグネルの思想」を執筆し、さらに思索を重ねます。そして堀合節子の援助を得て、海の詩を集めた英詩集“Surf and Wave”を手に入れます。このあとです。詩人石川啄木が、『あこがれ』の詩人として空高く羽ばたくのは。啄木はまさにこの時、自らに啄木という雅号をつけたのでした。無謀きわまりない、中学校退学と上京。その結果としての完膚なきまでの失敗。たしかにそうであったはずの結末の中から詩人啄木が飛びたったのです。まさにフェニックスのようです。

その後の啄木のことでふれたいことはたくさんあります。ともかく啄木は——みなさんご存知のように——結婚し、渋民村で代用教員になり、「石をもて追はるるごとく」村を出、北海道漂泊の一年をすごします。

浪淘沙《ろうたうさ》
ながくも声をふるはせて
うたふがごとき旅なりしかな

この歌は北海道時代の回想をしめくくる歌であります。北海道時代の啄木のことを思いうかべつつよむと、万感こみあげて胸を打つ名歌であります。しかし、北海道を切り上げて上京した啄木こそ、火の中に突入し、自らを焼き尽さんとする、あのフェニックスのような啄木だったのであります。またしても無一物、妻子老母は人にあずけ、単身上京したのです。何のために。売れる作家になるために。ムチャです。あの島崎藤村ですら小諸で十分に作家としての修業を重ね、大作「破戒」の原稿を書き上げ、それをもって上京したのです。準備なしの二十二歳の青年が上京して二～三カ月で売れる小説が書けますか。でも自分を「天才」であると信じていた、あるいは信じようと敢えて努めていた啄木は書くつもりでした。そして三カ月もたたないうちにお先まっくらになります。炎天下の東京を「灰色になつた白地の単衣が垢にしめつて、昆布でも纏うてゐる様な心地」でお金を借りに歩きます。だめです。恵まれた北原白秋の生活を見ての帰り、啄木は電車に飛びこんで死にたくなります。やさしい金田一京助がいつも助けてくれます。でも小説を書くのは啄木自身ですから、彼自身は日ごとに深い絶望の淵に沈んでゆくしかありません。とうとう浅草の千束町に娼婦を買いに行くようにもなります。そうしたかわいそうな女たちに自分の苦しみをぶっつけたこともあります。どんなにあがいてもだめだった。どんなに苦しんでもだめだった。約一年間、いい小説を書けぬ苦しみの中で七転八倒します。とうとう一年間の苦しみを総決算する日が始まりました。いや、彼のそれまでの文学的人生を総決算する日が始まったのです。一九〇九年（明治四十二）四月、「ローマ字日記」を書きはじめるのです。

ところで、今からちょうど三年前の一九八七年七月二十日、『朝日新聞』にドナルド・キーンが書いています。「明治時代の文学作品中、私が読んだかぎり、私を一番感動させるのは、ほかならぬ石川啄木の日記である。」そしてはっきりつけくわえています。啄木の日記は鷗外・漱石の小説よりもいっそう自分を感動させるのだと。その啄木日記中の圧巻が「ローマ字日記」であります。この日記を読むと、炎で身を焼く不死鳥のような啄木の、その内面を克明にたどることができます。いったいこのとき、石川啄木の何が燃えていたのでしょう。与謝野鉄幹・晶子、高山樗牛・姉崎嘲風らから吸収し、ワーグナーの伝記に心酔しつつ形成した啄木の浪漫主義が燃えていたのです。とくに最後まで燃え残ったのが啄木浪漫主義の芯の芯、すなわち天才主義と「天才」意識でありました。それらが燃えている、という事態は「ローマ字日記」の中でどういう姿をとるか。それを今見てみましょう。

どんなにしてもいい小説が書けない、という毎日の事実が、「啄木よ、おまえは作家失格だ。結局おまえは天才ではないぞ。自己の正体を直視せよ」とささやくわけです。これを聴き入れて自己の正体を直視することは死ぬよりつらいと啄木は思っています。何としてもこの書けぬ事実から面をそむけます。そむける方法はただ一つ、「書こう」と自分に言い聞かせることです。書く気になっていたり、書いていさえすればまだ可能性はあるように思えるからです。もうほんとうにだめだ、と思ったはずの日々から、何と七〇日間もこのかっとうを持続するのです。啄木浪漫主義の断末魔の七〇日間です。フェニックス啄木が自らを火の中で焼くときどんな心の様をとるのか、手にとるように分かります。そしてこの結果啄木は自己の内面であれ、社会の事実であれすべてを直視する人となります。

浪漫主義的な旧い啄木と現実を直視せんとする新しい啄木との内面的相克、これが「ローマ字日記」のライトモチーフです。このたび啄木賞をいただいた『国家を撃つ者　石川啄木』(同時代社、一九八九年)の第二章がはじめて「ローマ字日記」のライトモチーフをこのように規定しました。この規定は桑原武夫・相馬庸郎両氏の規定を超克するものと自負しております。ご一読下さればさいわいです。

「ローマ字日記」はこのような目で読むとおもしろいです。岩波文庫で一〇〇頁ばかりのこの日記を私は三年前(一九八七年)、一九日間かけて一字一字じっくりと読みました。こんなに面白い作品は世にもまれだ、と思いました。桑原武夫はかつて、この作品は「日本の日記文学中の最高峰の一つ」というだけではまだ足りない、「日本近代文学の最高傑作の一つ」であると絶讃しました。うかつにも長い間、その意味がわかりませんでした。しかし三年前、キーンや桑原が言ったことの意味を実感しました。ぜひお読み下さい。それもローマ字で一字一字読んでゆくのです。

さて、「ローマ字日記」という煉獄に身をやき、その灰の中から飛びたったのは、これこそまさにわれらの石川啄木です。数々のすぐれた評論を書き、短歌に啄木調を確立しました。大逆事件が発覚するや日本の文学者中もっとも鋭く、正確に事件の核心に迫り、貴重な記録を行ないます。社会主義についてもすぐれた研究を行ない卓越した理論を獲得します。『一握の砂』『悲しき玩具』に結晶する大量の名歌、秀歌をうみ出し、絶唱「呼子と口笛」を制作します。フェニックスは未明の空に高く飛び立ったのです。

こののち病に衰えた中でも岡山儀七あてに「平信」を書いて最高の時代批判者石川啄木の健在を示します。明けて翌年の一月、つまり死の四カ月前の一九一二年正月の日記もきわめて高い意義のあるものです。それはあの巨大な社会運動、大正デモクラシー運動の足音を啄木がたしかにききつけていることを示しているからです。この足音を日本で最も早くに聞きつけた一人が石川啄木であります。

二度、烈火の中に身をやき、二度その灰の中からよみがえった啄木を、思想家としての側面に焦点を合せて一語で表現するなら、それは「国家を撃つ者」となりましょう。

私の内なる石川啄木は以上のような詩人なのであります。

目次

序章　啄木研究史のアポリアを解く

「啄木最後の思想的転回」説の解明

1

啄木研究史上最大のアポリアは、いわゆる「啄木最後の思想的転回」説である（以下〝転回〟説と記す）。この難題の提出者は金田一京助であった。一九一九年（大正八）四月十二日、彼の「啄木逝いて七年――石川君最後の来訪の追憶――」と題する一文が『時事新報』にのった。四〇〇字詰めで四枚ほどの小品であり、そのうちで〝転回〟説のエッセンスは次の一枚半ほどの「報告」につきていた。

……私はかういふ事を十分なる所信を以て読者に報告することができる。石川君の病が一時小康を得たことがある。其は四十四年の夏から秋へかけて（のちに「六月、七月の交」などに変更―引用者）の事だつたと思ふ。其の間に一度杖に掴まつて私の家迄来てくれたが恐らくは石川君が此の世の最後の訪問であつたらう。（私は生涯此の時の石川君を忘れる事が出来ない）私が驚いて玄関へ立ち迎へると、其処に杖に掴まつて立つてる人は石川君と云ふよりは石川君の幽霊のやうであつた。其程面窶《おもやつれ》してゐたに係はらず気分は極めて軽さうに「やあ」と云つてにこ〱してゐた。中二階の私の室へ通つて坐つた時には、少し息切がしてゐた様ではあつたが、目馴がしたのか非常に晴やかな石川君に見えてゐた。挨拶し乍ら「今日は本当に心から来たくなつて突然にやつて来た。」と云ひ〱、「実は愉快でたまらない僕の心持を少しも早くあなたに報告したさに来た。私の思想問題に就ては随分御心配掛けたものだ、がもう安心をして下さい。今僕は思想上の一転期に立つてゐる。やつぱり此の世界は、此の儘でよかつたのです。○○（幸徳─引用者）一派の考へには重大な過誤があつたことを今明白に知つた。」さう云つて「今僕の懐くこんな思想は何と呼ぶべきものだかは自分にも未だ解らない。こんな正反対な語を二つ連ねたら、笑はれるかも知れないが、強ひて呼べば社会主義的帝国主義（のちに「社会主義的国家主義」ともいう─引用者）ですなあ。」此の日の石川君は何を語つても日頃に似ず凡ての判断の恐ろしい妥当性、凡ての推理の驚くべき透徹、私はたゞ歓喜の涙に目をしばたゝくのであつた。其の思想が呑み込めぬ迄もなほ論理的形式は私にもわかるのであつたから。

これが以後「啄木最後の思想的転回」なる〝事実〟の「報告」と称せられる。金田一は一九二七年（昭和二）の『改造』一月号に約八〇枚の長文「晩年の石川啄木──啄木最後の思想的転回に就て──」を発表した。この前にも、そして後には何度も、彼はこの問題について書いた。しかし、〝事実〟の「報告」に関するかぎりはさきの一枚半を一厘も出ることはなく、その上この一枚半の内容さえも微妙にゆれた。

一九六一年（昭和三十六）に始まる問題の（金田一・岩城）論争以前においてこの「報告」の〝事実〟そのものが虚妄であると断言したのは管見のかぎりでは二人である。斎藤三郎（『啄木歌集』岩波文庫「解題」、一九四六年。『啄木文学散歩』角川新書、一九五六年）そして岩城之徳（「幸徳秋水事件と啄木晩年の思想」私家版、一九五一年）である。（なお論争開始直後の一九六一年六月、春秋社刊の『啄木入門』第六章で赤木健介も虚妄と断じている。）

2

〝転回〟説に対する最初の本格的批判である岩城論文を論争前史として見ておこう。「幸徳秋水事件と啄木晩年の思想」はガリ版刷りで一九五一年三月一日に発行された、A5判三七頁の小冊子である。わずか三〇部しか発行されなかった稀覯本である。紙幅に制限があるので内容のたち入った紹介は割愛し、〝転回〟説批判を直接とりあげることにする。

第一節から第五節までにおいて、当時未公刊だった、函館図書館秘蔵の「日本無政府主義者隠謀事件経過及び附帯現象」と「A LETTER FROM PRISON」に直接当たり、これらの内容を紹介するとともにこれらを活用して幸徳事件が啄木に与えた影響を分析する。ついでこの分析をふまえつつ第六節においてこう書きおこす。「……ここに一つの思想的疑問が投げ出されている。それは啄木七周忌に於て、金田一京助氏より『石川君最後の来訪の追憶』と題して発表せられた啄木晩年の思想の展開に関する問題である」と。そして金田一の〝転回〟説を紹介し、この説に対しては吉田孤羊、丸谷喜市、岡邦雄が支持しているが、石川正雄は『父、石川啄木を語る』において疑問を呈し、斎藤三郎は岩波文庫『啄木歌集』の解題において、〝転回〟説は「到底あり得なかつた」と否定しているとし、次のような自身の見解を押し出す。

一、日記によって考えると啄木の金田一訪問はすでに紹介した「A LETTER FROM PRISON」作成後約一カ月間のこととなるが「啄木の幸徳に関するこの烈しい熱情に燃える手記がなされて、早くも一ケ月目に金田一氏の言われる様な思想の転換が起り得るとは到底考えられない」。「かかる重要な啄木の考えを明示する記事が明治四十四年の日誌にも当時の書簡にも彼の遺稿にも何等示されていない。」「右の訪問の事実については少なくとも啄木にとっては思想の転期とも云うべき重要な問題ではなかったのではあるまいか。」

二、金田一は明治四十四年六月二十五、六日頃、つまり詩篇「家」「飛行機」を書いた頃に〝転回〟がおこったと推定しているが、啄木のそれ以後の日記には〝転回〟がなかったことを示すいくつもの記述が見られる。たとえば、七月一日、七月三日、七月十一日、十一月十日、十一月十二日、十一月十七日、明けて一月二日、一月三日、一月三十日の記述がそれである（として具体的に引用）。これらと「平信」の内容とを考えあわせると「金田一氏の述べられる如き第三の思想の転換など、毛頭なかった事が考察され得るのである」。（以下略）

岩城の最初の論文は啄木研究史上画期的な位置を占める。金田一の〝転回〟説に対して多くの資料的根拠を示して行なった最初の本格的な批判であったからである。しかも未公刊の二つの大逆事件関連資料（一九五一年八月に公刊）がいちはやくつかわれて批判の正当性を力強く支えている。当時の資料上、研究上の諸条件を思量するならこれ以上すぐれた批判は考えられない。

ところで、日記はすでに公刊されていた。岩城が指摘した日記の中の諸記述は誰の目にも入っている。間もなく大逆事件関連資料も公刊された。誰もが読めたのである。それらと「平信」とは思想上の〝転回〟などありえないと（資料自らが）語っていたのである。それなのになぜ、斎藤、岩城、赤木以外の人々は〝転回〟説の虚妄性を見抜けなかったのか？

3

一九五一年（昭和二十六）、啄木研究は小論「啄木研究史概説」（本書終章二）でいう「現象論的段階」すなわち啄木に関する情報収集（作品収集も含む）を主要な特徴とする研究の段階を終わろうとしていた。一九五五年十一月、この段階をしめくくって岩城之徳の『石川啄木伝』（東宝書房）があらわれる。この伝記は金田一の〝転回〟説と厳しく対決しており、一九五一年以来の高い見識を堅持している。

ついで「実体論的段階」がはじまる。一九五六年〜一九八七年である。この段階は集積した情報、啄木の、日記および大逆事件関係の記録・論評等新資料の公刊や発見、憲法によって保障された研究・表現の自由等の条件のもと、多量の情報（＝「現象」）の中からさまざまの特徴的な啄木像（＝「実体」）をつかみ出す段階である。別言すれば分裂した啄木像の段階であった。

一九五六年（昭和三十一）から宮崎郁雨が敬意と嫌悪をないまぜにした啄木像を提示しはじめる。翌年から伊東圭一郎が『あこがれ』上梓前後の啄木の奇行（借金、うそ、大言壮語等）を紹介しはじめる。同年高桑純夫は啄木のヒューマニズムは「爪先で立つヒューマニズム」にすぎぬと一蹴する。一九六〇年（昭和三十五）に『啄木論序説』を著した国崎望久太郎は生活上、思想上の「落伍者」と啄木を規定し、啄木の文学を「落伍者の文学」と規定した。〝生活上の落伍者〟論の資料的根拠にしたのは主として啄木の日記（および書簡）であり、〝思想上の落伍者〟論の最深の根拠になったのは〝転回〟説であった。国崎は〝転回〟説に対して次のような態度をとった。「いまこれは金田一氏の解釈ではなく、報告であること、その報告はその人柄からして信憑すべき性質のものであることを前提におこう。

その前提なくして（啄木の社会主義あるいは無政府主義を—引用者）論ずることは無意味であるし、他の傍証も金田一氏の報告を支持していると思う。」岩城の前掲論文は未見であったかもしれない。しかし岩城が見た資料（啄木作品）は国崎も見ていたのである。同じ資料を前にして何という態度のちがいが生じるのであろう。しかも一九五六年十一月には斎藤三郎がその著『啄木文学散歩』の中の一章「啄木伝における疑問——いわゆる思想的転回についての一考察——」で啄木の社会主義思想の形成過程を地道にあとづけ、「すくなくとも文字に現われた限りに於ては思想的転回ないし転換のことなど全然認められ」ないと断じ、啄木に〝転回〟説のような言辞があったとすればそれは一九一〇年（明治四十三）初頭のことであって、一九一一年六、七月のことではないであろう、というまことに理にかなった結論を下していたのである。啄木研究の主流は「革命詩人像の鋳型から解放される経過」（今井泰子）をひたすらたどっている。つまりこれに対立する像を彫り上げる過程をひたすらたどっているわけである。別言すれば啄木像分裂化の奔流が音たてて流れ下っているのである。その時期に勃発したのが一九六一〜一九六二年の金田一・岩城論争である。

ここでこの論争をふりかえっておこう。論争はすべて『短歌』（角川書店）誌上を舞台として展開された。一九六一年（昭和三十六）四月号の「現代と啄木の接点」という座談会における岩城のおおよそ次のような発言が発火点となった。「啄木がこの時期金田一さんを訪ねたか、またそういったかどうかは当時の日記に何にも書いていないので啄木の側からは資料的に明らかにすることができないので、そんな訪問の事実はなかったと否定するか……」「（大逆）事件が終結して半年もたった時期にわざわざ管野らの誤りを思想上の転機と結びつけて明治四十三年以後疎遠の状態にあった金田一氏に報告に行くことなどとうていありえないと思います。」

金田一は同誌六月号で「最終期の啄木——啄木研究家の怠慢、報告者の無識——」と題して反論した。当時金田一は七十九歳であった。要旨はこうであった。〈「呼子と口笛」を作った頃に啄木はたしかに自分の家を訪れ、「報告」のよ

うなことをしゃべっていった。問題は啄木のいったことを自分がなかなか正確に伝えられない――無識である――ことだ。〉

同年十月号で少壮の日大助教授岩城之徳は応じて起った（「啄木伝をめぐる問題　▼金田一京助博士の所説に応える」）。〈一、金田一報告にいう来訪の事実とそこでの啄木の談話の内容との双方に、資料的裏づけが皆無であり、その二つが事実であるかどうかはきわめて疑わしい。二、金田一のいう談話の内容をまるで否定する資料（「A LETTER FROM PRISON」）が逆に存在する。三、金田一のこの問題に関する所説は時代の推移と共にたえず動揺し、訂正と補足に終始しこの面でも信憑性に乏しい。四、金田一は戦後大量に公刊された啄木の日記・大逆事件関係の文書等をなにも摂取しておらず、学問的態度に欠ける。〉これらの論点は一九五一年の論文を継承しかつ発展させたものであり、ただ一点を除けばまぎれもなく正しいものであった。そしてその論証も力強いものであった。残る一点はきわめて立証のむずかしい性質のものであった。しかし岩城はこのとき、その一点をとくにとり出し自説の根拠として実証しようとした。すなわち、多くの傍証を示して一九一〇年（明治四十三）以降金田一と啄木の間には疎隔が生じていたので翌年六、七月の金田一宅訪問という事実はなかった、と論じたのである。

金田一は激怒した。同年十二月号で、それでもおさまらずに翌一九六二年（昭和三十七）三月号で猛烈に反駁した（「啄木最後の来訪の意義――岩城之徳君の強弁にあきれる――」「知らぬことを想像するな――岩城之徳氏への忠言――」）。金田一はこの点で有力な根拠を示して来訪の事実を主張した。他のすべての点では、金田一はまるで反論できなかったであろう。来訪の事実の証言だけは立派な説得力をもっていた。

こうして論争は袋小路に入ってしまった。岩城は同年の四月号に「啄木最後の来訪説を解く鍵　金田一京助博士の反論に応えつつ」を寄せ、自説を改めて頑強に主張した。ただし、金田一のいうような来訪はたしかにあったのであろうが、それは一九〇九年（明治四十二）秋のことであろうという持論（『国語国文研究』一九五七年四月）を補充した。そして論鋒を注意深く収めた。（注）

一九五一年（昭和二十六）以後一〇年間の稔り豊かな研究成果を具備しての〝転回〟説批判であったのに、問題はふたたび「藪の中」となった。岩城としては一九五一年の〝転回〟説の虚妄の発見と指摘以後も、さらに斎藤三郎のすぐれた批判があってもなお、〝転回〟説がまったく退場してゆかないのであるから、これを批判しぬくことのむずかしさを痛切に感じていたものと思われる。他のほとんどの論者のように金田一の「報告」を事実として認めた上であれこれ議論することのナンセンスさは、岩城にははっきり見えていた。そのような土俵そのものが虚妄であることをはっきりさせること、これが岩城の課題であった。つまり、一九一一年（明治四十四）六、七月の交に啄木が来訪して「思想的転回」を語ったという〝事実〟そのものが無かったことを証明する課題を岩城は背負っていたわけである。論争の仕方は二通りあったであろう。一つは来訪の事実そのものがありえないということの論証に重点をおくやり方、他の一つは六、七月の交に「思想的転回」を語ることはありえないことを論証するやり方である。当時の啄木研究の段階では後者の道をとることは不可能であった。文献学的批判による前者の道しか現実にはなかった。岩城はその道をとったのである。だが論争の結果は前者ではなく後者で行くべきことを教えてくれた。これは論争の成果の一つである。論争については何人もの人が論評したが、公正で情理かねそなわって、生産的であったのは五年後に行なった本林勝夫の二度目の整理であった。本林はその中で次のように解決の方向を提示した。「作品その他の検証からこの問題を処理する途もあるはずであろう。……訪問の事実は事実として認め、そこから……晩年の思想構造をきわめることも可能にちがいない。」（「啄木晩年の思想論争——金田一・岩城論争をめぐって——」『石川啄木必携』学燈社、一九六七年所収）

ところで、論争ののち（一九六二年四月以降）〝転回〟説はどう扱われたか。ここに〝転回〟説の根強さを示す例をあげておく。

〈転向者・啄木〉という概念を、おもいきつて措定してみることが、もうひとつ可能なのではないか？（久保田正文「『啄木晩年の思想的転回』をめぐつて」一九六二年八月）

当面金田一報告は信じてさしつかえないものである……。（今井泰子「啄木論の一争点――啄木研究史(一)――」一九六二年十一月）

啄木が金田一に自己の思想的転回を告白したとき、彼がまったく嘘をついていたものとも思えない。（杉森久英『啄木の悲しき生涯』一九六五年六月）

ある場合にはアナキズムへかたむき、他の場合には、金田一京助が証言したように「社会主義的帝国主義」へかたむいたといえようが……。（鹿野政直「啄木における国家の問題」一九七二年一月）

金田一発言を支持したいと思う。（桂孝二『啄木短歌の研究』一九七六年十一月）

四十四年一月の幸徳等処刑による昂揚状態からその年夏金田一のいわゆる啄木が自ら「帝国主義的社会主義」といったという晩年思想への変化……。（米田利昭『石川啄木』一九八一年五月）

啄木が「社会主義的帝国主義」と金田一に言うこともありうる。（助川徳是『啄木と折蘆』一九八三年六月）

明治四十四年の夏ごろ……啄木が……金田一の家を訪問し、「思想上の一転期」について報告したという事実を、岩城之徳のように文献学的に否定しようとしても無理である……。（石井勉次郎『私伝　石川啄木　終章』一九八四年五月）

このころ啄木が杖にすがって金田一京助を訪れ、世の中は「このままでよい」と伝えたというのも、この意味

ではあながちありえないことではない。（小川武敏『石川啄木』一九八九年九月）

すぐれた研究者の発言を初出時か単行本への執筆・収録時かにこだわることなく、〝転回〟説の根強い姿を示しうるよう並べたものである。これらの人々の啄木（とその思想）の理解はすぐれて個性的であり、互いの間には豊かな差異があるのだが、〝転回〟説認識には一の共通性が存在する。一九一一年（明治四十四）六、七月の交に金田一を訪ねて「思想的転回」を語ったという「事実」そのものが、なかったというところまでの洞察に欠けている点がそれである。あの論争を経ているのに。

なにゆえに妄説がこの錚々たる人たちの中にさえ生きつづけるのか。

一、研究史の趨勢ということがある。論争がおきたとき、日記（や書簡）が提示したさまざまの事実、宮崎郁雨・伊東圭一郎らによるさまざまの証言等の中に見えてきた否定的・消極的・敗北的側面とみなされる大量の情報をとりこむことが、研究者たちのさしせまった課題となった。それらをとりこんでできあがる啄木像の彫琢が研究の主流であった。国崎の前掲書は衝撃的に作用し、今井泰子等の業績へとひきつがれてゆく。国崎的、今井的啄木像、すなわち〝挫折者〟系啄木像が彫琢されていった。それは革命詩人啄木の像に対する強烈なアンチテーゼであった。この奔流が斎藤や岩城や赤木の正論を波の下にしてしまった。そのうちに日本でも世界でも社会主義運動の著しい頽勢があらわれた。その上近代文学研究に新しい潮流がおこっていっそう啄木研究者の〝転回〟説への関心がうすらいだ。

二、金田一の名声・権威が研究者を呪縛した。金田一はまず、最初の啄木伝の作者であり、最初の年譜の作者でもあった。金田一は土岐善麿とならんで誰から見ても石川啄木のもっとも親しい、もっとも深い理解者であった。その彼が〝転回〟説を唱えた。重ねて唱えた。その後彼は名著『石川啄木』（文教閣）を著した。いくたの全集の編纂にかかわり、啄木を人々に魅力的に語り、研究者を援助した。ついには啄木研究の大御所的存在であった。そして国民的な人気をもつ碩学でもあった。こうした業績をもつ彼は石川啄木第一の親友たることを自他ともに許していた。この人が〝転回〟説をくりかえし唱えていたとき啄木の日記や大逆事件関係文献等は非公開であった。したがって人々の啄木理解は資料面からは大きな制約を受けていた。当時の人々には金田一の「啄木最後の思想的転回」なる〝事実〟の「報告」が第一次資料と同等のものと錯覚されてしまった。その錯覚は情報が公開されたあとも失せなかった。多くの人々の頭は一九六二年（昭和三十七）以後もおかしいほど呪縛されつづけたものらしい。

4

ではこのナズナのように人々の頭の中にはびこる〝転回〟説を本林の提示の線にそって、ひき抜くことにしよう。本林は次の二点をあげたのであった。㈠作品その他の検証からこの問題を処理する途。㈡訪問の事実は事実として認め、そこから……晩年の思想構造をきわめること。

後者から見てゆこう。

A　「晩年の思想構造をきわめる」研究は啄木の思想的到達点としての社会主義の内実をつきとめることに帰着する。この研究に必要な資料がほぼ出そろったのは一九五一年（昭和二十六）八月（河出書房の『啄木全集』第十三巻の刊行）であった。この後約三十数年間になされた啄木社会主義に関する微々たる研究のうち一九一一年（明治四十四）夏時分の啄木の思想の内実にたち入ったのは次の三篇だけである。

㈠碓田のぼる「啄木と社会主義」、㈡同「啄木・『社会主義文献ノート』の研究」（ともに『石川啄木』東邦出版社、一九七七年所収）、㈢荻野富士夫「啄木の社会主義思想」（洋々社『啄木研究』第三号、一九七八年）。

碓田は全国私教連委員長等として長年労働運動にたずさわってきた人、荻野は歴史学者。啄木の浪漫主義あるいは自然主義を論ずるのとは異なり、啄木の社会主義を論ずることは文学専門の啄木研究家にとって重荷であったことをこの事実は示している。碓田は啄木とマルクス主義という未墾の分野にはじめて鍬を入れた人であり、数々の卓見を示した。しかしそれらは啄木社会主義の数々のポイントの指摘にとどまり、内的紐帯をさぐる志向に欠けていた。荻野は逆に内的紐帯をさぐるべく啄木社会主義の内実に分け入ったが道を失ってしまった。

それまでの研究をふまえて啄木社会主義の内実をとらえることに一定程度成功したのは近藤典彦であった（『国家を撃つ者　石川啄木』同時代社、一九八九年、第五章）。これによって、啄木の社会主義理解は卓越したものであり、当時の日本最高の社会主義者（しかもマルクス系の社会主義者）堺利彦の社会主義に最接近していたことが判明した。それはとりもなおさず啄木がマルクス主義に最接近していたことを意味するのである。啄木は実に堺利彦や山川均らに次いで日本のマルクス主義者の源流に位置する思想家でもあったといえよう。この高みに到達したのが一九一一年五月である（その成果の上に六月中、下旬の「呼子と口笛」創作がある）。この到達点を理会できて、啄木の思想家としての天才的素質（俊敏で、明晰で、論理的な頭脳）を感得できているほどの人にとっては、一九一一年六、七月の交の啄木の「社会主義的帝国主義（または国家主義）」発言の〝事実〟など噴飯もの以外の何物でもない。本林のいうとおり、「晩年の思想構造をきわめ」たとき〝転回〟説は掻き消えるのである。

ついでにふれておくが、啄木の思想的到達点への無理解は一方で国崎の「思想上の落伍者」啄木、今井の「燃えつきる焔」啄木等の挫折者啄木像を生み出したが、他方それらに対する批判者の側にも立脚点の不安定感を生み出していった。さらにその無理解や不徹底な理解は啄木の人間的弱点なるもの（〝借金魔〟〝うそつき〟〝封建的、独善的な夫〟といった俗説）と結びついて啄木像を不当に歪めたのであった。啄木に多くの人間的弱点があったのは異とするにたらない。しかしそれらを統一的啄木像の中にとりこむには思想的到達点の把握は不可欠であり、さらに新しい視角が必要なのである（たとえば、本書第三章三を参照されたい）。

B　本林のもう一つの提示「作品その他の検証から」〝転回〟説を「処理する途」を見てみよう。金田一が〝転回〟説の作品的根拠としたのは「呼子と口笛」の中の「家」「飛行機」が、その前に位置する「はてしなき議論の後」等六篇のような革命詩ではなくなっている点であった。金田一の論拠を突き崩すためには「呼子と口笛」の基本的性格と「呼子と口笛」成立の内面的過程とを明らかにすることが必要であった。論争より四半世紀ののちに、ようやくこれが明らかになった（前掲小著第六章）。「呼子と口笛」は「はてしなき議論の後」や「墓碑銘」のような革命詩のみからなる詩集としてははじめから意図されていなかった。ここに収められる詩の根本条件は北原白秋の『思ひ出』に対抗する、一九一一年六月以後の啄木の詩であること、であった。したがって「家」「飛行機」が革命詩でなければならぬいわれは何もないのである。さらに小論はこの二つの詩の根底に流れるモチーフを明らかにし、これら二篇とそれ以前の六篇との間に思想上の変化など存在しないことを明らかにした。

〝転回〟説を支えたもう一つの作品上の根拠は「呼子と口笛」成立過程の前半部をなす長詩「はてしなき議論の後」（**一**～**九**）成立にかかわるものであった。この長詩は未完であるが、**一**から**七**までは大逆事件の幸徳秋水、管野すが、宮下太吉らとロシアのナロードニキの青年たちとを重ねてうたっていて、革命詩とでもいうべき詩群である。ところが**八**（そして**九**）になるや、高揚していた詩人の革命的精神は明らかにトーンダウンしている。この事実も〝転回〟説を裏づけるものとして格好の、かくれた根拠となっていた。小論はこのトーンダウンの真因が北原白秋に贈ってもらった第二詩集『思ひ出』のインパクトによるたまゆらのものであり、思想上の〝転回〟とは無縁のものであることを論証した。また『悲しき玩具』のあれこれの歌を問題にした秋山清の「啄木私論」に対しては石井勉次郎の「啄木評価に関する一提言」(『私伝石川啄木』)が、「理性主義」を〝転回〟と結びつけた今井泰子「啄木晩年の所謂思想転換問題」には多良学の「啄木の所謂『理性主義』について」がそれぞれ正鵠を得た批判をすでになしてあった。こうして啄木作品の中に潜むとみられた〝転回〟説の幽霊に次々と強い光があてられ、幽霊は住み家を失った。かくて〝転回〟説は「作品その他の検証から」も「処理」されてしまった。

さらに資料発掘の側面からも〝転回〟説は「処理」された。一九六三年(昭和三十八)に岩城は高田紅果宛啄木書簡(一九一一年十二月十三日付)を発掘した。これは〝転回〟説を否定する新しい資料であった。さらに重要だったのは一九八五年(昭和六十)に遊座昭吾が発掘した海沼慶治宛書簡(一九一一年六月二十七日付)であった。この日付は啄木が「飛行機」を制作した日であること、手紙の内容が労働運動史上に有名な「旧日本鉄道会社の機関士の同盟罷業」(一八九八年二月)への啄木の持続的関心を示していることから、新資料は〝転回〟説を痛撃する一の根拠となった。岩城之徳「啄木が『飛行機』の詩を書いた日」(『啄木讃歌』所収)と前掲小著の「補論　晩年の〝思想的転回〟説を否定する有力な資料」とは、もはや〝転回〟説は六、七月のどんな時間にも入り込みえぬことを論証した。

かくて岩城之徳の最初の論文の〝転回〟説批判の正しさが今や立証されたといってよいであろう。

以上をふまえるなら〝転回〟説は次のように説明されるのがよいであろう。

一、啄木は一九一一年(明治四十四)六月下旬あたりに金田一宅を訪問している。

二、しかしそのときの啄木の談話なるものは断じて存在しえないのであって、金田一の記憶痕跡変容の産物にすぎない。

三、したがって金田一の「転回説」は妄説である。

金田一「報告」が内蔵するカラクリについて少しだけふれておこう。啄木が一九一一年の「夏時分」に来訪したと記録したのは一九一三年（大正二）五月以前のことであった（「石川啄木略伝」『啄木遺稿』一九一三年五月刊所収）。親友の死から一年後に三十二歳の言語学者が親友最後の来訪の時期をまちがえたりはしないであろう。たしかに啄木は来訪していたのだ。ところが、その来訪の時に「思想的転回」を語ったと言ったのは親友の死から七年後、最後の来訪から八年の後である。八年間の月日に曝された記憶の中から何の証拠もなしに特定のときにおける特定の談話なるものをとり出し、これを事実の報告と称するのは言語道断という外ない。とくに金田一のように思いこみの強い人（たとえば金田一春彦『父京助を語る』、岡茂雄『本屋風情』を見よ）にとって啄木死後の七年間は彼の啄木像に見合うように記憶痕跡が変容してしまうのに十分の期間であった（記憶痕跡の変容に関してはたとえば、相良守次『記憶とは何か』岩波新書、岩原信九郎『記憶力』講談社現代新書、高木貞敬『記憶のメカニズム』岩波新書、ジャン＝C＝フィルー著・池田数好訳『記憶』文庫クセジュなどを参照されたい）。そのように特殊な力が作用していない場合でも、「報告」（一九一九年）以後の金田一の文章には啄木に関してたくさんの記憶ちがいが見られる。わたくしは即座に二〇以上の例を列挙できる。土岐善麿が暗に批判したように「記憶」は「記録」ではないのだ。

斎藤三郎がまず指摘し、次いで岩城が指摘したように、一九〇九年、一〇年の交の談話の記憶が一九一一年「夏時分」の訪問・談話の記憶と交錯したものと推定される。

今回諸家に対する〝転回〟説のおそるべき影響を眺めつつ、この〝転回〟説をついに認めなかったと思われるごくわずかな人々の名前をひそかに挙げてみた。妄説であると明言した人となるとその数はさらに少なくなる。資料的に根拠をあげてこれを批判した人はほとんどなきに等しい。あのまったくの妄説に対して真向うから批判し決して退《ひ》かず、決して放棄せず、対決しつづけた人は一人しかいない。その啄木研究の深さと持続性、実証的な研究方法の確かさ、それらの根源にある研究者魂に心底からわきあがる敬意をわたくしは禁じえなかった。

（注）『金田一京助全集』第十三巻（三省堂、一九九三年）には論争の全文が収録されている。「解説」「解題」も大変参考になる。

第一章　明治の時空を超えた詩人

——その予見性・先駆性——

一　ローマ字詩「新しき都の基礎」の研究
――東京大空襲の予見と重ねつつ――

「NIKKI. I. MEIDI 42 NEN. 1909」、いわゆる「ローマ字日記」に、啄木は珍しいローマ字の詩を書いた。四月十三日火曜日のことである。詩に先立つ日記の一節とローマ字詩を漢字かなまじり文に直したものとを次に掲げる。

とうとうきょうは社を休むことにした．

貸本屋がきたけれど、六銭の金がなかった．そして、〃空中戦争〃という本を借りて読んだ．

新しき都の基礎．

やがて　世界の戦《いくさ》は　きたらん！
PHOENIX〔フェニックス〕のごとき空中軍艦が　空にむれて、
その下に　あらゆる都府が　こぼたれん！
戦《いくさ》は長くつづかん！　人びとの半ばは　骨となるならん！
しかるのち、あわれ、しかるのち、われらの
〃新しき都〃は　いずこに建つべきか？
滅びたる歴史の上にか？　思考と愛の上にか？　いな、いな．

土の上に、しかり、土の上に‥なんの——夫婦という
定まりも　区別もなき　空気の中に‥
はてしれぬ　青き、青き　空のもとに！(1)

「この、どう読んでも、東京大空襲や広島、長崎をはじめとする太平洋戦争末期の日本中の都市の惨禍をうたったとしか思えぬ詩は——それより四十年ほど前の明治末年に若くして死んだ詩人が、妻にも読ませず、発表されぬことを前提としてローマ字で書いた日記の中のものである。」（古山寛原作『漱石事件簿』新潮コミック、一九八九年）

この感銘は古山ひとりのものではない。十五年戦争の結果を体験した者で同じ感想をもつものは少なくなかったと思われる。一九五四年（昭和二十九）二月、斎藤三郎司会の下で開かれた座談会「啄木の人と生活」において桑原武夫、斎藤三郎、中野重治が次のように発言している。(2)

（桑原） 予言的に見たというのは空襲の歌がありますね。

（斎藤） あのローマ字日記の中の詩は私が調べたところでは、報知新聞にH・G・ウェルズの空中戦争を高田梨雨が翻訳して出している、それだと思います。単行本にもなっておりますが、非常におもしろいものです。各国間に大空中戦が次々と展開され世界が厖大な軍備の競争に疲れて、どうにもしようがなくなる。最後に「国際社会主義同盟」というものが起り、相互間の協調によって総ての国境は撤廃されて永遠の平和が来る——。

（中野） ウェルズのがそうだったとすれば、啄木の詩は絶対にH・G・ウェルズの換骨奪胎じゃない。H・G・ウェルズどころではない。

桑原も大空襲の予言を見、中野はこの詩に深刻な読みをしているらしくそれをほのめかしている。そして斎藤はこ

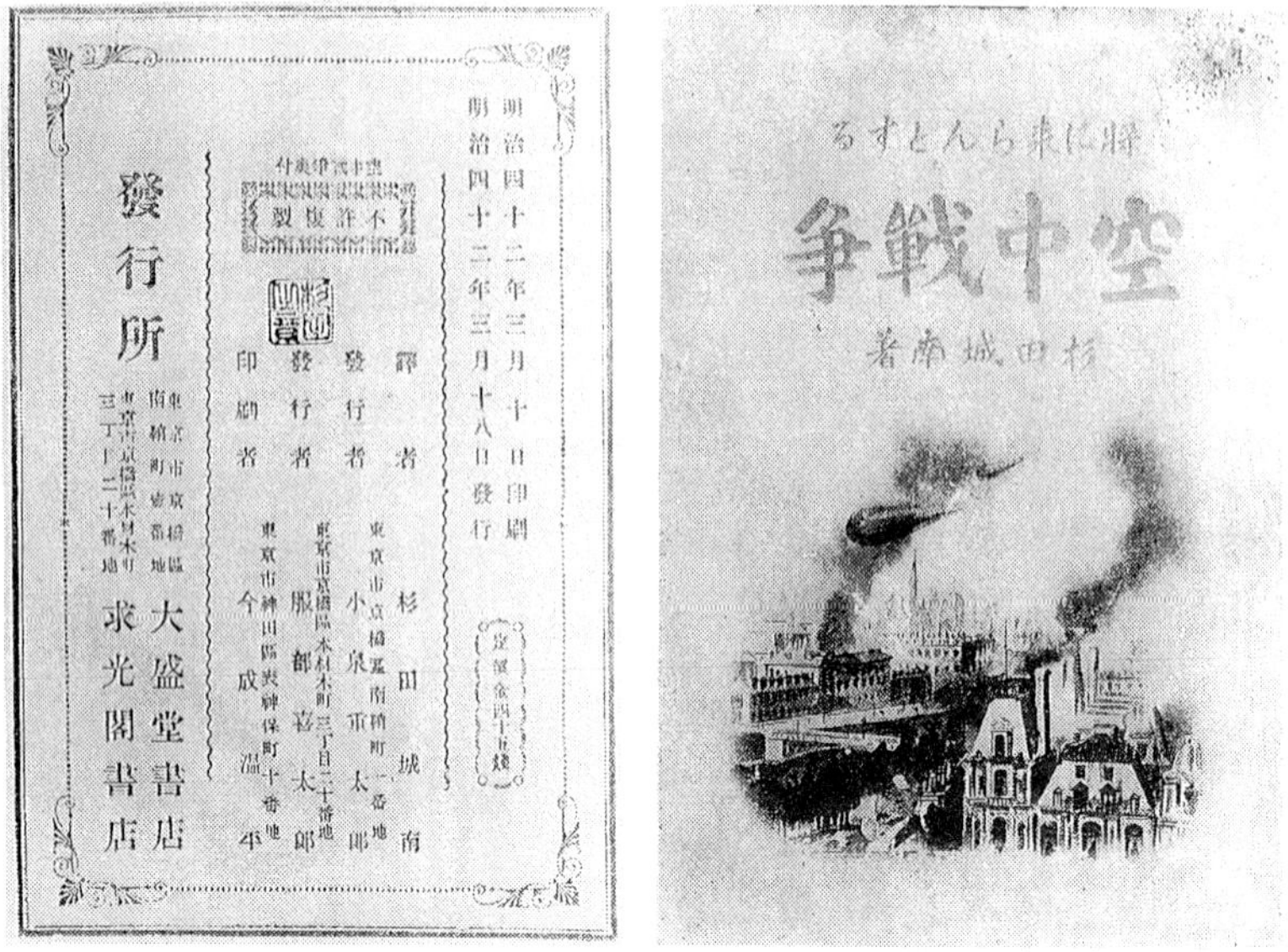

『将に来らんとする空中戦争』表紙・奥付

の詩を読む上で不可欠のテキスト『空中戦争』をほぼ特定している。わたくしはこの節においてまず、一、テキストの問題を解決し、二、それをもとに詩の読みを試みるであろう。さらに節を改めて啄木の予見能力について考察したいと思う。

1　『空中戦争』の発見にいたるまで

斎藤三郎は前記のごとく言う。ところが安藤重雄はこの「『空中戦争』は雑誌の附録であるとの事」[3]という。どちらが本当なのか。まず『報知新聞』のマイクロフィルムにあたった。これは容易にコピーを入手できた。「将に来らんとする空中戦争」が一九〇九年（明治四十二）一月八日に始まり三月八日で完結している。小説が完結した時次の付記がなされている。「記者曰く此小説は英国ウエルス氏の The War in the Air を骨子として作りたるものなるも、記者の独創と創意とを加へたる点甚だ多し、……幸にも此小説は甚だしく世人の注意を引」いたと。「記者」とは斎藤三郎のいう高田梨雨であろう。ただしこれは貸本ではありえないから啄木が手にしたものではない。実際には単行本または附録が発見されねばならぬ。斎藤のいう「単行本」は国会図書館の蔵書目録中にあった。高田梨雨『科学小説　空中戦争』（明治四十二年）である。しかし紛失本であった。発見の目途がたたないので安藤の線を追求した。そのような附録が出た形跡は管見のかぎりでは見えてこなかった。他方『報知新聞』を調べているうちに第三の書も存在しうることがわかった。一九〇九年（明治四十二）三月二十八日つまり連載が終わって二〇日後の同紙に次の新刊書に関する広告が載っていた。「英国　理科大学教授ゼーエム、シー著　日本　杉田城南訳『将に来らんとする空中戦争』（求光閣書店・大盛堂書店刊）」の広告である。二つの『空中戦争』が出現したわけである。しかもややこしいのは高田梨雨翻案の新聞連載物のタイトルと杉田城南訳の単行本の書名とが同じで、高田梨雨の単行本は『科学小説　空中戦争』だというわけである。啄木が読んだのはどちらなのか。一冊ではなく二冊の検索が必要となった。目星をつけた二〇ほどの図書館にひとまず問い合すべく準備を始めたところで別件が入って中断、半年を経た。一九九二年の秋も終りころ一冊の古書目録があきつ書店から届いた。何とその二冊が並んで載っていた。翌日同書店で二冊を手にとった。啄木が『空中戦争』を読んだのは四月十三日。『将に来らんとする空中戦争』の発行は三月十八日、『科学小説　空中戦争』の発行は六月十二日、テキストは確定した。前者である。さっそくこれを入手した（後者については以下を確認した。表紙には「科学小説　空中戦争　文学士高田梨雨」とある。奥付には東京　梁江堂発兌、明治四二年六月一二日、高田知一郎著等とある。序文は『報知新聞』の付記に内容的にほぼ一致していると見えた。登場する人物名も同一のものを確認した。斎藤三郎のいうとおり『報知新聞』の連載物を単行本にしたのが、こちらであろう）。以上がテキスト発掘の経緯であった。

さて啄木が読んだ単行本であるが以下のようなものである。

表紙。「将に来らんとする空中戦争　杉田城南著」

奥付（部分）。「明治四十二年三月十日印刷　明治四十二年三月十八日発行　訳者　杉田城南」（著者名なし）、発行者は「小泉重太郎」「服部喜太郎」の二名である。

ご覧のように著者は不明である。杉田城南は著者なのか訳者なのか。広告の「英国　理科大学教授ゼーエム、シー」氏はどこに消えたのか。おまけに高田梨雨の翻案物と内容的にはそっくりなのである。ということはこの本も「英国ウェルス氏のThe War in the Air」が種本という可能性がある。両著の目次は章立ての項において一致した。

以下に示す日本語は『将に来らんとする空中戦争』の目次、英語は、H.G.Wells：*The War in the Air*（London, Edinburgh, Paris, Leipzig：T.Nelson & Sons.）（国会図書館蔵）の目次。

1　世の進歩とスモールウエー氏一家

I　OF PROGRESS AND THE SMALLWAYS FAMILY

2　バートの不幸

II　HOW BERT SMALLWAYS GOT INTO DIFFICULTIES

3　軽気球

III　THE BALLOON

4　独逸の空中艦隊

IV　THE GERMAN AIR-FLEET

5　北太《ママ》西洋の戦争

V　THE BATTLE OF THE NORTH ATLANTIC

6　紐育の戦
VI　HOW WAR CAME TO NEW YORK
7　祖国号の破損
VII　THE VATERLAND IS DISABLED
8　世界の大戦争
VIII　A WORLD AT WAR
9　ゴート島上
IX　ON GOAT ISLAND
10　全世界の戦争
X　THE WORLD UNDER THE WAR
11　大瓦壊
XI　THE GREAT COLLAPSE
大団円
THE EPILOGUE

『将に来らんとする空中戦争』はウェルズの *The War in the Air*（初刊は一九〇八年）からその全骨格を借りていることはまちがいない。とすると杉田城南は著者ではない。以下のような出版事情が見えてくる。杉田と発行者小泉某、服部某らは、『報知新聞』連載の『将に来らんとする空中戦争』が好評なのに目をつけその連載中に、*The War in the Air* の邦訳ダイジェスト版発行をもくろんだ。もちろんウェルズの許可なしに、である。夜に日を継いで、おそまつは覚悟の上で、抄訳を行なった。そして連載が終わってわずか一〇日後に、そして高田が単行本化する前に、おまけに好評だった『報知新聞』のタイトルを横どりして刊行した。そして一〇日後には、H.G.Wellsという著者名をいつわって「英国　理科大学教授ゼーエム、シー」とした上で、図々しくも当の『報知新聞』に広告を載せた。

こうして出版されて間もなくこれを啄木が読んだのである。この本とウェルズの原典との関係は次のごとくである。

一、原典は約一〇万五〇〇〇語の長編小説であり、こちらは四〇〇字詰め原稿用紙で約三六〇枚しかない抄訳である。

二、抄訳といっても、厳密な抄訳ではない。安易な要約であったり、抜粋基準のいいかげんな抄出であったりする。

三、だから原典のよさは大きく損なわれている。

四、とくに最後の章である第十一章の端折り方はひどく、さらに五千数百語にもわたるEPILOGUEは全部カットされている。前述の出版事情に照応するおそまつな海賊版である。

この『将に来らんとする空中戦争』の、啄木詩鑑賞の必要に従った梗概を以下に記そう。

主人公バート・スモールウェーはロンドンで賃貸自転車を主とした商売をやっている結婚前の青年である。ある日ふとしたことから、高性能の「飛翔器」を発明したバッテリッヂの気球（それには飛翔器の設計図もいっしょにあった）に乗って空中を一人飛行するはめになった。時あたかも世界中で空中船や飛翔器《エーロプレーン》の開発が追求されている頃であった。気球はドイツまで飛んだところで射ち落とされた。バッテリッヂとまちがえられたバートはニューヨークを空中軍艦で不意うちするため出発するドイツ艦隊の旗艦祖国号に乗せられてしまう。統率しているのは世界統一を企むアルフレッド親王である。ドイツ艦隊はニューヨーク上空に至り爆撃を始める。ニューヨークは一時降伏するがふたたび抵抗を開始する。ニューヨークは破壊につぐ破壊をこうむる。やがて隠してあったアメリカ側の空中艦隊がニューヨーク上空に投入され史上初の空中戦争となる。双方損耗はげしくドイツ艦隊もちりぢりとなり祖国号はカナダ領内に不時着する。ドイツを立って六日目のことである。親王とバートらはそこで無線電話を通じて「全世界の戦争」の起こったことを知る。「世界中の戦争だ！　伯林《べるりん》は焼ける、倫敦《ろんどん》も焼かれる、ハムブルグも、巴里も、日本は桑港《ママ》を焼いた、僕等（ドイツ軍―引用者）はナイヤガラに根拠地を設けた、こう云ふ訳だ、支那にも無数の飛翔機と、空中船がある、全世界は大戦争！」とのことだ。親王とバートらはナイヤガラに戻るが、ドイツ軍は北米に侵入してきた「亜細亜《あじあ》艦隊」（日本と清国が主軸）と遭遇し、激戦の末敗退。親王とバートら数人はナイヤガラのゴート島に潜んだ。やがてバートは冷酷残忍な親王を殺し空中飛行艇に乗って島を脱出。土地のアメリカ人に助けられ、バッテリッヂの飛翔器の設計図をアメリカ大統領にわたす。

世界の戦争はますます拡大しとどまるところを知らず、世界は大崩壊に突入する。「かくて戦乱又戦乱、大国民大国家は壊《くず》れて唯人の記憶に止《とど》まり、死屍路に横はつて之を葬るものなく、愉盗《ママ》白昼に横行し、社会制度は破れ彼処に悪党が一国土地を占領するものあるかと見れば、茲に愉盗《ママ》の一隊あり。しかして是等の団体結んでは解け、解けては又結ぶ、人文退化の速なる事は前代未聞」云々。

これが梗概である。

2　評釈――そして啄木の予見

テキストの発見、特定は従来手をつけるもののなかった当該詩の立ち入った解釈を可能にする。さらにまたこの詩に示された啄木の予見性についても議論が可能となる。以下にわたくしの考察を示すことにしたい。

ATARASHIKI MIYAKO NO KISO.

『将に来らんとする空中戦争』（以下杉田本と呼ぶ）は、その梗概の結末を見るとわかるとおり、世界は暗黒時代に入ったまま、そこを抜け出すことができない、として終る。ところがこの詩の場合まずタイトルそのものに「新しき都」のイメージがあらわれる。「新しき」であるから再出発があり、未来があるわけである。「都」はMIYAKOであって詩中のTOFU（都府＝原文cityの杉田訳）ではない。首都の意である。したがって題意は空中戦争後の再出発に際して新しい首都が基礎とすべきもの、の意味となる。

YAGATE SEKAI NO IKUSA WA KITARAN!
PHOENIX NO GOTOKI KŪCHŪ-GUNKAN GA SORA NI MURETE,
SONO SHITA NI ARAYURU TOFU GA KOBOTAREN!
IKUSA WA NAGAKU TSUDZUKAN! HITO-BITO NO NAKABA WA HONE TO NARUNARAN!

最初の三行は明らかに杉田本にあるイメージの詩への翻訳である。しかし四行目の後半はすでに杉田本をはなれはじめた啄木のものである（そしてここからあと啄木は杉田本から全くはなれてしまう）。

ともあれ明らかに杉田本に触発されて、詩人の頭脳に未来の世界戦争（空中戦を主とした）が映っている。五年後の一九一四年（大正三）には第一次世界大戦が起こる。飛行機は軍用化された。一千万人の人々が骨となった。三〇年後の一九三九年（昭和十四）には第二次世界大戦が勃発する。飛行機はきわめて重要な武器であった。五千万人の人々が骨となった。これらを想起すると啄木詩ははやくも予言詩の様相をおびはじめたといえる。ところで右の四行の、杉田本との次の相違は重要である。視座の違いである。杉田本では具体的な空中戦争の場面は四つあり、すべて主人公バート・スモールウェーの目を通して描かれる。第一の場面はバートもその中にいる「空中軍艦」の群すなわち「空中艦隊」が海上の軍艦を砲撃するもので、主人公の視座は上空にあり、そこから海上を見下ろしている。第二の場面はドイツの空中軍艦の群が巨大「都府」ニューヨークに襲いかかる。主人公の視座は上空にあって眼下の都府を見下ろしている。第三のシーンは世界最初の空中艦隊同士の戦争で、主人公はドイツ方に組みこまれているから視座は空中である。第四のシーンに空中艦隊同士の空中戦を主人公は地上から見上げている。

　つまり空中軍艦の群から爆撃される地上という視座は杉田本にはないのである。ところがこの詩の文脈の全体は爆撃する側とされる側の関係における、後者の運命をうたうのである。したがって視座は地上にある。だから「フェニックスのごとき空中軍艦が　空にむれて」はたとえば、〝超空の要塞〟B29による初の東京空襲の次のような記述とイメージがピタリと重なってくるのである。米空軍は一九四四年（昭和十九）「一一月二四日、B29八〇機からの編隊を組み、四つの発動機から、ごうごうと太いガスの尾を引きながらやってきた。……大編隊は、都下武蔵野の中島飛行機工場にむけて、猛然と集中爆撃の火ぶたを切った。二三四個の爆弾と、一三五個の焼夷弾が投下され(4)」た（付言する。このとき五歳だったわたくしは母、弟妹とともに中島飛行機荻窪工場に近い四宮《しのみや》の防空壕で息を殺していた。近所に爆弾が焼夷弾が轟音とともに炸裂した）。翌年三月十日の大空襲下の東京をはじめ、たくさんの「都府」がこぼたれた。広島と長崎にはふれるのも苦しい。詩の予見はおそろしいばかりである。

SHIKARU NOCHI, AWARE, SHIKARU NOCHI, WARERA NO
"ATARASHIKI MIYAKO" WA IDZUKO NI TATSUBEKI KA ?

啄木は東京市本郷区森川町の蓋平館別荘の一室に今いる。「われらの〝新しき都〟」とは「われら」日本人の新しい首都の意味でなければなるまい。詩人の関心の中心は今の「都」すなわち自分の住む東京にある。「〝新しき都〟」は「いずこに建つべきか?」」。つづく文脈をみると明らかなごとく、「いずこ」は基礎とすべき場所をさしてはいない。場所は今の東京の地でも他のどこでもよい。「いずこ」は「新しき都」を建設するにあたって基礎とすべき根本的な条件をさしている。したがって「いずこに建つべきか?」は、新しい都はどのような条件を根本に据えて建設されるべきか、という問題である。

HOROBITARU REKISHI NO UE NI KA ? SHIKŌ TO AI NO UE NI KA ? INA, INA.

「滅びたる歴史」とは、杉田本の末尾に描かれているような空中戦争の末に人類が突入した暗黒の時代のことであろう。啄木はそのような未来の暗黒の泥沼が「新しき都の基礎」とは思わない。「いな、いな」である。では「思考と愛」を基礎とするのか?　そのような観念の上にも「新しき都」は建設できない。「いな、いな」

TSUCHI NO UE NI, SHIKARI, TSUCHI NO UE NI : NAN NO —— HŪHU TO YŪ
SADAMARI MO KUBETSU MO NAKI KŪKI NO NAKA NI :

HATE SHIRENU AOKI, AOKI SORA NO MOTONI!

「新しき都の基礎」として詩人の頭脳に映し出されているものを分析してみよう。「土」すなわち大地、これはすべての生き物がそこから生まれてそこに帰って行くところ、人間にとっても安心の根源にあるもの、生活のゆるぎない基盤である。この基盤はさらに二つの条件を相伴うという。まず第一番目の条件を見てみよう。

「なんの——夫婦という／定まりも　区別もなき　空気の中に：」、「——夫婦という」はたしかに次行の頭につながって行くので、文脈の乱れのように見える。読み手を悩ましてきた箇所である。乱れて見える文脈の読み解きは、まずダッシュの読み方にかかると思われる。「ローマ字日記」にはダッシュが多用されていて用例にこと欠かぬが、ダッシュの前に不定称の指示代名詞（を含む連語）が来るのは外に一例あるのみであり、しかもこれは当該のダッシュにもっとも近い用い方である。

清水の兄から手紙は来たが、金は送ってこない。
岩本の父から二、三度手紙。
釧路なる小奴からも手紙が来た。
予はどこへも——函館へも——手紙を出さなかった。（五月三十一日）

ここは、清水の兄へも、岩本の父へも、釧路なる小奴へも、つまり「どこへも」手紙を出さなかったという文の流れの途中で、出すとすればどこよりも先に出しているべき函館（老母・妻子）のことが念頭にのぼったので「函館へも」を二つのダッシュを用いて挿入したのである。詩の「夫婦という」も同様の挿入とみなしうる。

「なんの定まりも」とつづけようとして、特別に今こだわりを感じている「定まり」が具体的に念頭にのぼってしまったのである。挿入しないではいられなくなったのである。「なんの」は「定まりも　区別もなき」に係り、「夫婦という」は「定まり」のみに係る。つまり「なんの――なかでも特に夫婦などという――定まりもなく、また何の区別もない空気の中に」これが文脈である。「定まり」とは当時の辞書『ことはの泉』[5]に「さだまること。きまり」とある。したがってここの「定まり」は「夫婦という」（きまり）とあることから明らかなように、人間関係におけるきまり、を意味している。つまり制度のことである。「夫婦という定まり」は夫婦制度というに等しい。この詩の六日前の日記の「夫婦！　なんという馬鹿な制度だろう！」というくだり、そしてこの詩の二日後に書いた「現在の夫婦制度――すべての社会制度は間違いだらけだ。予はなぜ親や妻や子のために束縛されねばならぬか？」云々のくだりは当然関連させて考えるべきである。啄木がここでいう「定まり」が意味しているのは、たとえば「夫婦制度」、たとえば家の制度、そして明治末の、桎梏としてのすべての社会制度であろう。「なんの……定まりも……なき」であるから今詩人の頭脳に映っているのは自分を束縛する明治末の諸制度とその消滅である。

　では「なんの……区別もなき」の方はどう解すべきか。「区別」の語意は前掲辞書によると「かぎり。境界」などとある。また「あらゆる都府がこぼたれ」てしまった空中戦争後のイメージがこの二行でうたわれており、「なんの……区別もなき」が「定まり」同様「空気」にかかるのであるから、ここの「区別」は地上に現に存在するもろもろの、空間をかぎっているものそして人為的な境界、ということになろう。「なんの……区別もなき」は明治末の今、空間をかぎる大廈高楼・甍の波そして地上に存在するさまざまの人為的境界がきれいさっぱりなくなった、の意と解されるべきであろう。

　最後の行にはもう一つの根本的条件が誌される。「はてしれぬ青き、青き　空」が頭上に広がっていること、がそれである。

以上が啄木の頭脳に映った「新しき都の基礎」であった。

さて一九四五年（昭和二十）八月十五日、廃墟に（つまり何の「区別」もない空気の中に）立った日本人がまず最初になさねばならなかったのは、日本が近代化の過程でその身にまとった負の社会制度を（つまりあらゆる負の「定まり」を）そぎ落とすことであった。身近なところでは家族制度にはじまり、雇用制度、地主制度、財閥制度、官僚制度、頂点に位置する天皇制等、啄木がこの詩を書いた明治末には完成の域に達していたこれら諸制度の負の側面を日本は思いっきり除去したのである。啄木詩との何という符合！

また最後の一行の印象も鮮烈である。なぜなら「青き、青き　空」は八月十五日のイメージであり、かつ戦後史の解放的側面の記号だからである。ちなみに戦後すぐ大ヒットした曲のうちのいくつかの詞の一節を引いてみよう。

赤いリンゴに　くちびるよせて／だまってみている　青い空　（リンゴの歌、一九四六年）
ああ　晴れて明るい／風もさわやかな朝だ　（緑の牧場、一九四六年）
晴れた空　そよぐ風／港出船の　ドラの音愉し　（憧れのハワイ航路、一九四八年）
こよなく晴れた　青空を／悲しと思う　せつなさよ　（長崎の鐘、一九四九年）
青い山脈　雪割桜／空のはて／今日もわれらの　夢を呼ぶ　（青い山脈、一九四九年）

これらの歌はどれも青空のイメージをいっぱいにとり入れうたいあげている。戦後のイメージと青空は切っても切れない。次に八月十五日をめぐって最近目にした二、三の文字を抜いてみよう。「少なくとも戦争が終わって上のつかえがぱっとはずれて、みんなが『空が青い』と思ったのは『真実』です」（井上ひさし「地球時代のユートピア」『窓』一四号、一九九二年）。「敗戦のあとの痛烈な青空を想う。そしていま、何故こうも汚れてしまったのかと」（河田宏

『明治四十三年の転轍』一九九三年）。「一九四五年の敗戦の時、筆者は中学生だった。空襲で焼け野原になった東京の街には青空が広がり、富士山がよく見えた。それからの数年は、日本が無一物からの復興を目ざした時期だ」（「天声人語」一九九三年五月二十六日）。まことに「新しき都」と新しい日本の建設は「はてしれぬ　青き、青き　空のもとに！」始まったのであった。

以上をもって、ローマ字詩「新しき都の基礎」の評釈をおわるが、一つの問題が残るであろう。この詩が示したような時代の洞見は啄木の予見能力の賜物であり、その一つのあらわれであるのか、それとも歴史とのたまたまの符合に対する読み手の思い入れの産物であるにすぎないのか、という疑問がこれである。この問題を節を改めて考察することにしよう。

注

（1）以上の引用は桑原武夫編訳『啄木　ローマ字日記』（岩波文庫、一九七七年）より行なった。

（2）岩波書店編集部編『啄木案内』（岩波書店、一九六一年）一八七頁。

（3）『啄木文庫』第七号（関西啄木懇話会、一九八四年）一二頁。

（4）早乙女勝元『東京が燃えた日』（岩波書店、一九七九年）八〇頁。

（5）落合直文著、大倉書店、一八九八年刊。

二　啄木の予見に関する考察
——大気汚染・大正デモクラシー運動・生物圏破壊——

詩人茨木のり子が次のようなことを言っている。「ヨーロッパでは詩人は予言者として尊敬された歴史をもちますが、日本ではそういう意識は乏しかったようです、書くほうも読むほうも。けれど明治や大正の詩——たとえば石川啄木、与謝野晶子、金子光晴、山之口貘、宮沢賢治、そして現代の詩からでも『今にして思いあたる』といった、時代を先どりし予見している作品をいくつでも数えることができます。[1]」この五人の列挙の仕方は生年順にも、詩人としての活躍時期の順にもなっていない。茨木が予見能力のあった詩人としてまっさきに挙げたいのが石川啄木だったことをこれは示しているであろう。

たしかに啄木には常人の域を超える予見能力があったとわたくしも思っている。以下にそれを証明したい。

1　大気汚染　予見その一

君も知つてる如く、下宿の僕の窓から砲兵工廠の三本の大煙突が見える。四五日前の或朝、僕は何時になく早く起きて窓に倚つて居た。と、彼の大煙突の一本が薄い煙を吐き出した。僕は其時初めて今迄煙の出てゐなかつた事に気が付いた。薄い煙は見る〳〵濃くなつた。大きい真黒な煙の塊が、先を争ふ様に相重つて、煙突の口の

蓋平館三階から窓外を望んだ啄木自筆のスケッチ
（1908年〈明治41〉 9月11日描く）

張裂けむ許りに凄じく出る。折柄風の無い曇つた朝で、毒竜の様な一条の黒煙が、低く張詰めた雨雲の天井を貫かむ許りの勢ひで、真直に天に昇つた。僕は我を忘れて一心に其壮景に眺め入つた。其何分かの間、僕は僕が呼吸してゐる事を忘れてゐた。軈《やが》て僕は、更にそれよりも壮大な光景を欲するの情を起した。そして怎麼《こんな》事を考へた。――何《いず》れの都会も、有りと有る工場を其中央に集める。幾千百本の煙突を合して唯一本の巨大な煙突を立てる。其煙突は現在見てゐる砲兵工廠の煙突より何百倍何千倍太く且つ高く、それから吐出す煙も現在見てゐる煙より何百倍何千倍太く且つ凄じい。そして都会と都会とは各々其煙突をより太くより高くせむことを競争する。あ、、その時になつて其煙突を見上げる人々の心地は甚麼《どんな》であらう！　そして其都会の中《うち》、其煙の風下に当る区域は、劇しい煙毒の為に生物の健康が害《そこな》はれ、如何なる健康者でも其区域に住んで半年経てば、顔に自《おのづ》と血の気が失せて妙に青黒くなり、眼が凹んでドンヨリする。男も女も三十以上の齢は保てなくなる。随つて家賃は安い。幾十万の貧乏人はそれを知り乍ら其区域に住み、秋の木の葉の落つる様に片ツ端から死んで行く。人類の未だ曾《かつ》て想像した事のない大悪魔の様な黒煙が、半天を黒うして其都会の上に狂つてゐる。…………此処まで考へて来て、僕は名状し難い快感に襲はれて思はず身慄ひした。そして再び砲兵工廠を望んだ。彼の煙突と彼の煙とは、其時、児戯にも等しい位小さく見えた。（『全集』⑥―二七八

〜二七九）

冒頭の「下宿」とは本郷東大正門前を三、四百メートルほど入ったところにあった蓋平館別荘。「窓」は三階の啄木の三畳半の部屋の窓。「砲兵工廠」は今の東京ドームのあたりにあった兵器工場。窓からの眺望はよく、正面右寄りに富士が、ずっと左に砲兵工廠の三本の煙突があった。（図版参照）

「僕」（ここでは啄木と考えてよい）ははるかかなたに三本の煙突を見る。その煙突から黒い煙が凄じく出はじめるや、啄木は「我を忘れて一心に其壮景に眺め入」る。目をおどろかしむるものに、感覚を集中してゆくのである。そしてついには常人とは異なる精神の集中がはじまる。「其何分かの間、僕は僕が呼吸してゐる事を忘れてゐた」という。次の段階が始まる。「軈て僕は、更にそれよりも壮大な光景を欲するの情を起」こすのである。つまり今日に見えているものを通して明治末の日本では未だ見えぬものを彼は見始めるのである。以下の壮大な幻想にもっとも照応する時期は、日本史上においてはあの高度経済成長期であろう。

高度経済成長期は、日本の産業構造の急速な重化学工業化を軸としていた。そのうちの化学工業の中心は石油化学工業であったが、これを啄木の幻想と重ねてみることにしよう。奇妙に符合するからである。

「何れの都会も、有りと有る工場を其中央に集める」——日本の石油化学の企業化計画は、一九五五年に通産省主導のもとに発足した。「石油化学工業は、技術的・経済的合理性のために、原料のインプットから最終化学製品のアウトプットにいたるまで、その化学的生産過程の全行程にわたり有機的な結合形態をとる。この一貫した生産関係が限定した地域内に形成され、その原料の輸送がパイプラインによって縦横におこなわれる結合した生産体系を石油化学コンビナートという。[2]」つまり石油化学関係の「有りと有る工場」を有機的にある地域に集中したのが石油化学コンビナートである。コンビナートへの設備投資は一千億円から二千億円だった（一九七〇年頃）のだからその規模の壮大さが想像されよう。

「幾千百本の煙突を合して唯一本の巨大な煙突を立てる。」――「有りと有る工場」の煙突はこの地域に集中した。そしてたしかにコンビナートでは煙突の集合化を行ない二〇〇メートルを越える大集合煙突さえつくった。

「それから吐出す煙も現在見てゐる煙より何百倍何千倍太く且つ凄じい。」――煙の含む有害物質の量において比較するなら（わたくしはその比較のすべを持たぬのだが）、啄木の幻想は未来の事実から離れていくのではなく、明らかに近づいているのであろう。大量の硫黄酸化物、炭化水素ガス、窒素酸化物その他が集合大煙突から排出された。

「そして都会と都会とは各々其煙突をより太くより高くせむことを競争する。」――一九五七年から一九六〇年代末にかけて一五ものコンビナートがつくられた（建設中も含む）。四日市、川崎、新居浜、岩国、徳山、水島、千葉、鶴崎、鹿島がその「都会」であった。「都会」すなわち各コンビナート間でははげしく競争した（コンビナート内部の競争もあった）。はじめから大型であった設備は超大型化する。たとえばエチレンの生産量は一九六二年には五つの企業で二三万トンだったのが、一九六六年には九つの企業が一〇六万トンを生産するようになっている。その競争の激烈ぶりと急激な巨大化の進行とはこの一事からすら見てとれる。「各々其煙突をより太くより高くせむことを競争」したのである。

「そして其都会の中《うち》、其煙突の風下に当る区域は、劇しい煙毒の為に生物の健康が害《そこな》はれ、如何なる健康者でも其区域に住んで半年経てば、顔に自《おのづ》と血の気が失せて妙に青黒くなり、眼が凹んでドンヨリする。」――三重県四日市市塩浜地区に問題の石油化学コンビナートの生産が始まったのは一九六〇年であった。このコンビナートは大量の硫黄酸化物を大気中へ排出した。そして「コンビナート近隣居住地の高濃度汚染をもたらすこととなった。とくにその発生源の風下に当たっていた塩浜地区磯津町域ではしばしば一ppm以上、ときには二ppmに及ぶSO_2の汚染を受けるようになり、六〇年ころよりは喘息性疾患の異常な多発が見られ、五〇歳以上の年齢層では住民のほぼ一〇％をこえるようになった」(3)。四日市喘息である。

わたくしは啄木が四日市石油化学コンビナートそのものの大気汚染を予見したなどというのではない。そうではなくて啄木は近代工業の発展がもたらす大気汚染をきわめて抽象的に、しかもきわめて具象的に予見した、というのである。ことばを変えていえば、未来の大気汚染一般をなまなましく洞見したといいたいのである。当時の資本主義の最先進国であったイギリスの首都ロンドンの煤煙については知っている人もいた。啄木もあるいは何らかの知識をもっていたかもしれない。また住友の新居浜（のちに四阪島）精錬所の煙害が一八九〇年代から、小坂鉱山、日立鉱山の煙害も啄木在世中の一九〇〇年代にすでに社会問題となっていた。だから意識のどこかにそうした情報がかかわっていたのかどうかはわからない。はっきりしているのは引用したような白日夢を見ていて、それが時代を経るほどに現実化しているということである。そのような予見であったからこそそれは、時間と空間を越えておそろしいばかりにその後の事実に符合してしまう。以下に石弘之『酸性雨』（岩波書店、一九九二年）によってもう二、三の例をあげてみよう。

一九五二年（昭和二十七）十二月五日、「その夜からロンドンは町全体が厚い霧の底に沈んだ。煙突から立ち昇った煙は低く上空でよどみ、真っ昼間でも薄暗いほどだった。まさにディケンズの『荒涼館』（一八五三年）さながら、道路も家の中も黒い霧が覆い尽くすような光景となったという。……七日はさらにひどく……市の中心部では視界が五メートル以下に落ち」劇場内の舞台さえ見えなくなった。救急車は動けず、病院も患者であふれ……、「そしてその後数カ月にわたって、四〇〇〇人もの『死者の置き土産』を残した」（三四～三六頁）。

カナダ、オンタリオ州の「サドベリーでは、世界最大のニッケル会社インコ社の精錬所が、……膨大な汚染物質を出し続けていた。一九七〇年代半ばには、年間一八〇万トンの硫黄酸化物を出す世界最大の単一の排出源だった。このため、付近一帯の広大な森林が枯れてしまった。／住民からの非難で、一九七八年には当時としては世界最高の三八〇メートルの超高層煙突を立て……た。さらに悪いことには、国境の南の米国側でも二〇〇以上の火力発電所が酸性雨（「いわゆる酸性雨」のことで大気汚染物質全体を意味する―引用者）の原因物質を越境させていた」。超巨大化した煙突をもつ巨大工場、砲兵工廠の「何百倍何千倍」の汚染物質、となりの「都会」つまり「国境の南の米国側」には二〇〇以上（！）の火力発電所が集まっている。啄木の洞見と鋭い対照をなすのは次の事実である。今述べたような「状況でも、酸性雨は科学者やマスコミの関心をほとんど引かなかった。煙突から出た硫黄酸化物は、大気中に一〇時間も滞留しないで消滅してしまう、と広く信じられていたからでもある」。さらに注目すべきことに啄木はあの文の一カ所で、「劇しい煙毒の為に生物の健康が害《そこな》はれ」と書いた（「人間」ではなく「生物」と書いてある）。まさに「付近一帯の広大な森林が枯れて」しまい、さらにオンタリオ「州内にある湖面一ヘクタール以上の湖沼約一六万のうち四〇％が酸性化して、そのうちの三割は魚が全滅してしまった」（一三五～一三六頁）。

チェコ・スロバキア最大の褐炭地にある都市モスト。「天を突く煙突と巨大な冷却塔がひときわ目を引く火力発電所。その周囲には化学工場が群れをなす。……色とりどりの煙が、盛大に空に噴き上げられている。／町に入ると、硫黄臭の混じった独特の焦げ臭い悪臭が立ち込め、空はどんよりと煤煙で曇っていた。この原因は褐炭にある。これは、硫黄分を一～五％も含み、燃やすと硫黄酸化物だけでなく、多量の煤煙や重金属を出す。熱量が低いので大量に燃やす必要があり、それだけ多量の汚染物質を吐き出すのだ。……／冬になって、各家庭でも暖房に褐炭を使い始め、上空に逆転層が出た日には、昼間でも車はライトをつけないと走れないほどのスモッグが町を覆う。この逆転層とは、気温の高い層が上空にできて、それがフタをしたようになって下の冷たい大気の流れがよどむ現象だ。ホムトフ診療所の医師の話によると、この一帯の平均寿命は、全国平均に比べて五～七歳短く、乳幼児死亡率は二割ほど高い。重度の呼吸器病の患者が多く、苦しくて日に二度も三度も通ってくる老人や子どももいるという。」森林は「最低でも年一五〇〇ヘクタールが枯れていく」（一〇～一二頁）。「生物」は植物だけではない。動物もまた死んでいくのであろう。

酸性雨＝大気汚染物質はアジア、アフリカ、ラテンアメリカに、否、北極圏にもふりそそぐ。日本の場合硫黄酸化物による大気汚染のみをとりだせばずいぶん改善されたかに見える。四日市や川崎は過去のものとなったかのようですらある。しかし今急ピッチで二酸化硫黄排出量を増大する隣国がある。一九九三年一月二十四日、八月二十二日の『朝日新聞』の伝えるところによると、中国では一九九一年一年間で一六八五万トンを排出し、二〇〇〇年には二千万トンを越える可能性もあるという。主な排出地域は「上海など日本に近い東部地域」であり、「こうした地域には大きな企業が進出し、汚染物質の拡散のための高煙突化が進み、汚染物質の到達距離は長くなる恐れがある」とのことである。そして「其煙の風下に当る区域」は日本なのである。

2　大正デモクラシー運動の展開と高揚　予見その二

一九一二年つまり明治最後の年の正月は啄木の一家にとって最暗黒の正月であった。五歳の娘京子以外はすべて病人である。この年三月七日母かつが病死し、四月十三日には啄木が病死、翌年五月五日妻節子も病死する。三人とも肺結核である。その正月の窮状は正視するにしのびない。

時代もまた暗かった。「日本国中何処を見渡したつて、輝いている断面は一寸四方も無いぢやないか。悉く暗黒だ」

と漱石が「それから」の中で登場人物にしゃべらせたのは二年半ほど前であり、幸徳秋水らが大逆事件で処刑されたのは一一カ月前のことであった。暗夜は夜明けを準備していたとはいえ夜明け前の闇は深かった。

その一九一二年正月二日、三日の啄木の日記である。

新聞によると、三十一日に始めた市内電車の車掌、運転士のストライキが昨日まで続いて、元日の市中はまるで電車の影を見なかつたといふ事である。明治四十五年がストライキの中に来たといふ事は私の興味を惹かないわけに行かなかつた。何だかそれが、保守主義者の好かない事のどん〳〵日本に起つて来る前兆のやうで、私の頭は久し振りに一志きり急がしかつた。（以下略）

一月三日

（前半略）

市中の電車は二日から復旧した。万朝報によると、市民は皆交通の不便を忍んで罷業者に同情してゐる。それが徳富の国民新聞では、市民が皆罷業者の暴状に憤慨してゐる事になつてゐる。小さい事ながら私は面白いと思つた。国民が、団結すれば勝つといふ事、多数は力なりといふ事を知つて来るのは、オオルド・ニッポンの眼からは無論危険極まる事と見えるに違いない。

私は以上の記述の中に啄木の卓越した予見を見る、大正デモクラシー運動の展開と高揚の予見を。大正デモクラシーについては松尾尊兊の次の規定に依拠することとする。大正デモクラシーとは「日露戦後から大正末年までの間、政治、社会、文化の各方面に顕著に現れた民主主義的、自由主義的傾向をいう。中心部分を占めるのは明治憲法体制に対抗する政治的自由獲得運動である(4)」。そして「これを生み出したものは、基本的にいって、広汎な民衆の政治的、市民的自由の獲得と擁護のための諸運動であった(5)」。

ところで大正デモクラシー運動の起点を日露戦後の一九〇五年とする右の見解に従うなら一九一二年正月の啄木は大正デモクラシー期の人間ということになる。が、大正デモクラシー運動の展開と高揚はまさに大正期に起こるのであり、大正期直前に死んだ啄木にとってそれは未知の時代であった（つけくわえるならば大正デモクラシーというタームそのものが太平洋戦争後のものである）。

さて日記を分析してみよう。

啄木が強い関心を示したストライキであるが、これは、一九一一年（明治四十四）の東京市電の発足に際して、その前身である東京鉄道会社が解散手当を車掌、運転士に不利に分配したことによって起こったものであった。当時の新聞報道を子細によむと労働者はかなり巧妙に大晦日、元日という最も社会問題化しそうな時期を狙ってストを打っており、連絡をとりきれなかった労働者たちをも近代労働者に特有の連帯感を活用してストにまきこんでいる。『萬朝報』は「原因は東鉄会社の重役等が不公平なる配当を為したるに在り」という立場をはじめからとって報道し、さらには尾崎行雄東京市長ら市当局者の責任を追求している。したがって三日付の次のような記事もあり、啄木の注目するところとなったわけである。「電車従業員同盟罷業に対し、東京市民は何《いづ》れも交通の不便を忍びつゝ、従業員に同情し、其原因を作成したる尾崎市長、及び利光鶴松一派（旧東鉄重役一派―引用者）を怨み、市内到る処二氏に対する痛罵の声ならざるなし」云々と。これに対し、徳富蘇峰が経営する「御用紙国民新聞」（『全集』④―三三七）は一貫して会社側に立って報道した。たとえば一月一日にはこう報ずる。「市内到る処の乗替場所では山の如《よう》な群衆が寄つてたかつて怪《けし》からん我々には怨みは無い筈だ分からぬと口々に罵つて居る……何《なに》にせよ時も時市民は飛んだ禍に罹《かか》つたものだ」云々。ストライキは労働者側の勝利に終った。利光ら一派は自分たちが一旦呑みこんだ一九万六〇〇〇円をすべて吐き出し、労働者に分配することになった。

さて啄木はこの大ストライキをどうとらえ、さらにこのストライキの中に何を見ていたのか、当時の啄木の思想的水準、思想的動向をもあわせて思量しつつ、日記の中から答えを引き出してみよう。

一、啄木はストライキを、ストライキの発生そのものとして、労働争議の主要な形態の発現として注目した。ストライキは第二章四で見るように少年の頃から案外に身近なものであり、盛岡中学校時代、そして渋民小学校代用教員時代には自ら先頭に立って実践したものであり、社会主義者になる一九一〇年後半〜一九一一年前半には日本と西欧の労働運動史の研究を通じて近代社会の改革あるいは革命にとってきわめて重要な社会運動の一形態であるとの認識をもっていたのであった。それが突然元旦の諸紙をにぎわしたのであるから啄木の「興味を惹かないわけに行かなかつた」のである。

二、当時治安警察法が団結権、同盟罷業権をきびしく規制し、さらに大逆事件前後から強権の抑圧は日に日に酷烈であり労働争議が押えこまれていることを啄木は知っていた（このたびの争議も結局労働者六三名と社会主義者片山潜ら三名が逮捕された）。したがって啄木はこのストライキを強権の支配の網の目の一カ所を突き破ってなされたもの、と認識した。

三、啄木の頭脳が超凡であることを示すのは次の点である。これは少々詳しく論ぜねばなるまい。

啄木は六千人余の労働者の闘いを、単に多数の労働者の闘いとしてではなく、「国民」レベルの闘いに普遍化して、そのレベルと関連づけ、そのレベルの闘いの前途に、つまり今はまだない時に向かって、その視線を馳せることができたのであった。

「国家と一体ならしめられていた一般人民をそこからひきはなし、ひきはなされたかれらを『民衆』として価値化する視点」の誕生の時、すなわち「『民衆』概念の自立」の時を鹿野政直は第一次護憲運動（一九一二年〜）以後であると指摘し、石橋湛山、吉野作造、河上肇らの民衆概念をとり出している。(6) 啄木もまたこれらすぐれた思想家たちと並びいち早くこの概念を提出していた。有名な「はてしなき議論の後」の第二連の最初の二行を引こう。「われらはわれらの求むるものの何なるかを知る、／また、民衆の求むるものの何なるかを知る」と。また「'V NAROD !'」(To the People; be the People.) と。この詩句の中の「民衆」と日記の中の「国民」とは同じ概念である。日記の中での「国民」は「保守主義者」すなわち専制的「明治憲法体制」の担い手たちの対立物として措定されており、まさに国家から「ひきはなされた」「一般人民」の意だからである。もう一度日記を見てみよう。「国民が、団結すれば勝つといふ事、多数は力なりといふ事を知つて来るのは、オオルド・ニツポンの眼からは無論危険極まる事と見えるに違ひない。」 東京市電の労働者は分配金増額の要求を掲げ、団結し、闘争し、そして要求を獲得した。啄木は今この闘争を、「国民」＝「民衆」が要求を掲げ団結して闘い、要求を獲得することを学習しつつある一過程としてとらえなしているわけである。そしてこの把握は——当然のことだが——国民＝民衆が諸要求を掲げ、諸要求にもとづいてさまざまに団結し、さまざまの要求を獲得してゆく総運動の、啄木自身の展望を前提としているわけである。

いったい啄木はどのような総運動を展望していたのか。

君、僕はどうしても僕の思想が時代より一歩進んでゐるという自惚を此頃捨てる事が出来ない、若し時間さへあつたら、屹度書きたいと思ふ著述の考案が今二つある、一つは「明日」といふのだ、これは歌を論ずるに托して現代の社会組織、政治組織、家族制度、教育制度、その他百般の事を抉るやうに批評し、昨日に帰らんとする旧思想家、今日に没頭しつゝある新思想家——それらの人間の前に新たに明日といふ問題を提撕しようといふのだ、も一つは「第二十七議会」といふのだ、これは毎日議会を傍聴した上で、今の議会政治のダメな事を事実によつて論評し議会改造乃ち普通選挙を主張しようといふのだ……（一九一〇年十二月二十一日付宮崎郁雨宛）。

また雑誌「樹木と果実」を企画していた頃の書簡にはこんな一節もある。「二年か三年の後には政治雑誌にして一方何等かの実行運動――普通選挙、婦人解放、ローマ字普及、労働組合――も初めたいものと思つてゐます」（一九一一年二月六日付大島経男宛）

ここでいったん先ほどの詩句にもどろう。「われらはわれらの求むるものの何なるかを知る、／また、民衆の求むるものの何なるかを知る、／しかして、我等の何を為すべきかを知る。……／されど、誰一人、握りしめたる拳に卓をたたきて、／'V NAROD!'と叫び出づるものなし。」　啄木が書簡に書いたところはまさに「われらの求むるもの」である。そして「われらの求むるもの」はやがて「民衆の求むるもの」である。「われら」すなわち先に目覚めた者たちは「民衆」の中に入ってゆき（'V NAROD!'）、「民衆」自身に潜在する諸要求を顕在化させ、「民衆」自身がそれらを自らの諸要求として掲げ、団結して闘い、それらを獲得してゆく運動、これが啄木のこの詩句にこめた思いである、思想である。

したがって日記の「国民が団結」云々から導き出される総運動とは「現代の社会組織、政治組織、家族制度、教育制度」改革の諸運動であり、「普通選挙」運動であり、「婦人解放……労働組合」の運動であり、「その他百般」の運動であった。そしてそれらの運動はくりかえすが先覚者の民衆への働きかけと、民衆自身の運動との相互関係を内包する運動としてイメージされている。これはもう、この一九一二年の暮にその幕が切って落とされる大正デモクラシー運動の展開と高揚との完璧なる予告に外ならない。

啄木はこれを「オオルド・ニツポンの眼からは無論危険極まる事」といったのである。正鵠を得るとはこういうことをいうのだろう。啄木はこうした「明日」を、大逆事件後の強権の壁をやぶって始まったストライキ、現実の小さな民衆運動の一形態の発現の中に見ているのである。「何だかそれが、保守主義者の好かない事のどん〳〵日本に起つて来る前兆のやうで、私の頭は久し振りに一志きり急がしかつた」というくだりこそまさに以上の予見を示すところである。「保守主義者」とは「明治憲法体制」の担い手たち、すなわち明治天皇を頂点に据える山県有朋以下の「強権」体制の担い手たちを指し、彼らの「好かない事」とは「明治憲法体制」をつきくずす動きを指すのである。

啄木が以上に述べたようなことをそのとき予見したというのはうがちすぎだと思う人は、さきの砲兵工廠の三本の煙突を見た時の啄木の頭脳のメカニズムを参考にしつつ「私の頭は久し振りに一志きり急がしかつた」という箇所をじっくりと読みかえされるがよかろう。参考までに次の箇所も掲げておこう。「朝に四種、夕方に郵便で来る三種の新聞だけは真面目に読んでゐる。毎日々々同じやうで変つた記事や論説の間から、時々時代進展の隠微なる消息が針のやうに頭を刺す」と(一九一一年八月二十六日宮崎郁雨宛)。

大正デモクラシー運動の総体に関する予見とは別に生なましい具体的な予見の例も一つだけ参考までに挙げておこう。

「一九一一年(明治四十四)八月三十日、第二次西園寺内閣が成立した。この内閣は行財政整理によって財源を確保し、日露戦争後の経営の完遂を期していたが、陸軍が強引に二個師団増設を要求したことによって一九一二年十二月五日に倒壊し第三次桂太郎内閣が成立した。この間の動きを藩閥の横暴と受けとめた政党・新聞記者らは先頭に立って「憲政擁護・閥族打破」の運動を各地でくりひろげた。そして翌年二月十日数万の民衆が議会をとりかこみ、内乱におびえた桂を総辞職に追いこんだ。「この運動では政党、新聞記者らが表面にたったが、日露戦争後頻発した都市民衆騒擾《そうじょう》のなかで巨大なエネルギーを蓄え、政治的成長を遂げた民衆の運動が絶えず政党を突き上げており、客観的主導力は民衆の側にあった。また青年層や実業家も活発な動きを示し、総じて大正デモクラシー状況を大きく切り開いたものといえる。(7)」

啄木はこの一連の運動をすっかり洞見しているかのように次のように述べていた。啄木の先の壮大な予見と連動させつつお読みいただきたい。この手紙を書いたのは一九一一年（明治四十四）八月三十一日。つまり第二次西園寺内閣成立の翌日である。「惟ふに我が日本に一大変革期の来る蓋《けだ》し遠からざるべきか。／この事既に幸徳事件を縁として、二十七議会当時より人心の帰向漸く改まれるに知るべし、今次の西園寺内閣瓦解の時は、即ちまた政界諸勢力の関係に或る進転を見るの時ならむ、而し（て？）その時以後に於て隠れたる潮流は漸次地上に流出し来らむ」（畠山享宛）

これは予見であるだけではなく、あきらかに予言である。

3　生物圏破壊　予見その三

ここにきわめて不思議なエッセイがある。「一握の砂」と題し、一九〇七年（明治四十）九月二十日発行の「盛岡中学校校友会雑誌」第十号に載せたものである。[8] 一〇篇の大小の短文よりなる。第八番目にある文章が際立って妖しい光を放っているが管見のかぎりでは遊座昭吾しかこれを熱心にとりあげ論じた者はいない。[9] この文章は「左に林中の譚を記さむ」で始まるので「林中の譚」と呼ぶ。

林中の譚は人と猿との対話、口論のスタイルをとる。人が林中を行くと樹上から猿が問う。猿は人類の祖先なのに人類はなぜ猿類を嘲るのかと。人は言う。「我等文明の人類」が汝らの子孫だとしたら我が子孫にどうして古人の如き大英雄があらわれたりするか。猿は言う。人間は過去を忘れてしまったのだ、過去を忘れたということは将来に対する信仰もないということでもある、だから汝らは滅亡の時を早晩迎えることになろうと。人は怒って言う。汝らは家も衣服もなく美味なる食物も知らぬではないかと。猿は笑って言う。我が毛は自然の衣服、我が家はこの森、「世界いづれの所の森林か我が家たらざらむ」、汝は断りもなく我が家に入りながらなぜ挨拶をしないのかと。人は声を荒げて、降りて来てここで同じことをもう一度言ってみろ、と叫ぶ。猿は言う。乱暴なことを言う、自分はこの森という家の主人なのだからどこにいてもいいではないか、さ、樹の上でとちの実でも召し上がれと。人は樹上をにらみ上げる。猿はさらに言う。人間の（文明の発達の歴史は）四肢の退歩の歴史であり怠慢の発達史だ、「文明の機械」はすべて汝らの「怠慢を助長する悪魔の手」だと。人は早く降りて来い、と叫ぶ。猿は言う。世界に汝らほど常に退歩しているものはない、もとは樹上に住んでいたのに「好んで爬虫《はちゅう》の属に堕して、地上に下」った、我らは天に近く汝らは地獄に近いのだ、と。

　以上に要約してきた部分によってすでに啄木の次のような思想が見えてくる。まずここでは、人間は衣食住、機械等を含む全文明によって自然と対立する存在である、ととらえられている。したがってその人間と対立する猿は単に自然中の一動物としてではなく、背後の全自然を代表する、少なくとも生き物としての全自然を代表する存在として登場している。そのようなものとしての猿に対する人間の議論は傲慢きわまりない。議論で追いつめられると暴力で圧服しようとする（最後には鉄砲で殺すとまでいう）。森林の主人はそこに住む猿や他の生き物なのではない。人間こそ森林に対してまた猿や他の生物に対して思うがままに振舞うべき存在すなわちそれらの主人であると考えるのである。自然を自分の所有と信じて疑わぬ人間の倨傲を啄木は今猿の口を借りて痛烈に非難する。クライマックスを引こう。

　人復《また》叫んで曰く、憎むべき獣よ、思ひ知れよかし、我等若し世界中の森林を皆伐り尽さば、汝果して何処にか住まむとすらむ。恐らくは人間の前に叩頭《こうとう》して哀れみを乞ふの外あらじ。

猿の曰く、噫々《ああ》、汝は遂に人間最悪の思想を吐き出せり。汝等は随所に憎むべき反逆を企て、自然を殺さむとす。自然に反逆するは取りも直さず之れ真と美とに対して奸悪なる殺戮《さつりく》をなす也。汝等は常に森林を倒し、山を削り、河を埋めて、汝等の平坦なる道路を作らむとす。然れども其の道は真と美の境――乃ち汝等の所謂《いはゆる》天に達するの道にあらずして、地獄の門に至るの道なるを知らざるか。汝等既に祖先を忘れ、自然に背けり。噫、人間ほど此世に呪はるべきものはあらず。

人間はついに「世界中の森林を皆伐り尽」すという。そうしたら猿（それはそこに住む全生物の代表でもあった）は生活圏を奪われ生きさせてくれと哀願するはめになるだろうと叫ぶ。猿はここに「人間最悪の思想」を見る。森林と猿とは人間をのぞく全生物的自然を指示していることを考えると、ここは全生物皆殺しを叫んでいるに等しく、凶悪な人間の思想が、それもこれ以上はない凶悪な思想が、露骨に吐き出されているのである。猿は言葉をつづける。（今はまだ森林を皆伐り尽くしてはいない。しかし）人間は「随所に……自然を殺」そうとしている。「真と美とに対して奸悪なる殺戮」をなしている。(10) 具体的にいえば「常に森林を倒し、山を削り、河を埋め」るといった風に。なんのためにそれらをなすのか。「平坦なる道路を作」るためだ。「平坦なる道路」とは何か。楽《らく》をする道である。であるなら「常に……平坦なる道路を作らむとす」とは、「文明の機械」によって衣食住の快適さをすなわち生活の快適さを不断に追求することに外ならない。猿はいう。それは「地獄の門に至るの道なるを知らざるか」と。（いや、人間が勝手に地獄の門に至るのは自業自得というものだ。しかしそれが、生物的自然の無制約の殺戮の結果だとしたら）「噫、人間ほど此世」（すなわち地球上）に「呪はるべきものは」ない。

これが猿の言葉に仮託した啄木の――二十世紀初頭の言なのであるから――予言である。八〇年後の人間は、自然はどうなっているか。すでに汗牛充棟の域に達している環境問題の文献のうちから、二、三冊をとり出し、眺めてみることとする。啄木は人間の自然に対する倨傲のふるまいを森林破壊という具象的な形で非難し、さらに抽象して「自然」の「殺戮」として非難する。この二つの面から啄木の予言を眺めてみよう。

森林破壊　古代エジプトや古典古代のギリシャ・ローマにおける森林伐採については今は措く。産業革命期西欧の森林伐採のことも今は措く。近くは我が北海道の原始林伐採のことも措く。一九七〇年代になって人類が愕然とした熱帯林消滅の進行についてわずかにふれてみたい。

以前は一六億ヘクタールはあったと推定される熱帯林は現在、多めに見ても九億ヘクタールしかないという。過去五〇年間に中南米で三七パーセント、アフリカで五二パーセント、アジアで四二パーセントが失われたという。「高さ一〇〇メートルにもなる樹木がすき間なく茂る熱帯林」が、である。そして今も熱帯雨林を含む世界の森林は年々千数百万ヘクタールの割合で消滅中だという。[11]（啄木が「我等若し世界中の森林を皆伐り尽さば」と言わしめた人間の傲慢な思想は今や満開して実現中である。）

熱帯林消滅の原因は第一に焼き畑である。それも森林の先住民が長年月やってきた焼き畑ではない。土地のない農民や都市のスラムをあふれ出た貧民が森林を焼いてから行なう収奪的な農耕や放牧である。約三億人がそれで生活しているという。原因の第二は木材の伐採である。先進国が国内材温存のために欧州はアフリカに、米国は中南米に、日本は東南アジアに、木材資源を求めて進出した。原因の第三は先進国の牧畜のための熱帯林進出である。第四は原地民の薪用の採集、等々[12]（どの原因も直接に、間接に産業革命後の先進国の「文明」と固く、深く結びついている。人間の、とくに先進国の人間の快適な生活の不断の追求がこれらの原因の根源にある。「猿」がいう「平坦なる道路を作らむとす」る「我等文明の人類」の本性が根源にある）。

では森林のもともとの主（「猿」）たちはどうなったか。国際自然保護連合（ＩＵＣＮ）によると現在世界で約一千種の哺乳動物と鳥類が危険な状態にあるという。絶滅の主因は生息地を奪う森林の破壊であり、その上に高価な皮・角・牙を狙う人間どもの狩猟がある。(13)

森林を、そこの「主人」たちを平気で消滅させてゆく人間は、森林の先住民、文字どおりそこの主人たちをも追い出し、滅ぼしてゆく。アマゾンではインディオを、ボルネオではダヤクを、アフリカ中部ではピグミーを(14)……、枚挙にいとまのない現実をどう考えればいいのか。

まことにこれ、啄木のいう「人間最悪の思想」の発現でなくて何であろう。

生物圏破壊　人間の生活がその結果として破壊しつづけているのは森林だけではない。地球環境そのものである。さきに見た酸性雨＝大気汚染。そして海洋汚染、オゾン層破壊、砂漠化等々。その具体的内容の一端にわずかにでもふれようものならそのひどさ、複雑さ、解決の困難さに気が遠くなる、胸が痛む（しかし正確な現状把握のために、具体的な解決のために、着実に仕事をしつづける先覚者たちの活動を思うとき、勇気と希望とを与えられるが）。この破壊の最も重要な結果は地球上のすべての住み手（あの「猿」によって代表された）の、より抽象的には種の、絶滅の進行であろう。地球上には無数の生命が住む。種のレベルで数えて五百万種とも一千万種とも三千万種ともいわれる。この無数の生命は相互に影響を及ぼし合い、環境にはたらきかけあいながら一つの巨大なシステムすなわちバイオスフェア（生命圏）を形成している。これは地球という奇跡の天体の三十数億年にわたる営みの結実である。人間による地球環境の破壊は今、急速に、激烈にこのバイオスフェアの破壊を結果している。(15)N・マイアースは言う。恐竜が「壮絶な死滅」をとげた時代の絶滅速度は多分一〇〇〇年に一種くらいであったが、西暦一六〇〇年から一九〇〇年の間の絶滅の速度は大体四年に一種、以後六〇年くらいは一年に一種、そして今や年間一〇〇〇種の速度だという。絶滅の脅威にさらされている動物には人間にもっとも近い「猿」の一種オランウータンがいる。虎もしろながす鯨も、ジャイアントパンダもチーターも含まれている。[16] 一九九三年五月二十一日の『朝日新聞』は信じがたい記事を載せていた。FOA（国連食糧農業機関）は五月二十日、以下のような警告を発した。「地球上の生物の四分の一が、今後三〇年間に消滅する危機にある」と。人間というただ一つの種によってそんなにたくさんの種が滅ぼされようとしている。「噫、人間ほど此世に呪はるべきものはあらず。」　啄木の予言の何という的確さ。しかし数知れぬ種を絶滅させて、人間だけが生存しおおせるのだろうか。多くの研究者たちは「否」と答えている。啄木はすでに言っている。「其の道は……地獄の門に至るの道なるを知らざるか。」

二十世紀はじめに発せられた啄木の予言は二十世紀末の現在をいいあてているだけではない。我々の未来をはるか、はるか彼方まで予言している。願くはこの予言のはずれてしまわんことを。

最後に啄木の予見能力について一言しておきたい。啄木に超凡の予見能力があったことは疑いのないところである。そしてそれを支えているものとしてわたくしに窺いうるのは次のような諸条件である。

新生の事物への強烈な関心、ナショナル且つグローバルな視野、きわめて鋭敏な感受性、感受したものに想像をはらませて見えぬものを見る特異な資質、厖大な情報蓄積力をもつ頭脳、当時の最重要メディアである新聞の四種類から七種類もの購読、極く僅かの材料から思想・時代思潮等の本筋や脈絡を直観する能力等。

ひるがえって前節のローマ字詩「新しき都の基礎」の予見について一言する。以上三つの予見を閲したのであるから、あの詩もまた啄木の卓越した予見能力の賜物と考えてよいであろう。もちろん「青き、青き　空」までを予見したというのではない。

書き誌された予見は後世から見るとき、予言でもありうる。

注

(1) 茨木のり子『詩のこころを読む』(岩波書店、一九七九年) 一〇九～一一〇頁。
(2) 川手恒忠・坊野光勇『新訂版　石油化学工業』(東洋経済新報社、一九七〇年) 一三六頁。
(3) 『平凡社大百科事典』「よっかいちぜんそく」の項。
(4) 『日本大百科全書』(小学館)「大正デモクラシー」(松尾尊兊) の項。
(5) 松尾尊兊『大正デモクラシー』(岩波書店、一九七四年)「はしがき」。
(6) 鹿野政直「大正デモクラシーの思想と文化」(『岩波講座　日本歴史18　近代5』一九七五年所収)。
(7) 『日本大百科全書』(小学館)「憲政擁護運動」(阿部恒久) の項。
(8) 『全集』④―一二一～一二九頁。
(9) 遊座昭吾『石川啄木の世界』(八重岳書房、一九八七年) 二六九～二七七頁。
(10) 今見ているエッセイ「一握の砂」の第三番目の文章では啄木は「長《とこし》なへに真にして且つ美なる自然」といい、「小児」すなわち無垢の人間はこの中に入れている。また自然は「長なへに真にして且つ美なる」ものなのであるから、おそらく生物的自然だけではなく「襟を正」して見る岩手山や「柳あをめる北上」川や「秋晴一碧の天」のような自然をも彼のいう「自然」は含むのであろう。また同文中で「自然は人類の父母なりき」とも述べているのであるから、啄木がここで言う自然は結局地球上の自然全体となってしまうであろう。しかしここでは、生物的自然に限定して論じておく。
(11) 石弘之『地球環境報告』(岩波書店、一九八八年) 八八～九二頁。
(12) 石弘之前掲書九四～一〇一頁。
(13) 『地球クライシス　人類に未来はあるか』(教育社、Newton 別冊、一九八九年) 二一二頁。
(14) 石弘之前掲書一〇二～一〇三頁。地球の環境と開発を考える会『破壊される熱帯林――森を追われる住民たち――』(岩波書店、一九八八年) 四三～四四頁。
(15) 前掲『地球クライシス　人類に未来はあるか』一一八～二四〇頁。
(16) N・マイアース著、林雄次郎訳『沈みゆく箱舟――種の絶滅についての新しい考察――』(岩波書店、一九八一年) 三～四頁。

三　明治教育体制批判の急先鋒

――先駆する教育思想・教育実践――

1　はじめに

今井信雄『この道を往く　漂泊の教師　赤羽王郎』を読み目を瞠った。そして同じ著者の『新訂「白樺」の周辺――信州教育との交流について――』によってその感はいっそう深まった。一九〇六年（明治三十九）の渋民村の代用教員石川啄木の分身が、約十年後信州の各地に頻々と出没するのである。まるで孫悟空と悟空がつくり出したたくさんの分身との関係のようである。

「芸術は天才の所産であり、天才は個性の発露であり、個性の発見が近代教育の出発である(1)」などという発想は啄木のものか「白樺」派教師のものかちょっと見には分からない。児童は教師に「よくなつき、宿所は子どものたまり場となった。子どもたちは目に見えて闊達になり、思うことは何でも口にしてはばからなかった(2)」といい、「月給こそ少なかったが、どこへ出ても代用教員が堂々と発言し、ひとかどの訓導とわたり合った(3)」という。そしてヘルバルトの五段階法に対しては「〈腹がへってもヘルバルト〉か(4)」といった調子で嘲笑する。これらはみな「雲は天才である」の世界である。

こうした事実をとり出すだけで教師啄木の先駆性が垣間見えてくる。実際、教師としてのまた教育思想家としての石川啄木に対する評価はすこぶる高い。上田庄三郎の『青年教師啄木』（一九三六年）以来すでに多くの論考がある。教育学者の側からも文学研究者の側からも研究が推し進められてきた。(5) すぐれた論考は前者に多い。それらは啄木の教育実践の分析において、その先駆性の近代教育史上での位置づけにおいて、また啄木の教育思想の分析においてすぐれた成果をあげている。今や研究は啄木の教育思想の源泉をなしたもの、およびその教育実践を可能ならしめたものの探究へと進むべきであろう。本稿はその一つの試みである。

2　啄木の教育観

まず啄木の教育観から見てゆこう。それは「渋民日記」(6)（と「林中日記」(7)）の三月八日の条にもっともまとまってあらわれる。「渋民日記」は啄木が一九〇六年（明治三十九）三月に渋民村に代用教員と成るべく舞い戻った時からその年の暮までの日記である（「林中日記」は「渋民日記」の一部を雑誌原稿として書き改めたもの）。啄木は四月から渋民尋常高等小学校の教壇に立つことになっていたので教師としての自分の位置、立場を確認しようとしたようである。

「芸術の人は汎く一般人類の教育者である。」　啄木は教育を論ずるにあたってこう切り出す。「林中日記」では同じ文脈の中で「詩人は人類の教師である」と書きかえられている。後者の詩人の概念から見てゆこう。「詩人」とは啄木にあっては壮大な概念である。高山樗牛「文芸批評家としての文学者」にその直接の源泉をもつ。それは、当代文明に反抗して清新な理想を歌い、時代の精神を代表し、若しくは批評し、若しくは是に反抗し、文明の進路に率先して億兆の師表たらむを期し、己の信ずる所を貫徹するために一世を敵として戦う気魄と利害打算を離れた心を持ち、其の意志の満足を至高の報酬とし、学殖と修養は深大であり、その主張が一国文明の大動力となる「大《おほい》なる詩人」

というものである。このような意味での「詩人」がその本質によって「教育者」であることは自明である。啄木は盛岡中学校退学（一九〇二年十月）以前すでに「詩人」たらんと志している。[8] その頃そのイメージの具現としてあらわれたのがワーズワースである。[9] 啄木は宮崎八百吉『ヲルヅヲルス』（民友社、一八九三年〈明治二十六〉）を夢中で読んでいたが、[10] そこには尊敬するワーズワースがこういったとある。「大詩人は古より皆教師なり」（一一八頁）と。啄木の内部ではこうして樗牛が唱える「詩人」の像とワーズワースという大詩人の像とは、観念とその具現という関係において結合しただけではなく、「詩人は教育者である」という理念において一体化したのである。樗牛とワーズワースが啄木教育論の主たる源泉である。

ところで「詩人」は啄木にあって芸術家の中の芸術家である。したがって「詩」は「芸術」の謂でもあり「詩人」は「芸術の人」の謂でもある。したがって「詩人」についていわれたことは「芸術の人」についてもあてはまるわけである。「芸術の人は汎く一般人類の教育者である」とも表現できるのである。啄木の教育概念は以上に見た意味での「詩人」概念の中から展開されるのである。

「詩」あるいはより一般的に「芸術」とは何か。「人間最高の声である。直ちに宇宙の内在に肉薄した刹那の声である」[11] という。「林中日記」では「人間最高の声である」のところは「人間中の神性、換言すれば創造力の所産である」と書きかえられていてわかりやすい。この「芸術」はいかにして人を教化するか。「一旦美の浄苑に人の心を誘ひ出して、それから神秘の窓をひらいて宇宙の大道を示す」というやり方で。[12] つまり「詩人」＝「芸術家」は「宇宙の内在に肉薄した刹那の声」を人類に伝えることによって「人間教化」を行なうのである。[13] ここに芸術の「教化」という作用すなわち「教育」の作用があるわけである。しかし「教化」すなわち「教育」は芸術の内容そのものではない。つまり啄木によると「教育なるものは、芸術の一含蓄に過ぎ」ないのであって「人間教化の要求が、芸術の内容と分離して、実際的になり直接になつて初めて普通の所謂実際的教育なるものが起つた」ととらえるわけである。だから啄木からすれば「芸術」は神に近く、「教育」は人間と密接である、ということになる。

ところで、「芸術」はその内容こそが生命である。教育とはその芸術の内容すなわち芸術の生命から分離した「人間教化の要求」にすぎないのだから生命のないものである。だから「教育それ自身は本来空虚である、死物である、残骸である」ということになる。しからば、教育はいかにして教育それ自身としての生命をもちうるのか。「教ふる人の人格と結びついて、初めて……生命を得、効果ある真の教育と成る」という。注意しなければならないのは啄木は当時の一般的学校教師・学校教育を思い描きつつこれを論じているのではない、ということである。啄木がここで「教ふる人の人格と結びつ」くというのは、高山樗牛亡きあと啄木がもっとも尊敬する日本の思想家嘲風姉崎正治の『復活の曙光』（有朋館、一九〇四年）のある一節をふまえてのことと思われる。(14) 嘲風は言う。人は「絶対と観じ最上と信ずる所の神格」に依信するとき、「祖師先覚」を媒介にする。この「祖師は信仰の啓導者にして又依信の憑拠なり。宗教上の教導も実に此に依りて発し、心霊上の感化も祖師の人格之が主導者たる事は何れの宗派にも見る所なり」（外篇一六五頁）。宗教上の教導、心霊上の感化すなわち「教化」は祖師の人格が主導者である。そのような人格として姉崎が挙げるのは孔子、日蓮、釈迦、イエスである。教化と祖師の人格とのこうした結合を念頭において啄木は教育と「教ふる人の人格」との結合を論じているのである。孔子が道を、イエスが神を、おのれの人格を主導者としつつ、人々に説き人々を道や神に教え導いたように、「教ふる人」もまた自己の人格を主導者としつつその人なりの理想を生徒たちに説き、彼らを教え導くこと、これを「教育」であると啄木は考えているのである。つまり啄木の教育概念の核心は「教化」なのである。だからすぐあとでも見るように、「智識を授けるなどは、真の教育の一小部分に過ぎぬ」（④―一〇七）という発言もあるのである。

啄木は教師として現場に臨むにあたって以上の教育観を次のように展開する。

教える側、それは理想的には「詩人」であり「高俊、或は偉大なる人格」（「林中書」）でなければならないわけだが、啄木自身は次の意味でその条件を満たしていると自負していたようである。彼は『あこがれ』という詩集をすでに上梓している詩人であった。さらに目標としているのはもちろんさきに見た意味での「詩人」であり、それになりうるとひそかに思っているのである。教えるべき理想は胸に満ちみちている（それは卓越した教育実践となってあらわれるであろう）。したがって彼は「教化」の主体としてふさわしいのである。

他方の教えられる側はどうか。「今の世に自然のまゝの飾り気ない心情を持つた者を尋ぬれば、無学な農圃の野人[15]と小児の外には無いのだ」（⑤―六七）と記しているが教えられる側とはその「小児」たちなのである。この「教師」がこの「小児」たちを「教化」するのが、啄木の教育概念の現実化に外ならない。「自分の理想的生活の一なる教化事業にたづさはるをえたのだけで、自分には誠にうれしい」（⑤―九四。傍点―引用者）という一文に啄木の教育観が出ている。さらにこうもいう。「学校は実に平和と喜悦と教化の大王城である」（⑤―九五）と。渋民小学校の教師はもとより啄木一人ではないが、この「教化の大王城」の主はどう見ても啄木自身である。（校長ははじめから眼中にない。）創世紀によると「主なる神は、土の塵で人を形づくり、その鼻に命の息を吹き入れられた。人はこうして生きる者となった」ということであるが、彼がこれから試みようとするのは「大王城」の主として「自分の心の呼吸を故山の子弟の胸奥に吹き込」むこと（⑤―九五）なのである。

以上のような啄木の教育観には、驕慢、不遜、衒気あるいは気障といった印象がつきまとうかもしれない。しかしこの教育観がいかにすぐれた内実と成果とをあわせもっていたかを、上野浩道は近代教育史の全体をふまえつつ次のように評価している。

本来、芸術と教育の論理には、多様性を求め、個性や内発性を尊重し、画一性や統制、規律に反対する点で、同質性が存するにもかかわらず、明治以来の日本の教育界ではお互いに反撥しあって存在してきた。その中で、明治絶対主義公教育体制の矛盾と芸術と教育との本質的関係を思想的に最も早い時期に指摘した者として石川啄木があげられる(16)。

啄木がこのように明治の教学体制の矛盾や虚偽性を鋭く指摘できたのは、彼が繰り返し言明するように詩人的人間として教育に関わったからである。換言すれば、何ものからも拘束されない芸術的観点から教育の本質を把んでいったのである(17)。

3　啄木の教育の目的

では啄木は自分の教育の目的として何を設定していたのか。

　教育の最高目的は、天才を養成する事である。世界の歴史に意義あらしむる人間を作る事である。それから第二の目的は、係《かか》る人生の司配者に服従し、且つ尊敬する事を天職とする、健全なる民衆を育てる事である。……又別な言葉で云ふと、教育の真の目的は、「人間」を作る事である。決して、学者や、技師や、事務家や、教師や、商人や、農夫や、官吏などを作る事ではない。何処までも「人間」を作る事である。唯「人間」を作る事である。これで沢山だ。智識を授けるなどは、真の教育の一小部分に過ぎぬ。(④―一〇七)

「天才」とは啄木にとっていかなる概念か。これはそれのみで一つの論考のテーマであろう。ここでは次の概念を指摘しておくにとどめたい。さきに「詩人」の概念を掲げたがこれと「天才」概念はほとんど重なるといってよい。

ただし啄木が表象する天才の像は文学者とは限らず、音楽家等の芸術家、思想家、宗教家、政治家等をふくむから、かの概念の最後の「大《おほい》なる詩人」が「大《おほい》なる人」におきかわればよいのである。何のために「天才」を養成しなければならないのか。「天才——即ち大人物は、世界の骨であ」り「眼であ」り「脳であ」り「人生の司配者であ」り「人間の理想的典型」なのであって、この「世界の歴史に意義あらしむる人間」すなわち「天才」がいてこそ世界史が作られるからなのだ（④—一〇七）。とくにわが「帝国は未だ一の民族的代表者、天才的一大人格者を有」していないため、日露戦争後に苦汁をのまされる破目になった。「吾人にして一人の天才者を有せざる限りは、屈辱と泣寝入とは、更に幾年幾十年幾百年の間、吾人の歴史の上に繰り返さるべき先天の秘星」なのだ。政治的天才だけではない。思想界の天才もまた不在である。「要するに我が日本の現在は……新しき天才憧憬の時代にあ」るのだ（以上④—九二～九三）。啄木が教育の最高目的に天才養成をもってきたのはつづめていえば以上のような理由によるのであろう。しかしそうした天才がこれから自分が教える渋民尋常高等小学校の生徒の中から生まれてくるとはかぎるまい。万々が一生まれてきたとしてもその他の子供は天才養成教育の犠牲になるべきなのか。いや、この最高目的は天才主義者石川啄木の夢である。のちの教育実践が示すように第二の目的の方こそ現実的な目的である。「係《かか》る人生の司配者に服従し、且つ尊敬する事を天職とする、健全なる民衆を育てる事」がそれであった。「人生の司配者」とは「天才」である。これが日本のどこかで養成され出現したとする。これに「服従」する「健全なる民衆」が一方でいなくてはならない。ところで、啄木のこの第二の目的を理解するために「服従」という言葉の含蓄をみておく必要がある。姉崎嘲風はいう。

　凡そ真の服従といふことは圧制に盲従することでなく、自分の意志を自分より大なる意志の一部分として働かせることである。此の如き服従があつてこそ真正の社会的協同も生ずるのである。されば服従協同の真義は、我といふもの、自覚に基かなければならぬ。自覚なしの服従は奴隷根性である。……既に自覚がある服従といふならば、其の服従を生ぜしむる意志と意志との交通が第一義でなければならぬ。自覚の明かな意志なしには、協同も真の協同でない、真の協同は……意志の独立を要する。（前掲書九六頁）

一方に人々を教化する「天才」があるとすれば、他方にあるべき「健全なる民衆」とはこのように「自覚の明かな意志」をもつ人々なのである。こうとらえてはじめて「雲は天才である」に出てくる新田《あらた》耕助の火を噴くような授業と活気に満ちて大胆な生徒たちのイメージは、「人生の司配者」と彼に「服従」する「健全なる民衆」のイメージとオーバラップしてくるであろう。

さて啄木は以上を言いかえて「別の言葉で云ふと、教育の真の目的は、『人間』を作る事である。決して、学者や、技師や、事務家や、教師や、商人や、農夫や、官吏などを作る事ではない。何処までも『人間』を作る事である」という。これはどう理解すべきであろうか。まず、『人間』には「天才」とこれに「服従」する「健全なる民衆」との双方がふくまれると思われる。なぜなら二つの目的を「真の目的」とおきかえたのであるから。ではそのような意味での『人間』とはいかなる含蓄を有するか。

抑々人が生れる、小児の時代から段々成人して一人前になる。成人するとは、持つて生れた自然の心のまゝで大きい小児に成るといふだけの事だ。しかるに今の世に於て、人が一人前になるといふ事は、持つて生まれた小児の心をスツカリ殺し了せるといふ事である。自然といふ永劫真美の存在から、刻々離れ〳〵て遂に悖戻の境界に独立するといふ事である。山には太古のまゝの大木もあるが、人の国には薬にしたくも大きい小児は居なくなつた。あゝ、大きい小児を作る事！　これが自分の天職だ。イヤ詩人そのもの、天職だ。

と「渋民日記」三月八日の条にある。そして「詩人は実に人類の教育者である」の一文がつづく。『人間』とは「大きい小児」つまり「小児の心」をもった人間の意である。啄木の考える「天才」とこれに「服従」する「健全なる民衆」はともに「大きい小児」すなわち『人間』なのである。だから「天才」の育成も「健全なる民衆」の育成もともに『人間』を作ることに帰着する。したがって「真の目的は、『人間』を作る事」に尽きる、のである。さらに啄木のいう『人間』についての理解を深めるためには「小児の心」についてみておく必要がある。

「小児の心」は一九〇四年（明治三十七）から一九〇七年（明治四十）頃まで啄木にあって思想上、生活上重要な意味をもった概念であった。この概念の発生過程、この概念の啄木天才主義とのかかわり、この概念と啄木の多額の借金・借金のふみたおし、大物パトロン捜し等との不可分の関係などについては本書第三章三「石川啄木の借金の論理」を参照されたい。

啄木のいう「小児の心」を具体的にいえば「赤裸々」で「公明」で「天真」で、「大いなる声」でものを言い「行かむとして行き」「為さむとして為し」「心のままに笑ひ又泣く」心である（④—一二三～一二四）。これは高山樗牛の「無題録」の一節[18]に源をもっている。

嗚呼、小児の心乎。玲瓏玉《たま》の如く透徹水の如く、名聞《みやうもん》を求めず、利養を願はず、形式方便習慣に充ち満てる一切現世の桎梏を離れ、あらゆる人為の道徳、学習の繋縛に累はされず、たゞたゞ本然の至性を披いて天真の流露に任かすもの、あゝ独り夫れ小児の心乎。

これを啄木流に言いかえれば前記の言葉となる。この「小児の心」をもった人間を育てることがなぜ「教育の真の目的」でありうるのであろうか。その問を解く鍵は『人間』の含蓄を見るときの引用中に実はすでにあったのである。すなわち、今の世の中では成人するということは「小児の心」をまったく殺してしまうことだという考え方がそれである。もう少しくわしく言うと、人間はみな「小児の心」をもって生まれてくる。それは「自然」という「長《とこし》なへに真にして且《かつ》美なるもの」を体現している。この至高のものは小児が世の中に出るや失いはじめる。すなわち、不安、羞恥、秘密、猜疑を知り、笑い泣くにも時機を見ることを知り、心の自由を殺してゆくようになる。「はては人の思惑にのみ心を牽かれて、心ならざる事を言ひ、又行ふに至り、茲《ここ》に一切の悪徳」が生まれる。そして「虚栄」「黄金」「偽善」「迷信」をむさぼりのむようになる。だから大人になるということは「小児の心」すなわち永遠の真と美である自然を殺しつくすことなのである。これは自らを生み出してくれた自然を殺しつくそうとする人間の所業の一部であり、まさに自然に対する「最も憎むべき反逆」である。そしてこの「最も憎むべき反逆」者たちの武器、彼らの「唯一の殺人器」は「教育」である、と啄木は告発する。[19]（④―一二三～一二四）かくて樗牛のいう「小児の心」は「長《とこし》なへに真にして且《かつ》美なる自然の為に、最も憎むべき反逆を企てつつある人類」（前掲に同じ）が常に殺戮しつづけることによってたえず失われてゆくものである。したがって樗牛のいう「小児の心」を失わぬ人間を育てるということは、とりもなおさず一切の世俗と闘うことであり、とくにその「唯一の殺人器」たる「教育」と徹頭徹尾、全面的に闘うことを意味するわけである。したがって『人間』を育てるということは、究極的には、明治の天皇制国家の教育体制と全面的に対決する教育を行なうことを意味するのである。[20]

ともあれこうして、『人間』を育てることはみごとに「教育の真の目的」でありうるのである。

4　啄木の明治教学体制批判

以上のような教育観、教育目的があればこそ、これから「林中書」に見る痛烈な近代教育批判が可能だったのである（「林中書」でなされる批判は主として中学校教育、中学校教師に向けられたものである）。啄木の教育観によれば教育は

「教ふる人の人格」と結びついてのみ生命をもつのであった。その見地から次の批判が放たれる。

曰く、日本の教育者には、高俊、或は偉大なる人格によつて、其子弟に「人間の資格」を与へる様な人が沢山あらうか。はた又、彼等「諸先生」は、上級の学校に入り、若くは或職業に就く為め資格をのみ与ふる一種の機械であらうか。如何《いかん》。(④—一〇八)

「高俊、或は偉大なる人格」の教育者の対極にいる圧倒的多数を占めるであろう「諸先生」は二十世紀末の今も啄木の批判の対象でありつづけよう(わたくしも含めて。嗚呼!)。そしてそんな「一種の機械」にはこれまた辛辣な次のような批判が浴びせられる。

曰く、日本の教育者には、規定の時間内に規定の教材を教へれば、それで教育の能事了れりとして、更に他を省みぬ人がないであらうか。如何。(④—一〇八)

と。また啄木の教育目的は「人間」すなわち「大きい小児」をつくることであった。この見地からはまた次のような驚嘆すべき批判も繰り出される。

曰く、日本の中学校には、他の学科が如何に優秀でも、一学科で四十点以下の成績を得ると、落第させるといふ学校はないであらうか。如何。又、然《さう》いふ生徒は成程全科卒業といふ証書を貰ふ資格はあるまいが、人間といふ資格も矢張それで欠けて居るであらうか。如何。(④—一〇八)

この批判から約九十年後の現代日本で、ようやく単位制高校が実現した。また非常に多くの大学は受験してくる高校生に対してより少数の科目の勉強しか要求しなくなっている。東大すら「オールラウンド型ばかりではなく一芸型の学生も」といいはじめている。亜細亜大学や早稲田大学社会科学部のように一つの特技によって入学を認める大学すらあらわれた。また北海道の北星学園余市高校のような「人間という資格」をもっとも大切に考える学校の出現は現代にあっても注目の的となる。何とはるかな時間を超えてこの批判はなされていることか。

また、啄木の教育目的は次のような批判をはじめからはらんでいる。

　曰く、人には誰しも能不能のあるもの。得意な学科もあり、不得意な学科もある。そして得意な学科には自《おのづ》と多量の精力を注ぐものであるのに、一切の学科へ同じ様に力を致せと強《し》ふる教育者、――ツマリ、天才を殺して、凡人といふ地平線に転輾《ころが》つて居る石塊《いしころ》のみを作らうとする教育者はないであらうか。如何。（④―一〇八）

と。ここには、文学の天才が盛岡中学校在学時に味わった重い体験が反映していよう。そしてさきに見たように教育の「最高目的」が天才の養成であるとも記した天才主義者啄木らしい批判である。が、この批判の真にすぐれている点はそうした字面にあるのではない。この批判の底には、「日本の教育は、凡人製造を以て目的として居る」（④―一〇八）というより根本的な批判が潜んでいる。さきに見たように啄木は「天才」のみの養成ではなく「健全なる民衆」の育成が重要であると考えている。だから「凡人」は「健全なる民衆」と異なる概念でなければならない。後者には積極的な意味が含まれていること先に見たとおりであるが前者は「石塊」だという。であるならばそれは今批判にさらされつつある当代「日本の教育」の産物としての「凡人」と理解すべきであろう。ところで、啄木の教育目的はより根源的には「大きい小児」を作ること、であった。それはつまり人が生れながらにもっている「長なへに真にして且美なる自然」である「小児の心」を最も尊重することであった。この考え方は個々の子供が生れながらにもっているもの、すなわち個性を最も尊重することと内容において一致してしまう。だから「凡人」を製造する「日本の教育者は……人は其顔の違ふ如く心も同じでない事を忘れて居る」（④―一〇九）というみごとな批判がひきつづいてなされるのである。

啄木の教育目的の根底には事実上個性尊重の理念があったこと、このことは銘記されるべきであろう。

以上に瞥見した啄木の教育の目的およびこれに関連する教学体制批判に関して上野浩道は次のように評価している。

啄木は教育の真の目的は「人間」を作る事であることを明確に打出している。「決して、学者や、技師や、事務家や、教師や、商人や、農夫や、官吏などを作る事ではない。何処までも『人間』を作る事である。唯『人間』を作る事である。これで沢山だ。智識を授けるなどは、真の教育の一小部分に過ぎぬ。」(「林中書」) 近代国家形成にともなう明治政府の実用主義的政策の中で、特に政治の論理と経済界の要求が教育に優先していった結果、すぐに役に立つ人材が育成されていく中で、啄木はあくまで、その政策から抜け落ちていた「人間」の形成という教育の本質を指摘した。そして、彼はこの政策から波及される実用的教材、実用的道徳等の近代公教育原則の歪曲化される政策を批判し、日本の教育で見失われている教育の原則を見出していると言えよう。この人間形成という教育目的の確認も大正期の芸術家たちが主張する基本的立場となっているものである。[21]

5 啄木の教育実践

では、啄木の教育観・教育目的はいかなる教育実践となって実現したか、以下に見てみよう。

啄木は着任する前にすでに生徒との接触を始めている。「一昨日も昨日も今日も（三月七日—引用者）、高等科の児等が遊びに来た。恐らくこれから毎日来ることであらう。……自分がヰオリンをひいて、小児らが歌ふ。無論極めて無邪気な小学唱歌だ。何か譚をしてきかせるとおとなしく真面目に聞いて行く。」（⑤—六六〜六七） これから着任の日まで毎日のように子供たちが訪れる。四月十四日土曜日、待望の着任。「明治三十九年度学校日誌」に「本日石川代用教員出勤授業セリ」とある。代用教員であったために叶えられぬ希望もあった。啄木は尋常科二年生の受け持ちであった。

たゞ一つ遺憾に思ふのは、自分は可成《なるべく》高等科を受持ちたかつたのだが、それが当分出来ぬ事である。これは自分が教壇の人と成るのが、単に読本や算術や体操を教へたいのではなくて、出来るだけ、自分の心の呼吸を故山の子弟の胸奥に吹き込みたい為めであるのだ。それには高等科あたりが最も適当である。十二三才《ママ》ら十五六才《ママ》までが、人の世の花の蕾の最もふくよかに育つ時代で、一朝開華の日の色も香も、――乃至は、その一生に通づる特色といふもの、――多くこの間に形作られる。尋常科の二年といへば、まだホンの頑是ない孩提に過ぎぬので、自分の心の呼吸を吹き込むなどゝいふ事は、夢にも出来うる所でない。（⑤―九四～九五）

こう言いつつも幼い二年生の前に立った時彼の心は「怪しくも抑へがたなき一種の感激に充たされるのであつた。神の如く無垢なる五十幾名の少年少女の心は、これから全たく我が一上一下する鞭に繋がれるのだなと思ふと、自分はさながら聖《たふと》いものの前に出た時の敬虔なる顫動を、全身の脈管に波打たした。不整頓なる教員室、塵埃にみちみちたる教場、顔も洗はぬ垢だらけの生徒、あゝこれらも自分の目には一種よろこばしき感覚を与へるのだ」（⑤―九五）。啄木の教師としての資質は正真正銘の逸品であること、この記述のみからでも明らかである。

実践その一　教授細目を無視して自己流教授法を行なう

この受け持ちの二年生に早速「先ず手初めに修身算術作文の三科に自己流の教授法を試み」る。「文部省の規定した教授細目は『教育の仮面』にすぎぬのだ。」（⑤―九九）啄木は頭から「文部大臣からのお達しで定められた教授細目」（③―一三）を無視して「自己流の教授法を試み」ている。これは一九〇六年（明治三十九）という時代を考えると卓絶した見識であり、恐るべき大胆さをあらわしている。この時代の尋常高等小学校における授業の実態を瞥見してみよう。

明治三十年代以降の授業の実態を見るとき、その顕著な特質として、定型化の進行をあげることができる。授業の定型化とは、授業の手続きが固定化し、授業が一定のパターンによってわくづけられていることをいう。それを教師の側からみるならば、授業における目的、教育内容が所与のものとして与えられ、授業の過程における子どもへの対応力が失われ、教師の方法の選択が限定されていることを意味している。[22]

授業はいかなる方向に向かって定型化していったか。一言でいえば「ヘルバルト主義の理論、教授法を媒介としてすすめられた教授形式」に向かったのである。[23] この教授形式はもとより教育内容の国家的統制を前提としていた。この定型化の諸ルートについては今は措く。これの普及が徹底した時期には各学校のレベルにおける教授実践、研究体制はたとえば次のようになっていた。教授細目は文部省すなわち国家が制定した教則にもとづいて校長が制定する。その教授細目に依って各受持教員は学年初めに学年案を定める。そして各教員はそれにもとづいて教案をたてるのである。この教案は教授前日までに作成し、教務主任の検閲を受ける。教授上の注意として各科別に留意点があげられ、共通して教則の規定に即することが求められた。以上の体制は長野県の一地方の尋常高等小学校の教務一覧による例示である。[24]

教授をめぐる校長の権限についてはどうか。それはまさに国家の触手の先端に位置して次のごとくであった。

学校長は「教授の事をして、其の主義、方針、及教授に関する校規に適当すべく、学校全体に行はれしめんことを期せざるべからず」とし、その方法としては、「各教師をして其の担任に関し教授細目に依り毎年度の始に於て各教科に就き、教程予算を作らしめ以て之を検閲する事」、「一定の教授法を定め之に依りて其担任に関し、毎週教程進度表を製せしめ之を検閲すべきこととなすべき事」、「相当なる方法を定めて、各教師教授の実際を視察すべき事」、「各教師をして其の担任に関し、教授細目、及教授予算に依り、毎週教授草案を作らしめ、予め、之を検閲すべきこととなすべき事」など。(25)

こうして教則（国家）→教授細目（学校長）→教案（教師）の体制は全国にくまなくはりめぐらされていた。師範学校出の訓導たちはこの体制に順応するよう徹底的に仕込まれていたし、まして立場の弱い代用教員たちはいっそう順応するほかなかったであろう。この体制が完成したまさにその時に、啄木は「文部省の規定した教授細目は、『教育の仮面』にすぎぬ」と言い放ち、「自己流の教授法を試み」たのである。小説「雲は天才である」によってわれわれは啄木の教授細目および校長に対する批判的態度をより生なましく具体的にイメージすることができる。主人公新《あら》田《た》耕助は「S――村小学校」の生徒のために「云はば校歌といつた様な性質の一歌詞を作り、そして作曲し」て自宅に「遊びに来た二三の生徒に、自分で丰オリンを弾き乍ら教へた」ところ、生徒達の間に「見る〳〵うちに伝唱されて」二〜三日後には「高等科生徒の殆んど三分の二、イヤ五分の四迄は確かに知つて居る。昼休みの際などは、誰先立つとなく運動場に一蛇のポロテージ行進が始つて居た。彼是百人近くはあつたらう」（③―七〜八）という状況になる。田島校長と首座訓導の古山は、校長および郡視学の許可なしに新田耕助作詞作曲の唱歌を生徒たちにうたわせたとなじる。そのときの議論の後半に教授細目をめぐるやりとりが次のように展開する。

『……新田さん、学校には、畏くも文部大臣からのお達しで定められた教授細目といふのがありますぞ。算術国語地理歴史は勿論の事、唱歌裁縫の如きでさへ、チアンと細目が出来て居ます。私共長年教育の事業に従事した者が見ますと、現今の細目は実に立派なもので、精に入り微を穿《うが》つ、とでも云ひませうか。彼是十何年も前の事ですが、私共がまだ師範学校で勉強して居た時分、其頃で早や四十五円も取つて居た小原銀太郎と云ふ有名な助教諭先生の監督で、小学校教授細目を編んだ事がありますが、其時のと今のと比較して見るに、イヤ実にお話にならぬ、冷汗です。で、その、正真《ほんたう》の教育者といふものは、其完全無欠な規定の細目を守つて、一毫《いちがう》乱れざる底《てい》に授業を進めて行かなければならない、若しさもなければ、小にしては其教へる生徒の父兄、また高い月給を支払つてくれる村役場にも甚だ済まない訳、大にしては我々が大日本の教育を乱すといふ罪にも坐する次第で、完たく此処の所が、我々教育者にとつて最も大切な点であらうと、私などは既に十年の余も、――此処へ来てからは、まだ四年と三ケ月にしか成らぬが、――努力精励して居るのです。尤も、細目に無いものは一切教へてはならぬといふのではない。そこはその、先刻《さつき》から古山さんも頻《しき》りに主張して居られる通り、物には順序がある。順序を踏んで認可を得た上なれば、無論教へても差支がない。若しさうでなくば、只今諄々と申した様な仕儀になり、且つ私も校長を拝命して居る以上は、私に迄責任が及んで来るかも知れないのです。それでは、如何《どう》もお互に迷惑だ。のみならず吾校の面目をも傷《ママ》ける様になる。』

『大変な事になるんですね。』と自分は極めて洒々《しやあしやあ》たるものである。尤も此お説法中は、時々失笑を禁じえなんだので、それを噛み殺すに不些少《すくなからず》骨を折つたが。『それでつまり私の作つた歌が其完全無欠なる教授細目に載つて居ないのでせう。』

『無論ある筈がないでサア。』と古山。

『ない筈ですよ。二三日前に作つた許りですもの。アハ、、、。先刻からのお話は、結局あの歌を生徒に歌はせては不可《いかん》、といふ極く明瞭な一事に帰着するんですね。色々な順序の枝だの細目の葉だのを切つて了つて、肝胆を披瀝《ひれき》した所が、さうでせう。』

これには返事が無い。

『其細目といふ矢釜敷《やかましい》お爺さんに、代用教員は教壇以外にて一切生徒に教ふべからず、といふ事か、さもなくんば、学校以外で生徒を教へる事の細目とかいふものが、ありますか。』

『細目にそんな馬鹿な事があるものか。』と校長は怒つた。

『それなら安心です。』

『何が安心だ。』

『だつて、さうでせう。先刻詳しくお話した通り、私があの歌を教へたのは、二三日前《ぜん》、乃ちあれの出来上つた日の夜に、私の宅に遊びに来た生徒只の三人だけになのですから、何も私が細目のお爺さんにお目玉を頂戴する筈はないでせう。若しあの歌に、何か危険な思想でも入れてあるとか、又は生徒の口にすべからざる語《ことば》でもあるなら格別ですが、……。イヤ余程心配しましたが、これで青天白日漸々《やうやう》無罪に成りました。』

全勝の花冠は我が頭上に在《あ》焉《り》。（③—一三〜一四）

文部省（教則）→校長（教授細目）→教師（教案）という教育の国家統制の、現場における湧出の様が生きいきとかつ少々ユーモラスに描かれている。校長は「畏くも文部大臣からのお達しで定められた」「完全無欠」の「教授細目」をふりかざして教師を圧迫しようとし、従わないのは「大日本の教育を乱すといふ罪にも坐する」ことになるとおどす。こういう論法などおそらく全国いたるところで展開されたものであろう。

もちろんこの叙述はあくまでもフィクションであって、真摯につづった日記や書簡と同じような資料として扱うわけには行かない。しかし作者は主人公を全面的に肯定的な人物として描いているのであるから、新田耕助の主張は石川啄木の主張と見なしてよいし、校長に対する言動の基本もまた両者に共通のものと見なしてよいであろう。啄木は教授細目の元締めが文部省であることは百も承知の上で「細目といふ矢釜敷《やかましい》お爺さん」などと新田にやゆさせている。これは校長という地位がもつ権威をもまたまったく軽視していることを示すセリフである。啄木の校長に対する批判、蔑視はいたるところで新田耕助の口を借りて語られるが次のものなど最も本質的な批判の一つといえよう。「完全なる『教育』の模型として、既に十幾年の間身を教育勅語の御前に捧げ、口に忠信孝悌の語を繰り返す事正に一千万遍、其思想や穏健にして中正、其風采や質樸無難にして具《つぶ》さに平凡の極地に達し」云々（③―五）。新田耕助が馬鹿にしきった田島校長の姿こそ「完全なる『教育』の模型」というのだから、完成したばかりの明治の教育体制そのものを啄木はダメだと批判していることになる。そして「口に忠信孝悌の語を繰り返す事」思想の「穏健にして中正」なることを無価値として一笑に付しているのだから啄木の教育思想は教育勅語の中心思想など歯牙にもかけぬわけである。したがって「十幾年の間身を教育勅語の御前に捧げ」のくだりはそうしている校長を軽んじているだけでなく、そうすることが馬鹿げているというのだから教育勅語を教育の中心におくことをもあわせて軽んじていることになる。それはすでに見た啄木の教育観や教育の目的にてらしても確認できることである。おどろくほど無心に、かついちはやく教育勅語批判をしているものである。(26)

実践その二　高等科生徒への放課後課外授業

啄木が自分の受持ちの二年生に対していかなる「自己流の教授法を試み」たのか、それはよくわからない。しかし課外授業についてはある程度知りうる。

（四月）二十六日から高等科生徒の希望者へ放課後課外に英語教授を開始した。一時間乃至二時間位つゞけ様にやつて、生徒は少しも倦んだ風を見せぬ。二日間で中学校で二週間もか丶つてやる位教へた。始めの日は二十一名、翌日は二十四名、昨日は二十七名、生徒は日一日とふへる。（⑤―九八）

とあり、英語の課外授業だったことがわかる。資料として啄木自筆とされる「課外英語科教案」が残っている。この教案と教え子たちの回想とをもとに、森一は啄木の教授法が「Direct Method（直接教授法）、Oral Method（口頭教授法）に近いもの」と考察している。[27] 明治以来、読解中心にかたよった日本の英語教育一般はいまなお啄木の教授法の前に顔を紅らめるのではなかろうか。

啄木が課外授業に英語を選んだのには少なくとも二つの理由があったと思われる。まず第一の理由は啄木自身が英語学習に多大の意義を見出していたことである。啄木は一九〇二年（明治三十五）秋、青雲の志を胸に上京したが、このときさっそく、丸善、中西屋等からたくさんの英書を買いこみ猛烈に読書している。そして英語の読解力を飛躍的に伸ばしてゆく。その英語力を武器に、日本に入荷した、いわば瞬間にLidgeyの*Wagner*を購入して読みそれをもとに評論「ワグネルの思想」を執筆したり、海の詩が流行しそうな兆を見てとってアメリカで出た海の詩集*Surf and Wave*（A. Ward編）をとりよせ研究し、これを足場として「沈める鐘」等を制作、詩壇に躍り出るなど英語は啄木にとって欧米の思潮の最先端をキャッチするアンテナであり、文学上の仕事において新しい道を切り拓いて行く上での利器なのであった。啄木の「課外英語科教案」の冒頭には「Pronunciament (*sic*) for pupils（生徒への宣言）」があるがその五項目中の第一項は「Necessesary (*sic*) of English for new nations（新しい国民たちにとっての英語の必要性）」[28]であり、第二項は「Pleasures of learning Englith（英語を学ぶ楽しさ）」である。これらはたとえ教科書などからのひき写しであったとしても啄木の卓越した英語観が体験と実感に裏づけられて表明されているのであって、これほど高くかつ現実的な理念をもって生徒にのぞむ英語教師は当時も今も稀といってよいであろう。

課外授業に英語を選んだもう一つの理由、それは高等科の生徒を教えたいとの念願をはたしうるからであった。啄木は「たゞ一つ遺憾に思ふのは、自分は可成《なるべく》高等科を受持ちたかつたのだが、それが当分出来ぬ事」なのであった。そこで考え出されたこれは巧妙な作戦であった。案の定高等科の生徒たちがたくさん集まったことは先に示したとおりである。日記では始めてから三日分の記入しかないが、そこでは熱心に英語の授業をやっている。「英語の時間は、自分の最も愉快な時間である。生徒は皆多少自分の言葉を解しうるからだ。自分の呼吸を彼等の胸深く吹き込むの喜びは、頭の貧しい人の到底しりうる所でない」「生徒は皆多少自分の言葉を解しうるからだ」とは英語のレッスンを「解しうる」だけの意味ではあるまい。高等科の生徒を「教化」することが彼の根本目標であり、彼の性格からすればそれを実現できないまで手をこまねいていることは全く考えられない。英語教授の機会は当然「教化」のチャンスだったと考えるべきであり「自分の呼吸を彼等の胸深く吹き込むの喜び」には「教化」のよろこびもふくまれていたにちがいないのである。こう考えると「雲は天才である」の次の場面はかなり事実に近いフィクションと考えてよいことになろう。

何故なれば、この課外教授といふのは、自分が抑々《そもそも》生れて初めて教鞭をとつて、此校の職員室に末席《ばつせき》を瀆《けが》すやうになつての一週間目、生徒の希望を容れて、といふよりは寧《むし》ろ自分の方が生徒以上に希望して開いたので、初等の英語と外国歴史の大体とを一時間宛とは表面だけの事、実際は、自分の有《も》つて居る一切の智識、（智識といつても無論貧少なものであるが、然し、自ら日本一の代用教員を以て任じて居る。）一切の不平、一切の経験、一切の思想、――つまり一切の精神が、この二時間のうちに、機を覗ひ時を待つて、吾が舌端より火箭《くわせん》となつて迸《ほとば》しる。的なきに箭《や》を放つのではない。男といはず女といはず、既に十三、十四、十五、十六、といふ年齢《とし》の五十幾人のうら若い胸、それが乃ち火を待つ許りに紅血の油を盛つた青春の火盞《ひざら》ではないか。火箭が飛ぶ、火が油に移る、嗚呼そのハツ〳〵と燃え初《そ》むる人生の烽火《のろし》の煙の香ひ！英語が話せれば世界中何処へでも行くに不便はない。たゞこの平凡な一句でも自分には百万の火箭を放つべき堅固な弦《ゆみづる》だ。昔希臘《ギリシャ》といふ国があつた。基督《キリスト》が磔刑《はりつけ》にされた。人は生れた時何物をも持つて居ないが精神だけは持つて居る。羅馬《ロウマ》は一都府の名で、また昔は世界の名であつた。ルーソーは欧羅巴《エフロッパ》中に響く喇叭《らっぱ》を吹いた。コルシカ島はナポレオンの生れた処だ。バイロンといふ人があつた。トルストイは生きて居る。ゴルキーが以前《もと》放浪者《ごろつき》で、今肺病患者である。露西亜《ロシヤ》は日本より豪い。我々はまだ年が若い。血のない人間は何処に居るか。……あ、、一切の問題が皆火の種だ。自分も火だ。五十幾つの胸にも火事が始まる。四間に五間の教場は宛然《まるで》熱火の洪水だ。自分の骨露《あら》はに痩せた拳が礑《はた》と卓子《テイブル》を打つ。と、躍り上るものがある、手を振るものがある、万歳と叫ぶものがある。完《まっ》たく一種の暴動だ。自分の眼瞼《まぶた》から感激の涙が一滴溢れるや最後、其処にも此処にも声を挙げて泣く者、上気して顔が火と燃え、声も得出さで革命の神の石像の様に突立つ者、さながら之れ一幅生命反乱の活画図《くわつぐわと》が現はれる。涙は水ではない、心の幹をしぼつた樹脂《やに》である、油である。火が愈々燃え拡がる許りだ。（③—四）

就職して「一週間目」に開講したというのはフィクションで実際に開講したのは約二週間目だし、「初等の英語と外国歴史の大体とを一時間宛」ということで開講したというのもフィクション。「明治三十九年度学校日誌」（石川啄木記念館蔵）によって見ると四月二十六日の条に次のようにある。「本日ヨリ高等科生徒中ノ希望者ニ石川代用教員放課後一時間ヅ、課外英語科教授ヲ開始ス、本日出席児童二十一名」科目は英語のみ、時間は一時間である。しかしさきに見たような理由により、ここに書かれているような授業をやったであろうと推測することはまちがいではないであろう。つまり啄木の課外授業というのは、一方でOral Method（Direct Method）を用いると同時に、卓越した英語観にもとづく先駆的かつ新鮮な英語授業であり、他方では若き天才浪漫主義者の頭脳に宿る「一切の智識……一切の不平、一切の経験、一切の思想、——つまり一切の精神」を生徒の胸奥に吹きこむ授業だったものと思われる。師範学校で文部省方式を徹底的に仕込まれた当時の教師たちには想像も及ばぬ破天荒の授業を、明治教学体制の完成期に行ない、後世の教師たちに光と力を与えることになるのである。

永井道雄はこのような授業の内容について次のように批評している。

……啄木は、二つの戦争（日清・日露戦争―引用者）をへて独立国としての自負をいだくにいたった日本が、過剰な自負のゆえにふたたび世界への窓を閉じ、衰微の兆候を示しはじめたことを鋭くみぬいている。地理的に島国であり、同一性のたかい一つの民族、一つの文化によって国家を形成する日本が、今日はもちろん、今後も、もっとも警戒しなければならないのは、文化の閉鎖性と孤立であるが、啄木のこの問題に対する感受性は、今日も私たちの胸をうつものがある。詩人、啄木の心は東北の一寒村にあって世界をかけめぐり、ルソーを、ナポレオンを、そしてバイロンを夢みる。「露西亜《ロシア》は日本より豪《えら》い、我々はまだ年が若い。血のない人間が何処に居るか」――啄木の文章が、日露戦争の勝利に酔い、〝露助〟という言葉にふくめられた優越感に人々が酔いしれようとしていた、まさにその時に、書かれたことを読者は心にとめていただきたい。「我々はまだ年が若い」と彼が書いているのは、開国以来間もない日本が、すでに老衰の徴候を示していることを彼が鋭敏にも感じとったからであろう。だから、大多数の日本人が偉大な明治の栄光を感じていた明治の末年、彼は「時代閉塞の現状」（明治四十三年）を記したのであった。啄木が感じた、時代の〝閉塞〟は時とともに深まった。(29)

実践その三　性教育(30)

一九〇七年（明治四十）一月七日（月曜日）の日記

予の代用教員生活は恐らく数月にして終らむ。予は其間に出来うるだけの尽力を故山の子弟のためにせざるべからず。新春第一に先づ予の遂行せむとする計画二あり。生徒間に自治的精神を涵養せむとする其一也。兎角田園にまぬかれ難き男女間の悪風潮を一掃して、新らしき思想を些少なりとも呼吸せしめむとする其二也。

このためには、先づ「生徒間の制裁」を起さしむる必要あり。又愛《いと》しき子弟の数人を犠牲とせざるべからず。
予は今日よりこれに着手したり。（⑤—一三五）

「今日より……着手し」たのは「其二」の方であった。この実践を見てみよう。「兎角田園にまぬかれ難き男女間の悪風潮」とは何のことか。高等科の生徒といえば現在の小学校五年生以上の子供たちで、就学が遅れた子もいたから年長者の中には現在の中学三年生くらい（数え年十六歳）の子供たちもいた。その「男女間の悪風潮」については長年わたくしは気になっていたが、どうしても莫たるの感はまぬがれなかった。盛岡大学の遊座昭吾氏にご教示いただいた。啄木の小説「天鵞絨《びろうど》」の中に描かれている事柄、ああいったものから推しはかってみて下さい、とのことであった。「男女間の悪風潮」と「天鵞絨」の叙述とが結びつくことのなかったわたくしにとって貴重なご教示であった。

「天鵞絨」の女主人公お定は渋民らしき村の貧しくはない自作農の娘で数え年十九歳。彼女には「四晩に一度は屹度忍んで寝に来る丑之助」という男がいる。「係《かか》る田舎の習慣《ならはし》で、若い男は、忍んで行く女の数の多いのを誇りにし、娘共も亦、口に出していふ事は無いけれ共、通つて来る男の多きを喜ぶ。さればお定は、丑之助がお八重を初め三人も四人も情婦《をんな》を持つてる事は熟《よ》く知つてゐるので、或晩の如きは、男自身の口から其情婦共の名を言はして擽《くすぐ》つて遣つた位。末の約束など真面目にした事も無いが、怎かして寝つかれぬ夜などは、今頃丑さんが誰と寝てゐるかと、嫉《や》いて見た事のないでもない。」（③—一三九）　お定は東京の理髪師源助さんについて、お八重とともに家出上京を決行する。その前夜丑之助が寝に来る。こんな会話がある。「『汝《うな》ア頬片《ほつぺた》、何時来ても天鵞絨《ビロウド》みてえだな。十四五の娘子《めらしご》と寝る様だ。』と言つた。これは此若者が殆んど来る毎にお定に言つてゆく讃辞《ことば》なので。『十四五の娘子供《めらしやど》とも寝るだべせア。』とお定は……言つた。」「十四五の娘子」といえばほぼ高等科の生徒の年齢である。またそのあとこんな会話もある。「『然《さ》うが。八重ツ子ア今夜《こんにや》、何とも言はながつけえな。』『だらお前、今夜《こんにや》もお八重さんさ行つて来たな?』

『然うだねえでヤ』と言つたが、男は少許《すこし》狼狽《うろた》へた。」 つまり男は上京を明日決行する二人とも知らず、まずお八重と寝て、それからすぐお定のところへ来たというわけである。もちろんお定は「別に怒つたでもない」。(以上③─一四四〜一四五) 翌日娘二人は四十男の源助と盛岡の宿屋で落ちあいそこに泊まる。お定が寝入っている間に源助とお八重は一夜かぎりの関係をもつ。

「兎角田園にまぬかれ難き男女間の悪風潮」とはこうしたものをもって類推すべきものであったのだ。これを「一掃して、新らしき思想を些少なりとも呼吸せしめむとする」ことが啄木の意図であった。その実践は以下の如くであった。

予は今日第三時間目——歴史の時間に、高等科六十名の男女を容れたるかの薄暗き教室に立ちて、近来漸やく勢を加へたる男女両生間の或る悪風潮を根底より一掃せむとするを告げ、今直ちに各生の行為を指摘して譴責するをうれども、猶数時間の間反省の時を与ふるが故に、若し自己の行為を内心より悔悟するものあらば、今日中に来りて予に其一切を自白すべき由を命じたり。

昨日既に上級の数人をよびて種々の訊問をなしたりしなれば、今日は朝より彼等の予を見る、恰も電光閃々たる天空を仰ぎて落雷今か〳〵と恐るる如くなりき。予の彼等に告ぐる処あるや、満場寂として声なく、既にして唏嘘《ママ》の声あり。愛憐の情は油然として予が心頭に湧きぬ。『我も爾の罪を定めず、往きて再び罪を犯す勿れ。』!!!然れども予は思へり、たとへ愛しき子弟の数人を、よしや、其犠牲とするとも、予は断じて此悪風を一掃し了らざるべからずと。これ実に唯一校の面目にのみ関するものにあらずして、其成敗は深く永く社会の推移を司配すべき問題なればなり。

目に涙充ち、声おのづから顫へる美しき愛しき自白者は続々として予の面前に立ちぬ。彼等は皆、殆んど噴飯すべき程の些細事に至るまで、自ら悪しと思へることは総て懺悔しぬ。而して極めて敬虔なる湿める眸をあげて、切に予のゆるしを乞へり。あゝ予は何の心を以てかよく彼等の雪よりも潔き心を罪に定めん！（⑤―一三六）

小学生になされた性教育としてこの実践が近代教育史の中にいかに位置づけられるのか。これはわたくしには荷の重すぎる仕事である。しかし以下の何点かは指摘しておきたい。

一、「悪風潮」に関する正確な実情把握。

二、村の女たちに不幸（妊娠・堕胎・出産等をめぐる悲劇）をもたらしている悪習、またはそれにつながる悪習を解決することの意義の深い把握。

三、解決の方針の卓越性。

○生徒の魂の純粋さを深く信じ、それに訴えかけていること。

○「悪風潮」に染まったこと、染まりつつあったことを深く反省せしめ、その結果としての告白を目標としたこと。（それを成功させるためには「愛しき子弟の数人を、よしや、其犠牲とする」ことも補助的方法として用意したが、これは結局不要だった。）

○「我も爾の罪を定めず、往きて再び罪を犯す勿れ」（ヨハネ伝第八章十一節）という精神によって、愛する生徒たちを救うことを根底に据えていること。

四、四月以来の非常にすぐれた、多彩な教育実践を媒介として生徒との間にたぐいまれな、深い信頼関係ができあがっていて、これが実践の成功を保証したこと。まさに教育が「教ふる人の人格」と結びついて生命をもった一例であった。

こうした実践の成果に対する教師の感動、生徒への愛の深まり、教育者としての認識の深まりは次のように記される。

一月九日（水曜日）

曇天。寒さ昨日に異らず。

昨夜、人々と共に来て、然も遂に辞を出すべき機会なくして帰れる一女子絹子、今朝早く我を訪ねて心より罪を詫び、且再び犯さざるべきを誓ひぬ。女の心は涙の淵、予は殆んど慰撫の言葉なきに苦しみぬ。

『雪よりも潔き、神の幼児の如き心を以て其罪を懺悔する者は、一生に何の悪事をもなさざる人よりも却りて幸ひなる人なり。予は昨日、はしなくも基督の心を思ひ浮べて泣きぬ。「誠」に優る宝この世になかるべきを思ひて泣きぬ。卿等よ、予は実に昨夜枕につきて後、卿等の浄き心を思ひて、流るる涙とどめもあへざりき。心を安んじ給へ、予の前に懺悔したる人々よ、予は初めたとへ幾何かの犠牲を要するとも断乎として卿等に厳重なる譴責を与へむと期せりき。然れども卿等は既に涙の懺悔によりて、昨日よりも却りて浄き人となれり。何人も卿等を罪しうるの人ありあたはじ。卿等は今教へられつつある人なり。然れども其尊き潔き心は以て百万人に教ふべし。卿等愛しき兄弟よ、心を安んじて、再び、自ら悪しと思ふ事をなす勿れ。……』

これ予が今日高等科の教壇に立ちて告白したる所なり。予は、胸ふさがりて辞甚だ渋るを覚えき、予は危くも声をあげて泣かむとしたり。予の一言一句は、心よはき教子の美しき涙によりて迎へられぬ。然り、曇れる予の眼も、そこここにすすりなく児等のありしをば朧ろげ乍ら認めえたりき。

何なれば斯くも――喰ひつきたき程可愛きにやと予は心に思へりき。

ああ、蒼天願くは我が感謝を享けよ。これをしも至福といはずして、世に天の祝福といふもの又とあるべしや。予の代用教員生活は、数月を出でずして終らむ。然れども予は心深くも願へり。他日猶一層の修養を積みて後、

予の再び郷校に代用教員たりえむ事を。（⑤—一三八）

最高の教師しか書けない文章である。

啄木はさらに生徒たちの魂のいたみをとりのぞいてやるべく、授業時に次のような文章を筆記させている。新約聖書ヨハネ伝第八章一～十六節に拠りつつ、啄木の解釈もまじえた文章である。以下に掲げるのは「一戸完七郎　明治三十九年国語綴方帳」（石川啄木記念館蔵）によるものである。（句読点、用字などできるかぎり原文のママとしておく。）

イエスが事共

イエス朝早く橄欖山を下りてまた聖殿に入り坐して群民に教ふるや学士《ママ》パリサイの徒は奸婬の時とらはれたる女をひき来りて。イエス。の前に置きていへらく師よかくの如きものは石にてうち殺すべしとモゼエは法律に命じおきたれど汝如何にいふやと　《不明》し彼等はイエスが教法の秘訣は愛憐慈悲の行に起因し圧せられたるを起し賤められたるを愛するにあるを察知す。故にイエス若しこの女に罪なしと云はむには法律を破り羅馬の法制に戻れりとの辞　《不明》を設けむとしもし又罪ありといはむか以テ群民の帰依敬愛を奪ひ去りえむと思へり。

イエス此時何の語なく身をかがめ指にて地にものかけりこれ疑もなく沙の上の文字消ゆるが如く悔改の罪は忘じはてらるべしと云ふ意なるを冷刻《ママ》なる学士等は知らざるまねして猶しきりに詰りとふにイエス起ちて答ふらく汝等のうちにて罪なき者まづこれを石にて撃つべしとまた俯してものかき給へば彼等ここに良心の責へがたく老少共に耻をびて一人一人に出で行きぬ後にたゝ女のみは髪みだし顔うちむけて止りたるを顧てしづかに戒め給ふ我も汝の罪を定めず往きて再び犯すなかれ(31)

以上の指導の全体を見るに、まことに高度な生活指導である。感嘆のほかない。

実践その四　自治の精神を育てる生活指導

さきに見た一月七日の日記にあるように啄木の新春の教育計画の第一は「生徒間に自治的精神を涵養」すること、であった。三月二十日の日記はその計画の輝かしい成功の記録である。

この日は、此学年最終の授業日であつた。しかし、数日前から計画させて置いた卒業生送別会をやる為めに、授業はしなんだ。常々嫌者にされて居る校長は留守なり、お天気がよいなりで、生徒は喜んで午后一時の開会を待つた。

この送別会は、一切生徒にやらせたので、接待係、余興係、会場係、会計係、何れも皆生徒、矢張生徒から出した二名の委員長の招待状によつて、定刻になると、この村の紳士貴女十数名臨席せられた。生徒などの招待状で紳士を招ぐといふのは、この村開闢以来の事である。更にも一つ開闢以来な事は、立花委員長の開会の辞に於て、この村の人は初めて「紳士貴女諸君」と呼ばれた事である。

生徒の演説独唱、いづれもうまくやつたが、とりわけて、自分の組であつた尋常二年の、九ツ十といふ小児が五人、何れも上級生以上の出来栄であつたのが、予にとつて何よりの喜びであつた。喜び極つて落涙を催す位であつた。

卒業生演説もすみ、来賓演説となつたが、互に相譲つて仲々出る人がない。突如、会場係長は立つて、「只今金矢さんのお話がありますから、皆さんお静かに」と紹介した。郡参事会員金矢氏の狼狽した顔の面白さ、予は会場係長が、喰つて了ひたい程可愛かつた。これが僅か十三四の少年であるとは、人は思ふまい。金矢氏は遂に立つて、喜色満面に溢れるといふ態で、滑稽交りに一場の訓話をされた。この筆法によつて、更に数人の来賓を立たしめた。

予が特に、この日の会のために作つて与へた『別れ』の歌、高等科女生徒五人の合唱には、堀田姉のオルガン、予のヴアイオリンの伴奏で、この日最も美しい聴物であつた。茶菓もすみ、数番の楽しい余興もすんで、散会が日の落つる頃、これから決算となると、収入金額七円、残金一円五十幾銭。これで又菓子を買つて、委員慰労会を開かせた。（⑤―一四六）

この教育実践の卓越性を以下の点にまとめてみる。

一、自治の精神を育てるという目標を当時の学校教師がもつこと自体稀であろうに、尋常二年生という幼い学年を含む小学校の教育において「自治的精神の涵養」という目標を明確にかかげて実践したのである。その発想のあざやかさ、実践の先駆性は真に驚嘆に値する。

二、この発想および実践が可能であるためには、①教師自体が自治的精神の持主であること[32]、②教則にも教授細目にも一般的な教授法にも、またそれらの基底をなす思想にもとらわれない自由の精神の持主であることがまず前提である。

三、さらにこの発想と実践の出発点には小学校二年生でさえ、ましてやより上級の小学生は当然自治・自主の精神の持主に彼らなりになることができるし、なるべき人格である、という児童観がある。

四、生徒の自主運営の大成功は、教師の目標と具体的方針の正しさを証明するとともに、この空前の実践を保証するさまざまの教育実践が一年間にわたってなされており、生徒集団全体との間に特別の信頼関係が成立していたことを示す。とくに一月になされた性教育は教師と生徒の間に深い内面的絆をつくり出していたし、生徒集団内部に晴ればれとした生気をうみ出していたと思われる。

五、「生徒などの招待状で紳士を招ぐといふ」「この村開闢以来の」行事が成功するためには啄木の教師としてのまた文学者としての卓越した力量が渋民村の有力者たちにすでに十分に認められていなければならなかった。これなしには招待できないし生徒はあれほど闊達にはふるまえないであろう。

六、この行事の指導を具体的に行なったのは「数日前から」であったが、当日の「送別会は、一切生徒にやらせた」、つまり完全な自主運営であったのだから、教師の指導は斬新・大胆・綿密でかつ組織性に富み生徒の積極性が十分にひき出されるものであったことを示している。

七、組織づくりその他の準備として次のような点がうかがわれる。

啄木は生徒が完全自主運営できるように、次の組織をつくった。a接待係　b余興係　c会場係　d会計係。そして各係には「会場係長」のような責任者を置いたらしい。さらに「立花委員長」ともう一人からなる総責任者すなわち「生徒から出した二名の委員長」がいたようである。接待係の仕事であろうか生徒主催の卒業生送別会に「二名の委員長」名で郡参事会員や助役をふくむ村のお偉方を招くというのは「村開闢以来」どころかひょっとして日本開闢以来のことではないかとさえ思われてくる。まことに闊達なる教師の精神が、すっかり生徒たちのものになっている様である。立花委員長の「紳士貴女諸君」という呼びかけ方一つとっても教師の近代的な人間平等観が伝ってくるし、また指導の綿密さが窺われるのである。次に生徒の「演説独唱」。これは余興係の仕事だったのであろうか。尋常二年生を含む全学年のいろいろな生徒たちが、「演説独唱」を「いづれもうまくやつた」というのだから、啄木の直接間接の指導がきめこまかくなされたのであろうことが察せられる。

会場係の運営ぶりこそ圧巻である。明治末の岩手の農村、そこのお偉方のことである。会場係長の金矢氏指名[33]にもかかわらず儀礼的に最初の〝栄誉〟を譲りあったのだと思われる。もしそうでなくても、ともかく大人たちは「演説」の順番は自分たちがきめることと思いこんでゆずりあっているわけである。その時に会場係長はまさに主宰者としてふるまう。会場係長としての権限にもとづき、自分が指名するのであること、この権限を認めた上でお偉方は静粛にすべきであること、この二つを要求したのである。これは完全に会場係長自身の判断にもとづくふるまいであって教師のさしずは何もなかった。「予は会場係長が喰つて了ひたい程可愛かつた」という啄木のことばがそれを裏づけている。

この自治活動はあまりに小さなエピソードのように見えるかもしれない。しかしこの自治は生徒集団内の自治という埒をこえたのである。子供が大人に主宰者として権限をふるい、大人はそれに唯唯としてしたがったのである。これがなされるには、生徒の主宰者としての自覚つまり自治の意識がそれに照応する高さにまで達してなくてはならない。またこれがなされるには大人に対するある対等の意識がなくてはならない。村のお偉方との間にそのような意識をもてるとすればこれは近代的な人権感覚（少なくともその萌芽）である。もちろん子供たちの中にそのような意識が自生してくるはずはないのであって、それは教師啄木が村のお偉方に対して何の権威も認めず日常対等につきあっていたことに源泉があるのである。啄木はこの田舎の村の中でだけかくあったのではない。基本的には日本中のどんな人間に対しても対等であろうとつとめていた。二十世紀初頭にあって啄木はたぐいまれな近代人であった。(34)当時の日本に稀有のこの近代人が渋民村にいて子供たちに不断の薫陶をほどこし、また自治的精神の涵養を目標としてこの送別会を指導した、その賜物としてこの一場の名場面が現出したのである。このエピソードはこの日の圧巻であっただけではない。日本近代教育史にのこる出来事であった。そしてこのような質を根底にもった生徒の活動は四十数年後の日本の出来事と錯覚せしめる。すなわち一九四六年の新憲法、四七年三月の教育基本法の公布以後の日本の明るい開放的な最先進の現場にタイムスリップしたかのようである。

さて、そのような送別会にふさわしく生徒の会計係は七円の〝大金〟をこの日扱う。啄木の月給は八円である。

「別れ」の歌の「合唱」と「伴奏」は「この日最も美しい聴物であつた」と自讃しているが、当代の詩人自らがつくったこの記念すべき日にふさわしい詞であり、曲は瀧廉太郎の名曲であったから子供たちの印象に深く刻まれたものらしい。啄木の教え子工藤ミネ（一八九六〜一九七四）はこの歌をよく口ずさみ、娘の水光キクヨさん（大阪在住）もこの歌の一番をおぼえてしまったという。母娘二代に歌いつがれているのである。[35]

その他の教育実践

以下にその他の諸実践を列挙する。コメントは簡単に加えるにとどめる。

○校友歌等の制作

啄木が生徒たちのために作った詞は二篇存在する（②―四五七〜四五八）。まず「校友歌」について。これには前書きがある。「渋民尋常高等小学校生徒の為に。丙午七月一日作歌。」一番を引いてみよう。

文の林の浅緑
樹影しづけきこの庭に
桂の花の露むすび
望みの星を仰ぎ見て
春また春といそしめば
心の枝も若芽する。

「春まだ浅く」で知られる歌は「雲は天才である」の主人公新田耕助作詞作曲であったが、実際に石川啄木によって作詞され、生徒に教えられ、歌われたのはここに記された「校友歌」（一～五）であった。また啄木は作曲しておらず、一高寮歌「緑もぞ濃き柏葉の」（楠正一作曲　明治三十六年）の曲を用いて歌われたのであった。[36]また「春まだ浅く」のたとえば二番は、

「自主」の剣を右手《めて》に持ち、
左手《ゆんで》に翳す「愛」の旗、
「自由」の駒に跨がりて
進む理想の道すがら、
今宵生命の森の蔭
水のほとりに宿かりぬ。

であって、「自主」「愛」「自由」「理想」「生命」など啄木の浪漫主義的特徴を示すことばがふんだんに使われている。しかし「文の林の浅緑」の方は総じてトーンがおとなしい。現実に生徒にうたわせることのできる限界を考慮して作詞されたことを示していよう。

もう一つの「別れ」を掲げてみる。

別れ

渋民小学校卒業式に歌へる。

譜「荒城の月」に同じ。

一

心は高し岩手山
思ひは長し北上や
ここ渋民の学舎《マナビヤ》に
むつびし年の重りて

二

梅こそ咲かね、風かほる
弥生《ヤヨヒ》二十日《ハツカ》の春の昼
若き心の歌ごゑに
わかれのむしろ興《キヨウ》たけぬ

三

ああわが友よ、いざさらば
希望《ノゾミ》の海に帆をあげよ
思ひはつきぬ今日の日の
つどひを永久《トハ》の思出《オモヒデ》に

これがさきにふれた歌であり、一番の歌詞が母娘二代に歌いつがれているものである。

○盆踊りに生徒を参加させる。

盆踊りになると啄木は率先して踊り、かつこれまでの禁をやぶって生徒たちを大いに参加させた（⑤―一〇七～一〇八）。「心易き少女等に歓迎せられては、村落の舞踏会に於いて共に一夕の歓楽を偕にし」たワーズワース（前掲書一七頁）に学んでいるということもあるかもしれないが、世界と日本の思潮の最先端をとらえようとしつづけている啄木が他方で伝統芸能に深い理解を示していて興味深い。

○村内壮丁と青年の為の夜学

夜、三名の青年来り、旧正月に青年の新年会を開かむと欲する由を告げ、予に其発起人の一人となり、且つ万事の指導をえむ事を乞ふ。予答へて曰く、諾す、唯一切の事兄等自らせよ、予は兄等自ら其事にあたりて以て経験を積まれむ事を望む、小なる経験も時として大なる利益となる事あり、且つ兄等は、この渋民村の新時代を司配すべき人々にあらずや。（⑤―一四二）

二月三日から村内壮丁及び青年者の為めに夜学を始めた。（⑤―一四四）

わたくしが傍点を付した個所にはとくにはっきりと、「実践その四」で見た自治的精神涵養の必要性が、そしてその理由が語られている。啄木はあの小学生への生活指導も青年たちへの指導も同じ精神、同じ目的のもとに行なったのだということがみてとれる。

○フェミニズム

一九〇七年（明治四十）一月十日の日記に奥山絹子という女生徒が高等科二年に昨年九月に入ってきたことが記され、さらに次のような記述がある。

女子にして、其成績の優等なる、其挙止の活潑なる、彼女の如きは、我が校に於て実に初めての事なりき。されば彼女は其入学第一の日よりして衆生の注目する所となりぬ。或る意味に於て、彼女の入学は我校未曾有の新現象なりき。常にイクヂなきもの、卑しき者、よき嘲弄の目的物と見なされし女生の一団は、彼女を得て初めて、漸やく其頭角を擡げ来らむとせり。予は静かに其気運を観察してひとり微笑し、且つ戒心したり。

極めて不衛生的にして白昼猶黄昏の如き我が校の高等科の教室は、一年より三年まで男女合して六十幾名を収む。内、女子僅かに八名。一年生は多く十一歳十二歳にして、三年に至れば十六歳に達するものまた二三名を算す。聡明なるあり、魯鈍なるあり、剛気なるあり、臆病なるあり。而して此等一群の少年少女は、然れども亦、明らかに一個独立の一小社会をなせり。世上一切の現象は皆その狭小なる影図を此小社会に有す。『女権拡張』の新運動やまたそれに外ならず。

絹子登校後未だ一ケ月ならずして、男生女生の間、頻々として日毎に幾多の小事件起り来りぬ。これ乃ち、田村の学校にまぬがれ難き一種頑迷なる男尊主義と、漸やく其屈辱の境遇を脱出せむとする彼女の率ゐる一団の女生との間の、止みがたき小ぜりあひなりき。

「『女権拡張』の新運動」が世上にあらわれてきている、といっても平塚明子らの『青踏』創刊号が出るのは四年八カ月後の一九一一年（明治四十四）九月である。そんな時期に新しい運動の予兆を鋭敏に感受し、それを田舎の小学校の教室の中にも見ているわけである。(37) しかも絹子らの動きを見守るまなざしは理解あるあたたかさを感じさせる。

○朝読（あさよみ）

聊か感ずる処あつて、十月一日から、自宅で朝読を始めた。男女二十人許りの生徒が、夜のまだ明け放れぬ頃から、我先きにと集まつて来る。此一事だけでも、この朝読が善良な感化を与へて居る事がわかる。尤も自分は大抵暗いうちから彼等に起される。夜おそく寝た時などは、随分辛い事もあつたが、しかし彼等の心――清い、

尊い心に想ひ至ると、予は或る感謝の念に胸を一杯にし乍ら、蹶起せざるを得なかつた。（⑤—一一三）

この実践については上田庄三郎の次のような評を引いておこう。「放課後の課外教育をはじめたばかりか、ついには自宅まで解放《ママ》して自由な学習をはじめた。これこそ、啄木の完全な自由学校であり、校長の支配できない自主的な石川塾である。」この実践の「ほんとうのねらいは、教師と子供とが私生活まで一体化させ、おたがいにはだかになった新しい形の寺子屋教育にあった。……当時の官僚教育の全盛時代としては、珍らしいというよりか、恐ろしいほどの冒険であった[38]」。

（付記）啄木のもっとも力を入れた教育実践の一つ、作文教育については別稿を用意したい。

6　むすび

啄木の以上のような教育思想・教育実践の総体はどのように評価されているのであろうか。近代日本の教育史に造詣の深い四人の方の評価を次に掲げ、まとめとしたい。

> 時代は違ひ、社会事情は異なるけれども、代用教員啄木の中には、今日の青年教師が、理想像を形造るために、なくてはならぬ教育精神がある。彼は文学的生涯においても、教育的生活においても、すべて既成勢力の中に入つて、それを根柢から改革しなければ止まない青年的天才であつた。死ぬ日まで堂々と青年であり得た彼は、真に青年の心臓であつた。……彼がわづか月給八円の代用教員でありながら、「日本一の代用教員」をもつて自任

してゐたその教育的気魄だけでも、現代青年を、つよく鞭打つものがあるではないか。否、実質においてたしかに日本一の青年教師であつた。（上田庄三郎『青年教師啄木』啓文社、一九三六年、九～一〇頁）

トルストイが一代の文豪で教育の素人であったればこそ、もっとも革新的な自由学校を創設しえたように、啄木も当時の教育にたいする異端者であったればこそ、日本の自由教育の先駆者となりえたのである。（上田庄三郎『青年教師石川啄木』三一書房、一九五五年、六一頁）

……教育即芸術をモットーとする教育の実践者であった啄木こそ、生活綴方運動の正統の先駆者である。（同上六二頁）

……体制の、このような固定化が、明治末期という時点で、広く教育者や知識人のあいだで認識されていたのではなく、この時期に問題点を鋭く指摘したのは、少数の先駆的で、鋭敏な人々に過ぎなかった。……日本の教育の固定化について、もっとも早い時期に、鋭く、しかも的確に、問題を示した人物としてあげておきたいのは、石川啄木である。一九〇二年（明治三十五）、盛岡中学を退学して上京した啄木は、病《やまい》と窮乏のために、翌年、故郷の渋民村にかえったが、まもなく結婚すると、一九〇六年から翌年にかけて、この村の学校の代用教員の地位についた。

「噫《ああ》其後の一ヶ年！　寂しい村の寂しい生活、とは言え、予は今思出す、此一ヶ年は矢張り戦いの一ヶ年であった。そうだ、要するに生活それ自身が戦いなのだ。特に予自身の性格と境遇とに於て然るのだ。誰と戦ったか？　敵は？　――敵はすべてであった。予自身さえ、亦予の敵の一人であった。」

これは当時、彼が書いた日記の一節であり、このような心境をもっておくった教員の生活を基礎に書かれたものが、この本にその一部をおさめた彼の作品『雲は天才である』であった。この作品は、それ以来、今日までに書かれた多くのすぐれた文学作品のなかでも、日本の教育に対する、もっとも鋭く、しかも的《まと》を射た批判の言葉にみちみちている。（永井道雄『日本の教育思想』徳間書店、一九六七年、三五～三六頁）

啄木の作品が時代をこえて読まれるのは、現実の代用教員の生活と、そこでの文学活動が見事に統一されて作品と教育思想に結晶しており、我々の胸に訴えるからであろう。また、このような発想こそ啄木が「生活綴方運動の正統の先駆者」と言われる所以なのである。（上野浩道「文学型教師の意識と行動」。中内敏夫・川合章『日本の教師5、教師像の探究』明治図書、一九七四年、五八頁）

（石川啄木は）教育思想の立場からいえば、明治教育体制の完成期にあって、それに対する人間主義的抵抗のほとんど始発点に位置し、芸術即教育、つまり人間性の解放とその表出とに教育の仕事の意味を積極的にみいだす。（大田堯「石川啄木」。民間教育史料研究会・大田堯・中内敏夫編『民間教育史研究事典』評論社、一九七六年、三三〇頁）

注

（1）今井信雄『新訂「白樺」の周辺――信州教育との交流について――』（信濃教育会出版部、一九八六年）三頁。

（2）同上一四五頁。

(3) 今井信雄『この道を往く——漂泊の教師　赤羽王郎——』（講談社、一九八八年）五〇頁。

(4) 前掲『新訂「白樺」の周辺』一七頁。

(5) それらの諸文献については本稿の末尾に付した参考文献を参照されたい。

(6) 『石川啄木全集』第五巻（筑摩書房）六三頁〜。以下「⑤—六三〜」の如く記す。本文中も同じ。

(7) ⑥—三五六〜。

(8) ⑦—一一、一五。

(9) 森一はその著『啄木の思想と英文学——比較文学的考察』（洋々社、一九八二年）および「石川啄木と英語・英文学」（『相模英米文学』第七号所載）において、啄木のワーズワース受容に関する重要な考察を行なっている。参照されたい。なおこの問題に関するわたくしの論証は別稿にゆずりたい。

(10) ⑤—九二。

(11) 「詩を読みて当然起り来たる美意識以外、心はいつしか、一歩その奥を辿りて、覚えず実在と撞着して、嗚呼神よと叫ぶことあり。」「詩を無限に繙けば、実在の神となり、神を有限に織りいづれば縹緲の詩となる、詩は直ちに神に薄《せま》り、神はおぼろに詩を返照す。げに詩人と宗教家とは、宇宙を家とする最も親しきはらからなりけり。」綱島栄一郎『病間録』（梁江堂、一九〇五年）二四頁。

(12) 「……吾等の此の神秘に対する関係態度は、有らゆる種類の表象に依て、これと精神的交通を遂げ、吾等の小精神を此の大神秘の中に遊ばせようとするのである。それ故にこれを称して神秘といひ、又強いて名をつければ宇宙精神或は大我とでも称せざるを得ない。」姉崎正治『復活の曙光』（有朋館、一九〇四年）八四頁。

(13) 「芸術は人をして身は塵寰に居りながら、霊界の呼吸に接せしむる超世的魔力を有する利器であるから、其れによりて人心を刷新し清洗する力の偉大なる事は云ふまでもない。」同上一五九〜一六〇頁。

(14) 啄木における姉崎嘲風の影響の深さについては伊藤淑人の次の諸労作を参照されたい。「啄木の初期論文——『ワグネルの思想』について——」（『東海学園国語国文』二〇号）、「石川啄木——ワグネルとの別れ」（同二二号）、「啄木を形成した人々——樗牛、晶子、嘲風——」（同二三号）、「初期啄木の国家観の成立——『戦雲余録』を軸として——」（同二六号）。なお啄木の評論「渋民村より」に次の一節がある。「かねて小生の持論たる象徴芸術の立場より現代の思想、文芸に対する挑戦の論策を編まむ下心にて、批評旁々《かたがた》、著者嘲風先生より送られたる『復活の曙光』繙読《ほんどく》致候。」（④―四二）

(15)「其の粗野なる農村家庭の、幸福にして優美なること果して如何。其の貧乏にして質素なる牧夫耕夫の、超然として脱俗せること、其四辺の自然其人と一致せること亦果して如何……」といった前掲『ヲルヅヲルス』の影響の感ぜられるくだりである（同四九頁）。

(16) 上野浩道「大正期芸術教育運動の源流――石川啄木の教育思想とその展開――」（『花園大学研究紀要』第三号、一九七二年）五六頁。

(17) 同上七三頁。

(18)『改訂註釈　樗牛全集』第四巻（博文館、一九二七年）八七二頁。

(19) この思想の淵源にはワーズワースがある。注(9)参照。

(20)『石川啄木全集』④―一二三～一二四頁からの引用箇所はエッセイ「一握の砂」の一部であり、これが執筆されたのは啄木が代用教員をやめて約半年後のことである。しかしすでに引用した「渋民日記」三月八日の条にも同じ見地は貫かれているのであり、その思想的源泉は両者に共通のワーズワースなのである。

(21) 上野浩道前掲七四～七五頁。

(22)『日本近代教育百年史』第四巻（教育研究振興会、一九七四年）九六八頁。啄木の小説「道」に次のような行《くだり》があり岩手県でもヘルバルト主義が国家機関を通じて導入されていたことがわかる。

「俺《わし》のやうな耄碌《もうろく》を捕まへてからに、ヘルバロトが何うの、ペスタ何とかが何うの、何段教授法だ児童心理学だと言つたところで何うなるつてな。」（③―三四八）

(23) 同上九六九頁。

(24) 同上九七七～九七八頁。

(25) 同上九七九頁。

(26) ただし啄木の批判はここまでであって、明治天皇だけは彼の中ではまだ別格である。⑤―一三〇参照。

(27) 森一前掲書八三頁。なお「課外英語科教案」については同書七四～八〇頁参照。

(28) 森一は new nations を「新国家」と訳しているが、啄木は未来を担う少年少女らに、彼独自の英語観に依拠して英語学習の必要性を訴えようとしているのであるからその意を汲んで「新しい国民たち」と訳しておくのがよいように思われる。ついでに言えば、啄木の英語力は読む方ですぐれていたが書く方はダメであった。彼は独自の必要性に従って読む力を伸ばすことに努力を集中してきたのである。

(29) 永井道雄『日本の教育思想』(徳間書店、一九六七年)三六～三七頁。

(30) これから見る啄木の教育実践を「性教育」としてはじめてとらえたのは遊座昭吾である。「『林中』の世界――故郷における教育実践と文学活動」(『啄木研究』七、洋々社、一九八二年)。

(31) この文章が一月八日、九日の生活指導と有機的に連関することを指摘し、出典との関係を明らかにしたのは上田哲「啄木と聖書教育――一戸完七郎『綴方帳』をめぐって――」(『キリスト教文学研究』第四号、一九八六年)であった。ただし上田はこの文章を一戸の「綴方」としているが以下の理由により啄木の口述を一戸らが筆記したものであると、わたくしは推定する。

1 この「綴方帳」においては、それまでの文章もこれ以降の文章も添削のために一行アケで書かせているのに、この文章のみは一行アケにしていない。

2 そして他の文章とちがい何の添削もなされていない。

3 この文章の字のみは特別に急いで書かれていて他の文章の字よりはるかに乱れている。句点の用い方も乱れている。

4 文章の内容の深さ、複雑さ、用字のむずかしさは一戸完七郎の能力では再話不能のはずである。

(32) 本文九〇頁参照。

(33) 非常によく練られた企画であり、準備の十分ととのった会であること、つまり啄木の指導が行き届いていること、また啄木という人間のお偉方に対する遠慮のなさ等を考慮し、また会場係長が、挨拶するのは金矢氏であることを既定のこととしている如くである事等を勘案するなら、来賓挨拶の順序はあらかじめきまっていたとも考えられるわけである。

(34) 「啄木は、私にとっても、これこそ近代人だと感じられた、まさに最初の日本の作家なのである」(ドナルド・キーン「続百代の過客　日記にみる日本人」一七七。『朝日新聞』夕刊、一九八七年七月二十日)「本当の意味で、啄木は、彼が最も敬愛した外国作

家と、まさに同時代人だったのである。」同上一八八。（同上八月六日。ともに金関寿夫訳）

(35) 佐々木祐子「渋民のくらしと啄木」四（『岩手の古文書』第五号、一九九一年）。

(36) 同上。

(37) これに関連した卓論に、今井泰子「例えば『事ありげな春の夕暮』は――啄木と女性――」（『国際啄木学会会報』創刊号、一九九〇年）がある。

(38) 上田庄三郎『青年教師石川啄木』（三一書房、一九五五年）八六頁、八五頁。

参考文献

教育者石川啄木を論じたもの、またはそれに言及したものに限定して以下に掲げる。


西村　陽吉『評伝石川啄木』（素人社書屋、一九三三年二月）。

上田庄三郎『青年教師啄木』（啓文社、一九三六年十一月）。

高橋　六介「啄木と綴方教育」（『綴方生活』、一九三七年十二月）。

上田庄三郎「青年教師としての啄木」（『啄木案内』岩波書店、一九五四年六月）。

上田庄三郎『青年教師石川啄木』（三一書房、一九五五年九月）。

木村不二男「文学教師としての石川啄木」（一）（二）（補遺）（『海峡』一九六〇年八月・九月・十月）。

周郷　博「芸術教育をどうすすめるか」（『岩波講座　現代教育学8』一九六〇年十二月）。

碓田のぼる「みちのくの灯――啄木の教育像をめぐって」（『新日本歌人』一九六四年四月）。

林　義実「啄木と弥生小学校」（『北海道文学』一九六五年八月）。

永井道雄編『日本の教育思想』（徳間書店、一九六七年五月）。

木村不二男「石川啄木の作文教育」（『国文学』一九六八年一月臨時増刊）。

坂元忠芳・柿沼肇編『社会運動と教育』（国土社、一九六九年六月）。

中内敏夫・川合章編『日本の教師1　小学校教師の歩み』(明治図書、一九六九年十一月)。
伊ヶ崎暁生『文学でつづる教育史』(民衆社、一九七一年八月)。
上野　浩道「大正期芸術教育運動の源流——石川啄木の教育思想とその展開」(『花園大学研究紀要』一九七二年三月)。
上田　哲「大井蒼梧研究ノート」(『近代文学とキリスト教』宮入書店、一九七三年一月)。
加藤　悌三『石川啄木論考』(啓隆閣、一九七三年六月)。
国立教育研究所編『日本近代教育百年史』第四巻(教育研究振興会、一九七四年八月)。
中内敏夫・川合章編『日本の教師5　教師像の探究』(明治図書、一九七四年九月)。
大田堯・中内敏夫外編『民間教育史研究事典』(評論社、一九七六年二月)。
竹下　昌之「個性尊重の教育」(『教育改造』一九七七年五月)。
碓田のぼる『石川啄木』(東邦出版社、一九七七年九月)。
石井勉次郎『私伝石川啄木　詩神彷徨』(桜楓社、一九七八年三月)。
梅根悟・海老原治善・中野光編『資料日本教育実践史1』(三省堂、一九七九年十二月)。
山住正己外『回想・教壇上の文学者』(蒼丘書林、一九八〇年四月)。
上野　浩道『芸術教育運動の研究』(風間書房、一九八一年二月)。
中村　文雄「日本一の代用教員・啄木　教師になった背景」(『盛岡タイムス』一九八一年七月〜十一月)。
上田　哲「啄木の生活指導——その近代的教育理念と実践——」(『新生』一九八一年九月〜十月)。
上田　哲「教師啄木と大井蒼悟」(『モリーオ通信』一九八一年九月〜十月)。
大塚　雅彦「教師啄木」(『啄木研究』一九八二年一月)。
碓田のぼる「『自主』と『愛』を求めた啄木の教育」(同上)。
遊座　昭吾「『林中』の世界」(同上)。
上田　哲「啄木の実践を支えた『教育学』」(同上)。
森　一「啄木と英語」(同上)。

森　　一『啄木の思想と英文学――比較文学的考察』（洋々社、一九八二年五月）。
伊ヶ崎暁生「啄木の教育観と今日の教育問題」（『新日本歌人』一九八四年七月）。
昆　　豊『警世詩人　石川啄木』（新典社、一九八五年十一月）。
中村　文雄「教師としての石川啄木――教師になった背景とその教育実践――」（『形成』一九八六年三月）。
上田　哲「啄木の聖書教育」（『中央公論』一九八六年三月）。
河野　仁昭『石川啄木　狐独の愛』（洋々社、一九八六年四月）。
今井　信雄『新訂「白樺」の周辺――信州教育との交流について――』（信濃教育会出版部、一九八六年十一月）。
上田　哲「啄木と聖書教育――一戸完七郎『綴方帳』をめぐって――」（『キリスト教文学研究』一九八六年十二月）。
遊座　昭吾『石川啄木の世界』（八重岳書房、一九八七年三月）。
森　　一「石川啄木と英語・英文学」（『相模英米文学』一九八七年三月）。
森　　一『明治詩人と英文学――静かな哀しき調べ――』（国書刊行会、一九八八年四月）。
碓田のぼる『石川啄木と「大逆事件」』（新日本出版社、一九九〇年十月）。
佐々木祐子「渋民のくらしと啄木」四（『岩手の古文書』一九九一年六月）。

第二章　幸徳秋水らへのレクイエム・「呼子と口笛」の研究

一　長詩「はてしなき議論の後」に潜むモチーフ

1　はじめに

一九一一年（明治四十四）六月に創作された「はてしなき議論の後」は三つのテキストをもつ。第一のテキストは九つの章からなる未完の長詩である。次に制作を中断した啄木はこのうち第一章と八、九章を削除し、残った二〜七章に推敲をほどこし、これを長詩「はてしなき議論の後」（一〜六）として仕上げ、送稿した。一九一一年七月の『創作』がこれを巻頭に載せた。これが第二のテキストである。第二のテキストの仕上げ直後と推定されるが啄木は詩集制作を思いたち、第二テキストを六篇の詩に解体して、それぞれに表題を付して独立した詩とし、「呼子《よぶこ》と口笛」と題した手製の詩集に書きこんだ。集中最初の六篇が第三のテキストということになる。(1) 第一のテキストは未完であり、第三のテキストは六篇の独立した詩に分解されたので（そのうちの冒頭の一篇に「はてしなき議論の後」の表題が付された）、もはや複数の章からなる長詩としての性格を失っている。しかも詩集「呼子と口笛」そのものが未完であり、啄木の生前に活字化されることはなかったのである。かくて第二のテキストだけが長詩「はてしなき議論の後」として一の完成を見たのであり、かつ詩人の生前に活字になっているのである。したがってこの詩は独自に鑑賞され、また研究されてしかるべきなのであったが、実際には「呼子と口笛」成立過程の一結節点として以外、まったく顧みられることはなかった。

第二のテキストを、一篇の長詩として、啄木によって提示された一つの完結した世界として読む試みは当然なされるべきなのである。

思いがここに至ったちょうど同じ頃、序章たる**一**のある一行をめぐって、わたくしに小さな発見があった[2]。「五十年前の露西亜の青年」とはロシア皇帝アレクサンドル二世を狙撃して失敗し処刑された青年、カラコーゾフをイメージしたものだったのである（後述）。すると相応じて念頭にうかぶのは終章たる**六**がアレクサンドル二世暗殺に成功した女性革命家ソフィア・ペローフスカヤのイメージを秘めているともいわれていることである[3]。これらをあわせ考えるならこの長詩は冒頭の章にロシア皇帝暗殺の最初の実行者のイメージを潜ませ、終章に同皇帝暗殺の成功者のイメージを沈めていることになる。詩は突然メッセージを発信しはじめた。これは隠されたモチーフの暗喩ではないのか。この長詩はもちろんロシアのではなく日本の、現実を告発してうたったのである。したがって隠されたモチーフがあるとすればそれは日本における皇帝暗殺未遂事件すなわち大逆事件以外にありえない。大逆事件は当時の啄木の最高の関心事の一つであった。そしてすでに「呼子と口笛」の中の「ココアのひと匙」「墓碑銘」（当該長詩では**二**と**五**に相当する）と大逆事件との関係については、諸家によってくりかえし論ぜられてきたところなのである。しかしこの長詩の全体を大逆事件に関わるモチーフとの関係で考察した人はまだいない[4]。

「呼子と口笛」のように六つの詩に分解したあとでさえ啄木は幸徳、管野ら大逆事件の被告たちの思想や行動や死に対する高度の、強い、共感、同情、哀惜を黙示すべくあの口絵を描いたのである[5]。その直前に長詩を制作したとき、当の詩自体に啄木がさまざまの黙示をほどこした公算ははなはだ大きい。カラコーゾフとペローフスカヤが早くも序章と終章の中に浮かびあがっているのである。

こうしてわたくしは、この長詩の各章の中に可能なかぎり大逆事件というモチーフを探るという試みをなすにいたったのである。

2　モチーフの追究

序章の第一連を引こう（紙幅を考慮し『創作』誌上からの長詩全体の引用は割愛する[6]）。

我等の且つ読み、且つ議論を闘はすこと、
しかして我等の眼の輝けること、
五十年前の露西亜の青年に劣らず。
我等は何を為すべきかを議論す。
されど、誰一人、握りしめたる拳《こぶし》に卓をた丶きて、
「V NAROD!」と叫び出づる者なし。

三行目に注目したい。そもそも表題「はてしなき議論の後」がクロポトキンの自伝 *Memoirs of a Revolutionist* の中の“endless discussions”によっているのだが[7]、「五十年前の露西亜の青年」もまたクロポトキンの自伝の世界からとられたイメージである[8]。ロシアの青年が「ヴ・ナロード！」の大運動を起こしたのは一八七〇年代であり、そのピークは一八七四年のこととされる。とすると啄木が詩を創作していた一九一一年から数えるとそれは四十年前のことであって五十年前のことではない。「五十年前の露西亜の青年」と「V NAROD!」とは結びつかないのである。従来

この齟齬は究明されることはなかった。以下に前節で省いた論証（「五十年前の露西亜の青年」はまずカラコーゾフであること）を行ない、あわせてこの齟齬を解決することにしよう。

クロポトキン自伝を注意深く読むと次の箇所にぶつかる。啄木が読んだままの英文を引こう。

After *Karakózoff had shot at Alexander II. in April 1866* the State police had become omnipotent.

This movement of the circles of Karakózoff remains up to this date very imperfectly known, even in Russia. ..... It appears, however, that two different currents combined in it. *One of them was the beginning of that great movement 'towards the people'* which later on took such a formidable extension, while the other current was mainly political. *Groups of young men,* some of whom were on the road to become brilliant university professors, or men of mark as historians and ethnographers, *had come together about 1864,* with the intention of carrying to the people education and knowledge in spite of the opposition of the Government. .....Their zeal was great.....and I am inclined to think that, compared with all similar movements which took place later on, this one stood perhaps on the most practical basis. Its initiators certainly were very near to the working people.(9)（イタリック―引用者）

以上の部分のみによっても次のことが分かる。カラコーゾフがアレクサンドル二世を狙撃したこと。カラコーゾフのサークルの運動の内部では二つの動向が結合していて、その一つはのちの「人民の中へ」の大運動の発端をなした動向であり（その始まりは一八六四年である）、他の一つはアレクサンドル二世狙撃につながる政治的動向であったこと、これである。クロポトキンはこのすぐあとにカラコーゾフについてきわめて印象的な叙述をなし、さらに五〇頁ほどあとでも皇帝暗殺計画を決行したカラコーゾフとその仲間を「V NAROD！」運動の先駆者として扱い、言及している。[10]

こうして、啄木が「五十年前の露西亜の青年」といったとき、一八六四年に「人民の中へ」の運動の端緒を開いた人とされるカラコーゾフ（とその仲間）をイメージしていたことは確実なのである。

さて、では先に引いた第一連の最後の二行をもう一度見よう。「されど、誰一人、握りしめたる拳に卓をたゝきて、／『V NAROD！』と叫び出づる者なし。」実は日本に「人民の中へ！《ヴ・ナロード》」の運動を紹介し、（諸君）「人民の中に行け」と説いた人がすでにあった。幸徳秋水である。啄木が一年前つまり一九一〇年（明治四十三）の夏に熟読した『平民主義』（隆文館、一九〇七年）の中で、秋水はこれを熱っぽく紹介した。まず「露国の革命」（一九〇五年二月十九日「直言」初出）において、次に「露国革命の祖母」の（二）『人民の中に行け』（同年二月十二日「直言」初出）において。『平民主義』所収の文章は一九〇六年（明治三十九）冬までのものからなり、一九〇七年（明治四十）一月十五日創刊の日刊『平民新聞』所載の文章は本文にとられていない。しかし同紙上の「余が思想の変化」（一九〇七年二月五日）を「序に代ふ」と題して、秋水はこれを巻頭にもってきた。無政府主義に急激に傾いた最近の自己の立場を明らかにしておくためであろう。そしてこのあとに、そして「小引」の前にエピグラフとして誌したのが次の一文である（一部分のみを引く）。

……三十年前、露国革命の初めに当つて、社会主義の青年男女は、多数の無智なる人民を教育し自覚せしめんが為めに、或は教師となり、医師となり、産婆となり、農夫となり、人夫となり、作男となつて田舎に住居した、当時之を『人民の中に行く』と称へたのである、吾人は我日本の同志も亦人民の中に行き共に住せんことを希望する……

このエピグラフは日刊『平民新聞』一九〇七年三月二日の一面トップの「論評『人民の中に』」(幸徳執筆)からの抜粋であった。

啄木はこの呼びかけを肝に銘じた[11]。

その秋水はカラコーゾフと同じ皇帝暗殺未遂のかどで、カラコーゾフと同じ絞首刑にすでになっているのであった。しかしロシアではカラコーゾフの死のあとにヴ・ナロードの大運動が(五年後ではあったが)起こったのであった。以上をふまえるなら先の二行は従来読まれていたような、単純な、当代日本の青年に対する慷慨ではない。日本の青年の中からは、幸徳(とその同志たち)の死が(大逆事件が)あったにもかかわらず、ロシアのような「V NAROD!」の運動が起きそうにない、と詩人は嘆くのである。それはあたかも無念の死を遂げた幸徳秋水(等)の嘆きと重なって聞こえて来るかのようである。そして前掲の二行はリフレーンとして四つの連で鳴り響くのである[12]。大逆事件の首領とされた幸徳秋水(とその同志たち)のイメージは**一**にこのように埋設されていたのである。

二に行こう。最初の六行のみを引く。

我は知る、テロリストの
かなしき心を——
言葉とおこなひとを分ちがたき
たゞひとつの心を、
奪はれたる言葉の代りに
おこなひをもて語らんとする心を、

（大逆事件の）「二十六名の被告中に四名の一致したテロリスト、及びそれとは直接の聯絡なしに働かうとした一名の含まれてゐたことは事実である。後者は……内山愚堂、前者《ママ》即ちこの事件の真の骨子たる天皇暗殺企画者管野すが、宮下太吉、新村忠雄、古河力作であつた[13]」という啄木自身の文章はそのまま詩中の「テロリスト」の解説といえよう。同じ内容の指摘は従来諸家によってなされているのであって、**二**には大逆事件がかなりあからさまに表出しているのである。したがってこれについては以上にとどめる。

従来知られていなかったのは三行目から六行目までの詩句の典拠である。これがクロポトキンの言に拠るものであることは「A LETTER FROM PRISON」の記述[14]によって明らかであったが、この記述自体は何に拠ったのかが不明なのであった。典拠は久津見蕨村『無政府主義』（平民書房、一九〇六年）である。啄木はこれを一九一〇年（明治四十三）夏に大逆事件の衝撃の下ですでに読んでいる。その八一、八二頁がその箇所であるが、そのうちの数行を引いておこう。

　クロパトキンは之に答へて、熱誠勇敢なる人士は唯言葉のみにて満足するものではない。必ずや言語を行為に翻訳する。言語と行為との間には全く区別がなくなる。而して相互扶助の大義を解せず、同胞兄弟に向ひて暴政抑圧を試みて、毫も省みる所のない悪漢に対ひては、革命を言語に止めて唯其耳を打つのみで満足すべきではない。……改革を談ずるの言と改革を行ふの行為とは全く区別することが出来ぬ。

こうしたクロポトキンの言葉を啄木が詩にかえたのである。

詩の中の「テロリスト」は当然宮下ら四人の日本人からなる単層的イメージですむわけではない。ほとんどの評者が過たずに指摘してきたように、クロポトキン自伝中のナロードニキのテロリストたち（カラコーゾフやペローフスカ

ヤ等々）のイメージと二重化されているのである。(15)

三は短いので全体を引こう。

我はこの国の女を好まず。

読みさしの舶来の本の
手ざはり粗《あら》き紙の上に、
あやまちて零《こぼ》したる葡萄酒の
なかなかに浸《し》みてゆかぬかなしみ。

我はこの国の女を好まず。

従来ももっとも難解な詩であった。大逆事件はおろかクロポトキンの自伝的世界すらほとんど感知されなかった。二つの「我はこの国の女を好まず」があり、その間にはさまれて四行がある。この四行に女性にかかわる内容を読みとるべく組みたてられているわけである。しかも最初と最後の一行には「我」が好むのは「かの国の女」であることの暗示がある。(16)「かの国」はナロードニキのロシアであろう。すでにクロポトキン的世界が見えがくれしてくるのである。さらにこの行は、大逆事件の衝撃の下、『平民主義』に描かれるロシアの革命的女性と対比しつつ詠んだ「ふがひなき／わが日《ひ》の本《もと》の女等《をんなら》を／秋雨《あきさめ》の夜《よ》にののしりしかな」（『一握の砂』）に通底する一行でもある。

次にはさみこまれた四行を見よう。まずはじめの二行である。「読みさしの舶来の本」とは何か。森山重雄が推量したとおり[17]これこそクロポトキンの *Memoirs of a Revolutionist* そのものである。原書（東京大学総合図書館および国会図書館所蔵）を確かめた者は知っている。あの本の各頁こそ「手ざはり粗き紙」でつくられているのである。こうしてこの章にもクロポトキン的世界の暗喩が配置されていたのである。しかもこれは女性にかかわる内容のはずであった。クロポトキン自伝中で圧倒的に印象的な女性はソフィア・ペローフスカヤである。もちろん啄木もまた彼女を敬愛していた。「五歳《さい》になる子《こ》に、何故《なぜ》ともなく、／ソニヤといふ露西亜名《ろしあな》をつけて、／呼《よ》びてはよろこぶ。」（『悲しき玩具』）のソニヤはペローフスカヤのことである。[18]啄木がその名を入れて歌に詠んだロシアの革命家は「ボロオヂンといふ露西亜名」の人すなわちナロードニキ時代のクロポトキンとこの「ソニヤといふ露西亜名」の人だけである。この二行はしたがってペローフスカヤに代表されるナロードニキの革命的女性たちの世界、と解しえよう。**二**がカラコーゾフを受けて主として男性の「テロリスト」のイメージが強かったとすれば、**三**は詩の底にくっきりと女性「テロリスト」たちの姿を見せているわけである。

では残った二行「あやまちて零したる葡萄酒の／なかなかに浸みてゆかぬかなしみ」はどう理解すべきであろうか。

> 社からかへるとすぐ、前夜の約を履んで平出君宅に行き、特別裁判一件書類をよんだ。七千枚十七冊、一冊の厚さ約二寸乃至三寸づゝ。十二時までかゝつて漸く初二冊とそれから管野すがの分だけ方々拾ひよみした。
>
> 頭の中を底から搔き乱されたやうな気持で帰つた。

一九一一年（明治四十四）一月二十六日の啄木の日記である。これによっても啄木の管野に対する関心には格別なものがあったことが分かる。[19]文中の「特別裁判一件書類」とは「明治四十三年特別第壹號被告事件訴訟記録」すなわち大逆事件訴訟記録のことである。この日記に関連して神崎清は次のように述べている。「啄木は、日本の文学者のなかでただひとり、この大逆事件の原資料に直接接触することができたのであ」り、また啄木の読んだ部分こそ「信州爆裂弾事件を中心とした天皇暗殺計画の実質的部分であり、鯛の眼肉をくりぬくような読書法であった」と。[20] この啄木が読んだ記録の中に次のような箇所がある。一九一〇年（明治四十三）六月三日東京地方裁判所検事局における管野すがからの検事聴取書である。

猶其時ニ新村ハ時期ハ天長節ノ時頃ニシヨウ天長節ニハ割合ニ警戒カ厳重テアルカラ却ツテ其前後適当ノ時カ良カロートテ云フ事モ話シ又実行ノ際ニハ私カ合図役ニナツタラ良カローナドノ話モアリマシタ尤モ此合図役云々ノ話ハ露国ノ亜歴山《ママ》二世ノ暗殺ノ時ニ「ソフイヤペロウスカヤ」ト云フ婦人カ合図役ニナリマシタカラ矢張私カ良カロートノ事ハ其前後ニモアツタノテアリマス併シ私ハ合図役モスルガ出来得ルナラハ如何ナル事テモ遣ロート思ツテ居タノデ自ラ爆裂弾ヲ投ケテモ遣ロート思ツテ居リマシタ[21]

管野がペローフスカヤの役割を日本で演ずるという相談に関してはこの外に「被告人管野スガ第一回訊問調書」、「被告人新村忠雄第二回訊問調書」にも同様のくだりがあって、[22] 啄木は「初二冊」の中で同様の内容を三回は読んでいるのである。管野にペローフスカヤのイメージを重ねることは管野本人や新村忠雄が行なっていただけではない。「彼等は露国虚無党がアレキサンダー二世を弑逆せる故智に習ひ、女流逆賊スガを指揮者として……」[23] と書いた毎日電報の記者も二人の女性をダブらせているのである。つまりこのイメージの二重化は当時のある種の事情通には共通のものであったとみなしうるのである。まして啄木は秋水の『平民主義』に「殊に今も猶ほ人心を感奮せしむるは、ソフイア・ペロブスカヤ女史の事跡である」云々のくだりがあるのをすでに読んで知っていた。そして冬の夜、極秘の資料の中に管野の分をとくに注目して読んでいたのである。その上その後詩を制作するまでの間にクロポトキンの自伝でペローフスカヤに関する印象深い文章も読んだ。ロシアと日本の二人の女性革命家の鮮烈なイメージは当該詩制作時の啄木の中では不可分の結合をなしていたと見なしうる。前掲の「五歳になる子に……」の短歌を想起されたい。

さて、この詩では女性にかかわる内容がうたわれていること、しかもナロードニキの女性とくにペローフスカヤが詩の底に沈められていること、さらに大逆事件というモチーフをこれらと関連させて追求するなら必然的に管野すがが浮かび上がってくることが、以上によって明らかになったのである。

それでは、如上の管野すがと「あやまちて零したる葡萄酒」とはいかにして結びつくのか。啄木が読んだ元訳の新約聖書中の馬可伝第十四章二十二〜二十五節を引こう。

　かれら食する時イエスパンを取《とり》て祝し之を擘《さき》かれらに予《あたへ》て曰《いひ》けるハ取て食《くら》へ此《これ》ハ我身なり　また杯《さかづき》を取て謝し彼等に予《あたへ》けれバ皆この杯より飲《のめ》り　イエス曰《いひ》けるハ此ハ新約の我血にして衆《おほく》の人の為に流す所のもの也　我まことに爾曹《なんぢら》に告《つげ》ん今よりのち新しきものを神の国にて飲《のま》ん日までハ葡萄にて製《つくれ》るものを飲《のま》じ

ほぼ同一内容の箇所は馬太伝第二十六章二十六〜二十九節、路加伝第二十二章十五〜二十節、哥林多前書第十一章二十三〜二十五節にもある。啄木には何年かにわたって新約聖書を愛読した時期があり、聖書の内容にけっこう通じていたことは周知の事柄に属する。したがってほぼ同一の内容をくりかえし読んだことはたしかであるといえよう。さらに「盛岡遊学時代の啄木の周囲にはかなりのキリスト者がいた[24]」し代用教員時代に親しかった女教師上野さめ子はキリスト者であった（わがために／なやめる魂《たま》をしづめよと／讃美歌うたふ人ありしかな）。啄木の妹光子は名古屋の聖使女学院に学んだのち日本聖公会所属の婦人伝道使となった。こうしてキリスト教に関する少なからぬ知識を吸収しうる諸条件の下に啄木はいたのである。したがって啄木が、上述の葡萄酒＝（イエスの）血というキリスト教におけるきわめて一般的な知識はもっていたと考えてよいと思われる。この推定を前提にするとさきの二行は解けるのである。イエスの血は「衆《おほく》の人の為に流す所のもの」であった。つい五カ月前管野すがも多くの人々のために自らの血を流した〈絞首刑になった〉のであった。わたくしは、かくて、「葡萄酒」を管野すがの血の暗喩である、との解釈を提出する。

これを軸として四行の全体を解釈してみよう。「読みさしの舶来の本の／手ざはり粗き紙の上」とは、「この国」とは異質の世界すなわちペローフスカヤを代表とする革命的な女性たちを輩出する「かの国」の暗喩である。そして「この国」では彼女らのように思想し行動することはまだ不可能なことなのにそれを認識できなくて（「あやまちて」）、管野すがは「かの国」のペローフスカヤのように闘おうとし、むなしく血を流したかに見える（「零したる葡萄酒」）。どうしても「この国」の女たちの中にその思想や意志や行動の意味が理解され、継承されていくようには見えない。すなわち「この国」の女たちは「かの国」の女たちの世界に同化できそうにはとうてい見えない（「なかなかに浸みてゆかぬかなしみ」）。

こうして、**一**がカラコーゾフにダブらせつつ幸徳秋水の嘆きを詩人自身が嘆いたとすれば、**三**はこれに照応してペローフスカヤにダブらせつつ管野すがの立場に心を寄せて詩人がうたった詩ということになるのである。

もっとも象徴的でもっとも難解とされている上に短い詩であったのでやや詳論し、同時に詩の全体にわたって解釈をほどこした。以下はまた、大逆事件というモチーフの表われを指摘してゆくにとどめざるをえない。**一**、**二**、**三**の初稿は六月十五日夜につくられたのであるが、これから見る**四**、**五**、**六**は翌十六日の作である。

四にゆこう。第一連、第二連を引く。

我はかの夜の激論を忘るゝこと能はず――

新らしき社会に於ける「権力」の処置に就きて、
はしなくも、同志の一人なる若き経済学者Nと
我との間に惹き起されたる激論を——
かの六時間に亘れる激論を。

「君の言ふ所は徹頭徹尾煽動家の言なり。」
彼は遂にかく言ひ放ちき。
その声は咆ゆるが如くなりき。
若しその間に卓子《テエブル》の無かりせば、
彼の手は恐らくわが頭《かうべ》を撃ちたるならむ。
我はその浅黒き、大いなる顔の
紅《あか》き怒りに漲れるを見たり。

この二つの連に大逆事件を見た人も管見の限りではまだいない。しかし、二行目にカギかっこつきで「権力」とあるがこれは何を意味するのか、これをめぐる「激論」はなにゆえに「六時間に」も亘ってなされたのか、「徹頭徹尾煽動家の言」とはいかなる人の言なのか等、従来その前に立ち止まりそして行き過ぎるしかなかった詩句は、大逆事件という鍵をもってくると音もなくその扉を開いてくれる。

大逆事件の首謀者たちは無政府主義者であった。宮下太吉の第四回訊問調書に次のような問答がある。

問　其方等の主義は君主を否認するのか。

答　さようです。人が人を支配するのは不自然であるという主義ですから、むろん君主を否認します。[25]

無政府主義者はその主義の当然の帰結として天皇の存在そのものを認めない。まして大日本帝国憲法の支柱であった天皇主権を認めない。とすれば、「『権力』」とは（明治）天皇またはその権力のことなのではないか。「新らしき社会に於」いては、主権者である天皇または天皇の主権はいかに「処置」されるべきか、これをめぐって「我」と「N」との間に「激論」が展開されたというのではないか。だからこそ「六時間に亘れる激論」となったのではないか。「我」の議論の相手は「若き経済学者」である。理を闘わすべき若き学者が、理性を超えて激怒し、暴力を揮わんとするほどの議論の内容としてはそれしかありえまい。天皇の問題となると多くの日本人の理性の奥に潜む不可思議の情念が動き出す。明治人「N」の中の「日本人」が理性を超えんとしたのである。「若しその間に卓子《テエブル》の無かりせば、／彼の手は恐らくわが頭《かうべ》を撃ちたるならむ。／我はその浅黒き、大いなる顔の／紅《あか》き怒りに漲れるを見たり。」

大逆事件の中心人物たちの天皇制批判がこの詩では「我」の口を借りて語られていたのである。とすれば第二連一行目の「徹頭徹尾煽動家の言」も天皇制廃止を主張する煽動家の言、の意であろう。そのような言の人としては『基督抹殺論』の著者こそ第一に挙げられるべきであろう。幸徳秋水である。[26] かくて権力に「　」がついたことの意味も含め諸問題は解けた。

第四連にもふれねばならない。

　さて、我はまたかの夜の、
　我等の会合に常にただ一人の婦人なる、

Kのしなやかなる手の指環を忘る、こと能はず。
ほつれ毛をかき上ぐるとき、
また、蠟燭の心《しん》を截《き》るとき、
そは幾度かわが眼の前に光りたり。
しかして、そは実にNの贈れる約婚のしるしなりき。
されど、我等の議論に於いては、
かの女は初めより我が味方なりき。

この連については壺井繁治による次のような評がある。

……夫の唱えることにその妻が随うことが女らしい一つの美徳とされてきたが、この詩においてはいまだ約婚の間柄とはいえ、将来の夫である「N」に「K」という女は追随せずに、約婚は約婚、自分の立場は立場として自己を主張する独立の人格として描きだされている。これまでの日本の詩に女性というものは男性の対象たる異性として、主として恋愛にからんで多くの詩人にいろいろと情緒的に歌われてきたが、このような新しい理性の光りに照らしだされて日本近代詩に登場したのは、啄木の詩がはじめてであり、それだけでも大きな意義をもっている。(27)

すぐれた批評である。わたくしはさらにこの連にある大逆事件の刻印を指摘しておきたいと思う。ここに登場する「ただ一人の婦人」の「K」には管野すがのイニシャルがはめこまれているのではないか。何よりも「K」は詩中におけるラジカルな天皇制否定論者である「我」と見解を同じくする女性としてあらわれているのである。また、管野自身は夫であった幸徳秋水が一時の激情からさめて事実上「大逆」の計画から後退していったとき、夫をのりこえ、さらに夫と縁を切り、計画を推進した女性であった。その意味でも「K」には管野の一面が投影しているといえるのである。さらに「K」は「我等の会合に常にただ一人の婦人」であるが、管野も〝逆徒中の紅一点〟であった。もちろん「K」の上品な挙措の描写そのものは諸記録等から受ける管野のイメージではなく、クロポトキン自伝に描かれるペローフスカヤやワルワーラ・B等のナロードニキの女性たちに通うのであるが。「K」を以上のように解するなら「N」はどうなのか、という疑問は当然出てこよう。「若き経済学者N」のモデルとしては当時親交のあった議論相手丸谷喜市（のちの神戸経済大学学長）が昔から擬せられている。(28) したがってMに近いNが用いられたくらいにしか考えられていなかったのである。が、大逆事件との関係で以下のように考えられなくもない。啄木が一面では批判をいだきつつも同情し、共鳴し、哀惜した、事件の主な人物は幸徳、管野、宮下太吉、新村忠雄の四人と思われる。残る一人の古河力作については平出修の次のような見解を読ませてもらうか聞かせてもらうかしていたはずなのである。「静に事の真相を考ふれば本件犯罪は宮下太吉、管野スガ、新村忠雄の三人によりて企画せられ、稍実行の姿を形成して居る丈けであつて、終始此三人者と行動して居た古河力作の心事は既に頗る曖昧であつた。(29)」事実これまでに見たように幸徳、管野はすでに個人の姿をあらわした。次章**五**では宮下太吉が現われ、**六**では管野が三度現われる。もしもう一人個人として詩の中にひそかに記念されてよい人物があるとすれば、それは新村《にいむら》忠雄なのである。したがって「N」を新村のイニシャルととることも不可能ではない。しかし詩の中の「N」は穏健派であるが、大逆事件にあって新村は計画中も公判中もそして死に至るまで積極的な態度で一貫した。したがって役まわりは正反対なのであって「N」を新村のイニシャルに同定することをわたくしは躊躇するのである。

さて、**四**においては大逆事件というモチーフは次のように展開したとまとめることができよう。大逆事件の主謀者たちの峻厳な天皇制否定を「我」に語らせた。それはロシアの青年たちの endless discussions に照応する「激論」の中に隠し置かれている。さらに、**三**につづいて管野すがが、理想化されたナロードニキの女性たちのイメージをまといつつ登場している。詩人の、管野に対するある種の讃仰を見ることができる。

五にゆこう。この章は、初稿からこの第二稿に移るとき、この稿から「呼子と口笛」の「墓碑銘」へと移るとき、他のどの詩篇よりも多量の推敲がなされている。そしてまたもっとも多様な素材上の源泉をもっている。[30] 今はそれらに関する論及はすべて省く。第五連、第六連を引こう。

彼は労働者――一個の機械職工なりき。
彼の腕は鉄の如く、その額《ひたひ》はいと広かりき。
しかして彼はよく読書したり。
彼は実に常に真摯にして思慮ある労働者なりき。

彼は二十八歳に至るまでその童貞を保ち、
また酒も煙草も用ゐざりき。
彼は烈しき熱病に冒されつゝ、
猶その死ぬ日まで常の心を失はざりき。

大逆事件当時の長野地方裁判所次席検事和田良平が一九一〇年（明治四十三）五月二十九日に宮下太吉の供述をも

とに作成した「聴取書」がある。さいわいなことに岩城之徳の『石川啄木伝』（注18）において全文を読むことができる。冒頭の二項を引いてみよう。

一、私ハ甲府市ノ小学校ヲ卒業シ其后ハ独力デ機械学ヲ研究シテ機械職工トナリ諸所ノ機械工場ニ居リマシタガ私ガ二十八才《ママ》ノ時尾張ノ亀崎鉄工所ニ雇ハレ昨年六月明科製材所へ来ルマデハ殆ンド同工場ニ居リマシタ

二、私ガ社会主義者ニナツタノハ明治四十一年一月頃平民新聞ヲ見テカラデアリマスガ其以后ハ社会主義又ハ無政府主義ニ関スル日本文ノ著書ハ殆ンド読ミ尽シ最モ熱心ナル無政府共産主義者トナリマシタ(31)

この文書は「初二冊」の中の第一冊目にあり、以上二項を含む「聴取書」の全文にこそ天皇暗殺計画を中核とする大逆事件の真相が集中的に語られているとされている(32)のである。啄木はこれを読んだ。そして宮下の供述が脳裏に刻まれたのである。

「彼は労働者――一個の機械職工なりき」には「聴取書」中の「私ハ……機械職工トナリ」云々のくだりが照応している。「しかして彼はよく読書したり。」「宮下は、当時の労働者としてめずらしい読書家で(33)」あったが「聴取書」にそのことがはっきりと刻まれている。「社会主義又ハ無政府主義ニ関スル日本文ノ著書ハ殆ンド読ミ尽シ」たと。当時それらの「日本文ノ著書」がどのくらい発行されていたかは啄木自身がよく知っている。それらを「殆ンド読ミ尽シ」たとすればまさに「彼はよく読書したり」とうたわれるにふさわしい。このような機械職工こそ日本の近代が生み出した新しいタイプの労働者なのである。この新生の人間像の日本近代史への登場を啄木の烱眼は見のがさない。「彼は二十八歳に至るまで……」の行の「二十八歳」にも注目したい。「聴取書」の「私が二十八才《ママ》ノ時」のくだりを読んだとき、啄木の脳裏に焼きついたこの四文字を詩の中にはめこんだのであろう。それは「聴取書」を読んだ啄木自身の経験の記念であるとともにこれを読んだ唯一の文学者（平出修を除いて）が、ひそかに宮下太吉を記念する行

為の一環なのでもある。（当該詩**五**すなわち「呼子と口笛」における）『墓碑銘』はやや理想化されているが、労働者宮下太吉にささげたと思われる作品」だと指摘したのは神崎清であった[34]。神崎の読みに従うならこれまでに第五、第六連で見たように、詩の主人公「彼」が宮下太吉のイメージを核心にすえて造形されていることを見出すだけではまだ不十分であろう。詩と「聴取書」の関連をさらにさぐることが可能であると思われる。最終の連を引こう。

彼の遺骸は、一個の唯物論者として
かの栗の木の下に葬られたり。
我等同志の撰びたる墓碑銘は左の如し――
「我には何時にても起つことを得る準備あり。」

この連で論ずべきは四行目の「墓碑銘」そのものであるが、その前に一行目の「唯物論者」にふれておきたい。『東京朝日新聞』一九一一年（明治四十四）一月二十八日第五面に、見出し「●死刑囚の心理　▽逆徒等最期の覚悟▽宗教的信仰の種別」という記事があり、その中に「▲無神無霊魂」の小見出しの下次のような箇所がある。「今回の死刑囚は之を宗教的信仰の上より区別すれば大凡二様に分れる、一は即ち無神無霊魂の立場に立つ者……幸徳、管野、森近、内村《ママ》、新村、宮下、古河等で……幸徳の如きは中江兆民の弟子丈けあつて最後の瞬間まで無神無霊魂の説を曲げなかつた……」また「▲虚栄の権化」の小見出しの下「管野に至つては殆んど是虚栄の権化で、無神無霊魂で押通すのみならず」云々とあり「何れも唯物論の中毒ですねと、さる消息通は長大息を漏らした」ともある。さらに「無神無霊魂の唯物論」云々の記事もある。これらの記事は啄木が最大の注意を払って読んだはずのものであって詩中の「一個の唯物論者として」は処刑された宮下の無神無霊魂説を暗示している、とみなしうるのである。啄木自身が――「独歩には霊魂に対する信仰があつたが、予は強固なる唯物論者である」との書簡（一九一一年二月十五日付）が示すように――唯物論者であった。

「我には何時にても起つことを得る準備あり。」この詩句は第三連の末尾に一度あらわれ、さらに先の箇所にあらわれて詩の全体を力強くしめくくる。各四行の八連から成るこの詩においてもっとも印象的な詩句であるこの一行は主人公「彼」の集中的表現としての機能を担っている。「彼」が宮下太吉のイメージを核として造形されているとするならば、「彼」の集中的表現であるこの一行はまた宮下太吉の集中的表現でもありうるのではないか。

例の「聴取書」にもどってみよう。「聴取書」のさきの引用につづく部分は恐るべき内容に満ちている。三（同文書第三項）には「私ハ無政府共産主義デアルカラ主権者ノ存在ヲ否認シテ居」るとあり、さらに「天皇を斃シテ之レ亦吾々普通人間ト同一ニ血ノ出ルモノデアルト云フ事ヲ示サナケレバ　天皇ヲ尊ブ迷信ヲ打破スル事ガ出来ナイカラ機会ガアツタラバ爆裂弾ヲ以テ御通行ノ際　天皇陛下ヲヤツ付ケヨート決心致シマシタ」とある。以下四で爆裂弾の製造方法研究経過を語り、五で原料入手の経過を、六で薬研調達の経路を供述する。七で幸徳秋水、森近運平に暗殺計画を語ったが同意を得られなかったこと、八、九で管野すが新村忠雄らとの接近と謀議の過程が述べられる。新田融方で製造を始め（一〇）、一一ではついに爆裂弾を試作し、しかも試験に成功したことが語られる。一二では決行の「時機」を一九一〇年（明治四十三）秋と定めたという。一節を引こう。

（新村と相談の上）時機ヲ今年ノ秋ト極メタノハ特別ノ理由ハアリマセンガ私ハ此計画ヲ考ヘ出シタ后ハ前ニハ酒女等ニ道楽モシタノヲ一切止メ総テノ収入ヲ此目的ノタメニ遣ツテ居タノデ愈準備モ出来タカラ茲暫クハ本デモ

読ミ静養モシタカツタノデ自然秋ト云フ事ニナツタノデアリマス実行ノ上ハ勿論死ヲ覚悟シテ居リマシタカラ以下一九までは五月初旬から逮捕直前までの宮下の動きが微に入って記されている。(35) 供述後八十幾年を経て読んでも鬼気迫る、の感を抱かせるこの「聴取書」を啄木が読んだのは、当の宮下太吉が判決後間もなく絞首刑になって二日後のことである。この「聴取書」における宮下太吉の供述を貫く特質は何か。目的に向かっての、ひきしぼった弓矢のごとき決意である。その決意を実現するための持続的かつ周到な準備ぶりである。

神崎の先の読みはおそらく正しいであろう。「我には何時にても起つことを得る準備あり」は詩人石川啄木が宮下太吉のために自ら撰んだ「墓碑銘」と読むべきであろう。（ちなみに以下の事実を記す。一九七二年秋彼岸の中日、甲府市の東本願寺甲府別院・通称光沢寺の境内に宮下太吉の碑が建てられた。碑面の文字は「我にはいつにても起つことを得る準備あり」である。）

最後の一行を右のように読むとすると最初の連の第二行目も読みを深めるべきであろう。

我は常に彼を尊敬せりき、
しかして今も猶尊敬す――

「彼」を「今も猶尊敬」しているのは「我」であるだけではない、詩人その人が、宮下太吉を「今も猶尊敬」していると詩の内面で宣言していることになろう。

大逆事件における無実の一人森近運平、この傑出した初期社会主義者が処刑された最大の理由はその透徹した天皇制批判にあったともいわれる。そのような時代に、この詩の全体は宮下太吉をたたえているのである。何という詩と言うべきか。

クロポトキンの自伝的世界の投影についてふれておこう。もちろんこの詩にもダブルイメージがほどこされている。ただしナロードニキ時代のロシアを描いた部分には近代的労働者は具体的姿をとって登場しない。ロシアにおける資本主義の未発達の反映であろう。そのかわりクロポトキンが西ヨーロッパへ脱出してのちに出会った先進的労働者像が「彼」の造形上の重要な素材の一部となっている。が、それらについてはここでは措く。

長詩「はてしなき議論の後」の終章、すなわち**六**に進もう。全体を引く。

わが友は、古びたる鞄をあけて、
ほの暗き蠟燭の火影の散らばへる床《ゆか》に、
いろいろの本を取り出したり。
そは皆この国にて禁じられたるものなりき。

やがて、わが友は一葉の写真を探しあて、、
「これなり」とわが手に置くや、
静かにまた窓に凭りて口笛を吹き出したり。
そは美くしとにもあらぬ若き女の写真なりき。

この詩の評釈の歴史はおもしろい。最初の批評（すぐあとで見る吉田孤羊のもの。一九三三年初出）が正鵠を得てい

て、その後、的はずれの、あるいは陳腐な読みが横行して六〇年が経ってしまったからである。森山重雄の次の解釈は吉田以降にあらわれた数少ない卓見の一つである。（「若き女の写真」については）「『だれの写真かの詮議は不要』（今井泰子）という見解もあるが、しかし、その意味づけは必要であろう。なぜなら、それは古びた鞄、その底にしまわれた国禁の書、さらにその国禁の書にはさんであった女の写真こそ、もっとも公開をはばかるものであったからである」[36]。森山は詩の文脈を正確に示している。**一**から**五**までを見てきた我々にはもはや〝詮議は不要〟であろう。「美くしとにもあらぬ若き女の写真」とは管野すがの写真でなくてはならない。それはまた現存する管野の写真から受ける感じを言い表しえて妙でさえある。

ところで、いわゆるモデル詮索にはわたくしは興味を持たない。しかし詩中の「わが友」については詮索の必要がある。モチーフにかかわるからである。「わが友」もまた大逆事件にかかわる人であるならば詩の味わいは幾層も深いものとなる。この詩の最初にして最高の評釈である吉田孤羊の一文から引こう。

> この詩も……啄木と幸徳事件を究明することなしに読返しては味もそつけもないものに見られやすいが、その反対にこの事件を詳しく知つてこの詩に接すれば深甚な味が滲み出して来るのを拒否することが出来ない。
>
> この詩の冒頭にある「わが友」といふのはいふまでもなく、啄木に大逆事件の知識を頒つてくれた弁護士平出修氏、そして最後の「美し《ママ》とにもあらぬ若き女の写真」といふのは、実にこの大事件に連座した唯一の女性として、世間から驚異と好奇の眼をもつて凝視された管野すが子の写真のことである[37]。

戦前において啄木の日記、書簡、大逆事件関係の遺稿に目を通すことのできたおそらく唯一の研究者であり、かつ戦前最高の啄木学者であった吉田にしてのみ可能な洞察であった。わたくしは吉田の右の見解を全面的に支持する。以下に、「わが友」＝平出修説の部分を支持する根拠をあげておこう。

一、啄木が初稿「はてしなき議論の後」(一〜九)において二人の友人をモデルに使ったことは確実といってよい。一人はさきにあげたように「若き経済学者」丸谷喜市であり、他の一人は土岐哀果である。哀果は第九章で「わが友は、今日もまた、/マルクスの『資本論《キャピタル》』の……」とうたわれる。(38)当時の啄木の交友関係の中で大逆事件について、心おきなくしかも対等の知的レベルで議論できる友人は三人だったといってよい。残る一人は平出修である。そして事件をめぐる関係では平出とこそ抜きんでて深いつきあいがある。丸谷、土岐がモデルにされたとすれば、平出もまたモデルにされる蓋然性はきわめて高い。

二、詩中の「蠟燭」は「同志」が秘密に会合する場所を示す記号でもある。したがってその場所にいる「わが友」は大逆事件についてひそかに語り合い、情報交換しあう「同志」である。彼は「いろいろの」国禁の書を所持している。彼は当時悪逆無道の女とされた管野すがについて深い理解を寄せているらしい上に写真さえも入手している。このような人物のモデルとして平出ほどふさわしい人はいない。平出は大逆事件被告弁護人として当然「いろいろの」国禁の書を収集していたにちがいない。(39)さらに平出は堺利彦との間に特別のつながりがあったらしく、この時期「十年の友、千百年の知己堺君」と記しさえした。(40)その堺が一九一一年(明治四十四)二月に「幸徳と管野の写真の焼増しを拵」え「御入用」の者に頒布しているという事実がある。(41)ひそかに管野の写真に対する需要がありそれに応じていたのである。こうした入手ルートも推定できるわけである。

三、平出と管野の間には公判での平出弁論以後急速な交情の高揚があり、(42)啄木はそのいきさつを平出から聞いていたはずであり、平出と管野の関係そのものが詩の材料たりえたのである。平出の大逆事件被告弁護におけるすぐれた役割、事件の真相を知り後世にこれを啄木とともに記しおかんとする共同の決意からしても、平出は単にモデルとして出て来るべき人物ではなく、大逆事件の中心人物たちと並んで隠されたモチーフの担い手として登場してしかるべき人物であった。

このように理解すると吉田の言うとおり「深甚な味が滲み出して来る」のである。が、それを追求することは本稿のテーマからはずれてゆくことになろう。今はこの詩について簡単に見ておくにとどめる。

第二連第三行目に「静かにまた窓に凭りて」とある。「また」というのであるから「わが友」はさきほども「窓に凭りて」〈われ〉と話していたのである。夜、二人きりで、大逆事件のことを。外では「まっ黒な反動の嵐」(荒畑寒村)が吹き荒れている。談は管野すがに及んだのであろう。「わが友」は「古びたる鞄」の中にある話題の主の写真を思い出したのだ。それは国禁の書のある一冊にはさんである。それをさがす時間が、一行目の「やがて」である。「これなり」には「わが友」の特別の思い入れがこめられていよう。〈われ〉が写真に見入っている間、彼は「静かにまた窓に凭」る。そして今度は低く「口笛を吹き出し」た。この一行は重要である。詩の原型をなすであろう事実、修と啄木との間にあったと思われる一枚の写真をめぐるエピソードはいつの日のことか推定が可能となり、そしてこの推定が詩の味わいを一層深めるからである。しかしこの推定の深追いもやめよう。結論だけを述べる。「わが友」は死刑判決が確定的な女性の、あるいは判決が下りて処刑を待つ女性の写真を〈われ〉に見せつつ口笛を吹きはすまい。処刑後の彼女をしのびつつ、哀悼の、追想の、あるいは別の何らかの、管野をしのぶにふさわしいメロディーを今静かに吹いているのである。「はてしなき議論の後」の終章の末尾にはこうして管野すがの写真がはめこまれたのである。そしておそらく、この詩は大逆事件の真実を後世に伝えるべく決意し、手を結んだ二人の男の管野すがが追悼記念の意味も持つのであろう。

クロポトキン自伝の世界とのダブルイメージはもちろんこの章にもほどこされている。「蠟燭」をめぐる一行はロシアのナロードニキ的世界を彷彿とさせているのであって、とすれば「若き女」の裏側にはあのペローフスカヤが当然重ねられているわけである。

以上をもって、わたくしのモチーフ追究の試みを終わる。

3　むすび

長詩「はてしなき議論の後」（一～六）を貫く隠されたモチーフは、たしかにあった。大逆事件である。この恐るべき（何重もの意味で恐るべき）モチーフを秘めた詩は、一九一一年（明治四十四）七月に活字になったのであった。『創作』の巻頭を飾って公然と人々の前に現われたのであった。

モチーフは知られてはならなかった。知られてしまえば作者の（そしてその家族の）生活は必ず破滅せしめられたであろう。いや、作者の生命そのものが抹殺されたであろう。（権力が、出勤もできない一人の詩人を葬るには、絞首台を用意し、大逆罪をでっちあげる必要はなかった。投獄という簡便な方法でこと足りた。）モチーフは決して読みとられてはならなかった。

しかし詩の本質からすればモチーフは必ず読みとられることを欲していた。熱烈に欲していた。せきかねたように表出した部分に大逆事件が見えはしたものの、モチーフとしてはついに八十年間読みとられることはなかった。だが、詩の底から噴出してくる異様な迫力は八十年間にわたって人々の魂を揺さぶりつづけた。その源泉が今や明らかとなったのである。

長詩「はてしなき議論の後」は幸徳秋水ら〝逆徒〟への鎮魂歌《レクイエム》なのであった。

右のモチーフを追究する中で新たに生じた課題等について、さらに一言し本稿を結ぶこととしたい。

一章ごとの丁寧な新しい注釈、ダブルイメージの手法がもたらす効果の分析、長詩としての構造的な読みなどの課題が執筆中のわたくしの脳裏を幾度もよぎった。

また隠されたモチーフが見えたことによって次のようなことも見えた。

第二テキストが編まれたとき、最初のテキスト「はてしなき議論の後」（**一**～**九**）のうち**一**と**八**、**九**が削除されたのだが、「暗き、暗き曠野にも似たる」で始まる格調高い**一**までがなぜ省かれたのか？　この、たえず諸家の間に浮上する疑問に新しい一つの説明が可能となった。**二**から**七**までの六篇と異なり**一**には大逆事件というモチーフが欠けているのである。**一**はもともと序章として創られたのであるが、啄木は終章を創ることに失敗した。そこで大逆事件という内容上の統一性に焦点をしぼって**一**も省き、**二**から**七**までの六章からなる一篇の長詩を構成し、『創作』に送稿したのである。しかし形式上の統一性に欠けていたため、「呼子と口笛」編集時には独立した詩篇に解体してしまった。作品の享受は『啄木遺稿』（一九一三年刊）以来「呼子と口笛」によってなされた。したがって大逆事件というモチーフは、これが露出している二篇を除くと見えなくなってしまった（啄木自身はこのモチーフそのものにこだわっていたので、長詩解体ののちに幸徳秋水の『基督抹殺論』をシンボライズしたかの口絵を「呼子と口笛」に描きこんだ。次節参照）。

以上のような事情が見えてきたのである。

さらに今回のモチーフ追究の中で次のことも明らかとなった。一九一一年五月に編みかつ執筆した「A LETTER FROM PRISON」と六月に制作した長詩「はてしなき議論の後」との関係を評して後者は前者の「うつくしい後産」である、と神崎清は言った(43)。しかし厳密に言うとこれはまちがっている。両者は双子の作品なのである、「はてしなき議論の後」「呼子と口笛」の読みは「A LETTER FROM PRISON」の綿密な読みと相関せしめることで確実に一歩前進するであろう。またそれは、啄木と大逆事件との深い内的関係を一層明らかにする作業の一環ともなるであろう。

それにしても、石川啄木にとって大逆事件とは何であったのか。管野すがや宮下太吉にあれほどに思いを寄せて詩を作ったことと啄木自身の社会思想との間にはいかなる内的関連が存在するのか。また、幸徳秋水の影響が大逆事件以後、啄木作品のほぼ全ジャンルにわたって認められることになるが、これをトータルに究明したとき秋水・啄木両者間にいかなる関係が顕れてくるのか。問題は湧きあがって尽くるところを知らない。

啄木と大逆事件との関係が蔵するものは意想外に深くかつ重い。

注

(1) 詳しくは小著『国家を撃つ者　石川啄木』(同時代社、一九八九年)第六章。
(2) 『国際啄木学会台北大会論集』(淡江大学日本語文学系、一九九二年)二四七〜二四八頁。
(3) 岩城之徳『世界の名詩2　石川啄木詩歌集』(講談社、一九六八年)二二〇〜二二一頁。ここで岩城は「ペロフスカヤのようなナロードニキの女性」という読み方を提示した。
(4) 神崎清の次の指摘がこれまでもっとも鋭いものである。「長詩『はてしなき議論の後』は、大逆事件のひそかな追求を通じて、啄木の内部に蓄積され、鬱屈していた革命的情熱が、かたい地殻をやぶって、すさまじくわきだしてきたような文学の結晶体であった。」(神崎清『革命伝説』4、芳賀書店、一九六九年)一九一頁。
(5) 次節「『呼子と口笛』の口絵と幸徳秋水」参照。
(6) 『石川啄木全集』第二巻(筑摩書房)二六六〜二六九頁。(以下『全集』②―二六六〜二六九の如く略記)
(7) P. Kropotkin: *Memoirs of a Revolutionist*. vol. II.(London: Smith, Elder, & Co., 15 Waterloo Place, 1899) p.90.

(8) 岩城之徳前掲書(注3)、『近代文学注釈大系　石川啄木』(有精堂、一九六六年)など、今井泰子『日本近代文学大系23　石川啄木集』(角川書店、一九六九年)、『石川啄木論』(塙書房、一九七四年)、佐藤勝「石川啄木」(『生と生命のうた』角川書店、一九六九年所収)、平岡敏夫『日露戦後文学の研究』下(有精堂、一九八五年)は「呼子と口笛」の六篇の詩「はてしなき議論の後」「ココアのひと匙」「激論」「書斎の午後」「墓碑銘」「古びたる鞄をあけて」(当該長詩一、二、四、三、五、六に相当)に注釈または評釈をほどこしている。岩城、佐藤は「書斎の午後」を除く五篇に、今井と平岡は「古びたる鞄をあけて」を除く五篇にクロポトキン自伝に拠るイメージの投影を見ている。本稿はこれらの成果に立脚しつつ全ての篇に、自伝等によって創り出されたイメージを見出すであろう。つまり大逆事件というモチーフはその裏に、主としてクロポトキン自伝によって創り出されたイメージを絶えず相伴っているのである。

(9) 前掲書(注7)三三頁、三四〜三五頁。高杉一郎訳『ある革命家の手記』(下)(岩波文庫)における該当箇所は三九〜四〇頁。

(10) 前掲書八九〜九〇頁。前掲岩波文庫九五頁。

(11) 『全集』⑥—一八七、⑦—三四四。

(12) 第四連では「されど、誰一人、誰一人(以下同じ)」となる。

(13) 『全集』④—三五八。

(14) 『全集』④—三五九。

(15) 壺井繁治外『青春の悲歌——啄木の詩歌鑑賞』(ナウカ社、一九五一年)一八五頁に壺井のいちはやい指摘がある。

(16) 前掲今井泰子『日本近代文学大系23　石川啄木集』四一〇頁。

(17) 森山重雄『大逆事件＝文学作家論』(三一書房、一九八〇年)六〇頁。平岡敏夫も、これを支持している。前掲書(注8)三九〇頁。

(18) 岩城之徳『石川啄木伝』(筑摩書房、一九八五年)三三五〜三四一頁。

(19) 清水卯之助「啄木と管野須賀子」(『啄木研究』7、洋々社、一九八二年所載)。

(20) 前掲『革命伝説』4、一八三頁。

(21) 岩城之徳前掲書(注18)三四八〜三四九頁。啄木のいう「特別裁判一件書類……七千枚十七冊」は最高裁判所と日本大学総合図書館とに所蔵されている。後者の所蔵になる訴訟記録も原則として非公開であるため当面は原資料に当ることは諦め、次の方法をとることにした。訴訟記録の大要を塩田庄兵衛・渡辺順三編『秘録大逆事件』(上)(下)(春秋社、一九五九年)によって通観する(ただし同書の解説によるとこの記録は「大審院の原本そのままの完全なものではない。すなわち平出弁護人にとって必要な部分の抄記である」(上)七〇頁)。次にこの記録のうちで啄木が読んだ「初二冊」に含まれるものを「明治四十三年特別第壹號被告事件訴訟記録寫總目録」(大審院)によって確認する。(この総目録の閲覧は岩城之徳氏の特別のご厚意により可能となったものである。)同様にして前掲『革命伝説』(全四冊)と『石川啄木伝』の中にちりばめられている訴訟記録原文から「初二冊」分をとり出す。本稿ではそれらを利用した。

さて、本書への引用に際してはできるだけ原文に即するよう努めた。したがって原文の表記にもっとも近いと見られる『石川啄木伝』にまず依拠し、そこにないものについては『革命伝説』に拠り、後者にもない場合には『秘録大逆事件』に拠った。(岩城氏のご厚意により閲覧できた「初二冊」からのコピーによって校合が可能であった分についてはこれにもとづくことにした。)右の三著は本稿の目的にとって参考になる箇所を豊富に含み非常に有益であった。なお管野すがの分については『管野須賀子全集』3(弘隆社、一九八四年)をも参照した。

(22) 管野の調書については前掲『石川啄木伝』三四九頁。新村の調書については前掲『秘録大逆事件』(上)一七六頁参照。

(23) 『毎日電報』、一九一一年一月二十日。

(24) 上田哲『新考・近代日本文学とキリスト教』(宮入書店、一九七三年)一四六頁。

(25) 前掲『秘録大逆事件』(上)一二九頁。この調書は啄木の読んだ「初二冊」には含まれていない。

(26) (注5)に同じ。

(27) 前掲『青春の悲歌』一九三頁。

(28) 前掲今井泰子『日本近代文学大系23 石川啄木集』補注一四四。

(29) 『定本平出修集』第一巻(春秋社、一九六五年)三四一頁。古河力作の調書(第四回)には古河のそのような「心事」がかいま見られる。『秘録大逆事件』(上)、一七二～一七三頁。

(30) 前掲(注1)小著第六章および本書第二章四「『墓碑銘』創作素材の多様性」参照。

(31) 前掲『石川啄木伝』三〇〇頁。
(32) 前掲『石川啄木伝』二九八～二九九頁。
(33) 前掲『革命伝説』3、一二五頁。
(34) 神崎清編『大逆事件記録Ⅰ　獄中手記』（実業之日本社、一九五〇年）四五頁「編者の言葉」。
(35) 前掲『石川啄木伝』三〇〇～三〇六頁。
(36) 前掲『大逆事件＝文学作家論』六三頁。
(37) 吉田孤羊「啄木の思想生活に於ける最後の転換」、石川正雄外『石川啄木研究』（楽浪書院、一九三三年）所収。ただし伏字部分については吉田孤羊『石川啄木と大逆事件』（明治書院、一九六七年）五二～五三頁によって復元した。
(38) 前掲小著『国家を撃つ者　石川啄木』二二六～二二八頁。
(39) 『定本平出修集』第二巻（春秋社、一九六九年）五八八～五九二頁。
(40) 『定本平出修集』第三巻（春秋社、一九八一年）一七八頁。
(41) 『続・現代史資料(1)　社会主義沿革㈠』（みすず書房、一九八四年）二二〇頁。
(42) 前掲『革命伝説』3、三〇一～三〇二頁。
(43) 前掲『革命伝説』4、一八八頁。

二 「呼子と口笛」の口絵と幸徳秋水

1 はじめに

未完の、手製の詩集「呼子《よぶこ》と口笛」は啄木詩の最後の、最高の達成を示すものとして、つとに有名である。文献学的な仕事や作品分析・批評等の仕事は岩城之徳、今井泰子らの業績を中心にして相当の蓄積がすでにある。しかし、『一握の砂』研究の厚さにくらべると「呼子と口笛」研究は薄手の感を免れない。未解決の問題の一例が次頁に掲げる口絵の意味である。

これは手製の詩集「呼子と口笛」の目次余白分（北原白秋『思ひ出』とほぼ同数の詩の表題を書きこめるようにした九頁分の余白）の第八頁目に描かれている（後から挿入されたのである）。ごらんのように爬虫類のようで翼らしきものをもった動物の絵が上段にあり、中段には黒い太陽が光芒を発散させつつ紅の空に沈んでゆくらしきイメージが描かれる。下段は妊娠した十字架（!?）のごときものが地に横たわっている。そしてこの三段の絵の全体をオリーブの葉のようなものがかこんでいる。

詩集「呼子と口笛」は決して暗い作品ではない。幕末の先覚者江川太郎左衛門英龍が暗闇の中に時代の夜明けを翹望しつつ、「さとはまだ夜深し富士のあさひ影」と詠んだときの志に通う暗闇から未来に馳せる視線と、その視線にとらえられた希望とをこの詩集に感じとることができる。それは作品の分析を深めるほどに顕現してくる特質である。(1)

「呼子と口笛」の口絵

「呼子と口笛」の諸詩篇は実に多くの人々によって論じられてきたが、右に述べたように読む人々もあったし、また反対に挫折や絶望の啄木をそれらの中に見る人々もあった。そしてどちらの人々から見ても上の口絵は決してさわやかなものでも希望を感じさせるものでもないのである。なぜこのように奇妙な絵がここに描かれるのか、なぜこの絵は黒が基調になっていて暗いのか、この暗さをとりかこむオリーブ（？）の葉の緑はたしかに明るさを与え中の絵の暗さを救ってはいるが……。口絵は描かれた三つのシンボルが意味不明で奇妙なだけではなく、トーンそのものが奇妙な印象をひきおこすのである。[2] この絵の全面的な絵解きを試みたのは管見の限りでは大沢博「『呼子と口笛』の象徴画の分析[3]」のみである。これから展開するわたくしの分析は氏の見解と全面的に異なる。ただし、中段の絵に関する氏の見解のうち「この黒い太陽は、幸徳事件以来急速に暗黒化してきた日本の象徴であろう」と述べられた箇所が本稿の構想の全体を一瞬にして照らし出す稲妻となったのであった。記して謝意を表したい。

さて、まず次の二つの引用をご覧いただこう。

> 如此にして其討究の歩を進め、彼等の由来に溯らば、吾人は必ず太古の社会に弘通し瀰蔓せる二大信仰に到達すべし。一は即ち太陽崇拝、他は即ち生殖器崇拝是れ也。

此他両性兼有の神あり、男女生殖器を結合せるの記号あり。埃及の諸神が持せる『生命の記号』（Symbol of life）は十字と卵形を合せる者にして、即ちT形の上に卵形を置き♀状を為せる者也。

この二つの引用だけでも口絵の中段と下段の絵解きを一挙におしすすめる。中段の絵の太陽は文中の「太陽崇拝」と、下段の●✚をもつ奇妙な十字架ようの絵は文中の「生殖器崇拝」と密接に関係していることは疑いない。出典は二つながら幸徳秋水の遺著『基督抹殺論』[4]である。

『基督抹殺論』（丙午出版社、明治四十四年二月一日）は秋水が大逆事件で検挙される直前の一九一〇年（明治四十三）五月末には大部分が書きあげられており、残った部分は予審が終って（十一月九日）のちの同年十一月二十日頃に獄中で書き上げられた。これを書き上げたとき秋水は事件による死刑を覚悟していた。そして刑死直後にこの書は発行された。十二の章からなるこの書の内容は極く手短に伝えるなら以下の如くである。

聖書（新約）の内容は矛盾撞着に満ち、その成立過程は杜撰・虚偽・暴力等に覆われている。よって聖書はイエス・キリストが史上に存在したことを示す何の証左にもならない。聖書以外の史料もまたイエス・キリストの史的実在を何ら伝えていない。（章・一、二、三、四、五、六）

ではキリストなしのキリスト教がいかにして発生しえたのか。祖師が宗教を作るのではなく宗教がかえって祖師を作るという、よくあるパターンに従ってである。そうして作られたキリスト教の起源はいかなるものか。「其根本の教義より枝葉の式典に至るまで、何等独創の事物あることなき也。何等特殊の色彩有ることなき也。総て是れ古代の太陽崇拝、生殖器崇拝に其源を発せる諸信仰の遺物のみ。総て是れ印度、波斯、埃及、猶太、希臘、羅馬の残肴冷杯のみ」（九六頁）なのである。（章・七、八、九）

では初期のキリスト教はいかにして発展しえたのか。歴史的に非実在の本尊をめぐる迷信の鼓吹と淫楽の誘導等々によって無智の大衆をひきつけるやり方によったのである。またキリストの名字と伝記はどのようにしてできたのか。古代東方各国民に行なわれていた各種の（太陽）神話から材料をとって捏造したのだ。かくて「予は左の鉄案を下す」。「曰く、耶蘇基督は史的実在の人物に非ず。単に古代神話の糟粕渣滓と残骸断礎とをもて作成したる一個生命なき偶像のみ」（二一九頁）と。（章・十、十一）

キリスト教は以上見てきたとおりの宗教である。これを二十世紀の人々が信仰するのは馬鹿馬鹿しいことでありかつ道理に反することである。自分はこのキリストとその伝記の実体を暴露し、これを世界史から抹殺することを宣言するものである。（章・十二）

2　中・下段の絵と『基督抹殺論』

絵解きに入ることにしよう。中段および下段から見てゆく。絵の解釈であるから当然多様な見方が可能となる。わたくしも自分の解釈を示すわけであるが、その場合根拠を備えた立言部分と根拠を十分には示しえない推理的要素の濃い部分とがどうしても生じてしまう。これは絵の解釈という本論の性質上やむをえぬことであった。あらかじめ御諒承いただきたい。

『基督抹殺論』の初版が丙午出版社から出たのが一九一一年（明治四十四）二月一日、秋水刑死後八日目のことであった。そしてたちまち七〜八〇〇〇部が売れたという。当時の日本でもっとも大逆事件に関心を持ち、もっとも真相に肉迫した一人である石川啄木はかつてわたくしが推定したとおり(5)この本を読んでいたのである。さて、さきの二つの引用および梗概に加えて●✚に関する引用を補充するところからはじめよう。

秋水によればキリスト教の起源は太陽崇拝と生殖器崇拝にあるのだが、この両者の関係はどう考えられるか。「蓋し太陽崇拝は生殖器崇拝を更に理想化せる者の如し。何となれば、両者倶に同一生々の力を崇敬する者なれば也。而して古代各種の信仰は此生殖観念を中心として、其周囲を回転せる者也。」(六六頁) すなわち生殖器信仰こそキリスト教の基底の基底と考えられているのである。では✚の記号は生殖器信仰とどうかかわるのか。「アンニー・ベサントは曰く『……十字の記号は男根の醇化《レフワイン》せる者に過ぎず……』」(七二頁) もう一方の●の記号はどうか。「既に男あり、女なかる可けんや。古代の信仰盡く女神あり、之が記号として、女子の生殖器を崇拝するは自然の理也。」「此等女性の記号も、亦一にして足らず。土地、月、海中の星、円……等にして、其多くは婦人生殖器に像れる者にして、其色は黒を用ゆ。」(七六、七七頁) このようにして「黒」の「円」すなわち●は「婦人生殖器」の記号なのである。かくて啄木の描いた●✚はさきに引いたように「男女生殖器を結合せるの記号」であることは確認できよう。

以上に述べてきた全てによって中段と下段の絵はセットになって秋水の『基督抹殺論』をシンボライズしたものであること、これはもはや疑いのないところであろう。

次に二つの絵に関して推理できる事柄を展開してみたい。

このような口絵の全体を啄木が着想するには次のようなプロセスがあった、とわたくしは見る。次頁の絵をごらんいただきたい。岩城之徳がつとに指摘したようにこの詩集に用いたノートのすかしをまねて描いた扉絵である。複刻版と原ノートのすかしは異なるものであり、原ノートのすかしは鮮明にいくつもの頁にあらわれる。絵の女の右手が持つ三つ葉の植物と左腕下の盾の十字のマークのみが赤で着色されている。啄木はこの絵を自ら描き眺めているうちに着想を得たのであると思われる。女は女神であろう。女神と十字架！　我々は今見たばかりであった。女神の記号

「呼子と口笛」の扉

は女子の生殖器すなわち●なのであった。●と✚！　このとき啄木は『基督抹殺論』の内容をまざまざと想起したのであろう。こうして口絵が構想された。だから下段の絵がもっともキリスト教的なシンボル・十字形そのものではなく、あのような記号になったのであると思われる。また♀の記号は大沢博が指摘したように、雑誌『明星』の表紙などの女神（ヴィーナスなど）の絵によく描きこまれたなつかしい記号でもあったのである。したがって秋水のいう生殖器崇拝をあらわすのに✚でもなく●でもなくまたその外のどれでもなくこの記号を用いたのである。

次に左側にのびるわずかに垂れるように湾曲した部分を考えてみなくてはならぬ。まずこのように伸びることで下段の絵の全体が十字架のイメージに近づく。これはあとで書きたしたものではなくはじめからこのような全体の左側部分として考えられていたのである。なぜなら●は中央に位置していて左側を欠いた場合はその空白は大きすぎ、バランスがくずれることは明白だからである。少々の湾曲はなにを示すのであろうか。わたくしはこの十字架様のものは影なのだと思う。ここには見えない太陽が、同じくここには見えない奇妙な形の十字架を照らしていて、それが地面に影をなしているのである。もし影でないなら、倒れた〝十字架〟なら、この湾曲はありえず、まっすぐに描かれるはずである。つまり湾曲は影であることを示すための技巧なのであろう（そしてこのことがまた中段の太陽を解釈する一つの手がかりとなる）。この湾曲にはもう一つの効果がある。と中段の太陽ではいかにも『基督抹殺論』そのものがむき出しになってくる。そのことは上段の絵も含めて考えるとき、あまりに危険な行為となる。ところがこの奇妙な、胴体がふくらんで下部が湾曲した、十字架のようで、それでもない横だおしの形は、描き手の意図を韜晦する機能も持つのである。

中段の絵に行こう。昇る太陽か沈む太陽か。わたくしは解釈のかぎとして『基督抹殺論』の内容と下段の絵とを用いたいと思う。本の内容からすれば沈む太陽でなければならないであろう。イエス・キリストは史的実在人物ではなく、太陽崇拝・生殖器崇拝のかすと断片で作り上げられた生命なき偶像にすぎぬのだから、今やまさに抹殺されるべきだ、これが秋水の主張なのである。また下段の絵との関係からも落日がふさわしい。大地に横たわる〃十字架〃の長く濃い影、これは落日に密接するイメージであろう（とするならば下段の絵の例の湾曲は、中段の絵の太陽を落日として表象させる機能も担っていたわけである）。こうして、この太陽は沈む太陽であろう。次に太陽が黒くぬりつぶされていることの意味を考えてみたい。濃い黄の光芒はコロナであろう。とすればこの絵は皆既日食を描いていることになる。そして黒い太陽は実は太陽そのものではない。これは天文学的にいえば地球上のある地点と太陽との間に位置した月である。[6] しかしそれは太陽の影であるともいえる。啄木の意図からすれば後者でなければならぬ。したがってここでも啄木は実体を描かず影を描いたということができよう。かくて暗黒の太陽という逆説がここに描かれる。幸徳秋水のいう、根本教義から枝葉末節の式典にいたるまでオリジナリティを欠き実体を欠くところのキリスト教、空無であり、「迷妄」であり、「虚偽」であるところのキリスト教が、啄木によってこのようにシンボライズされる。では、太陽の下の青い部分は何を表すか。大沢博は「形は山で色が青の部分は、好きな山と海を融合させたものであろう」という。この形の上部の線は子細に見るとたしかに波ではなかろうと思われる。とくに右端の、小さいもり上がりをもってさらに右にもり上がる線は波のそれではなく山のそれであろう。それに太陽が沈むとすればそこは水平線である。眼前の波ならともかく水平線をこんなに複雑で大きな凹凸をもつ線で描くことはふつうはしないと思われる。山とした場合、大沢も気にしているように色が山らしくない、緑で覆われた日本の山々らしくは。しかし異国の山々としてはどうか。ロッキーやアンデス、ヒマラヤやアルプスならこの色のイメージとなじむものをもつ。わたくしが想定してみようと思うのは数千メートル級の高峰から成るこれらの巨大山脈ではない。しかし二十世紀はじめの日本人なら外国、とくに西洋の山々として、ことにアルプスに近いことをもって、それらに近いイメージをもったとしても不思議はないと思われる一つの「山地」をここでは想定してみたい。スイス、フランス国境に位置するジュラ山脈である。これは二つの理由による。一つは上段の絵の翼とおぼしきものの上に描かれる人物らしき像とこの山に使われている色が同じであって関連づけた方がよさそうであること（後述）。もう一つは「呼子と口笛」所収の第五番目の詩篇「墓碑銘」中の二行につながりを見ることが可能であること。「かれの真摯にして不屈、且つ思慮深き性格は、／かのジュラの山地のバクウニンが友を忍ばしめたり。」これはつとに指摘されているようにクロポトキン『ある革命家の手記』（*Memoirs of a Revolutionist*）第四部の9、10および第六部の3にもとづいてイメージされた詩句である。しかもこの口絵を描くに先立つほんの数日以内の時期の推敲によってこの二行は追加されたのである。このとき、秋水の無念の遺著をシンボライズするこのとき、連想するにもっともふさわしい山脈があるとすればそれは“the Jura Mountains”(7)ではなかろうか、と考えるわけである。こう想定するならば次のように推理することが可能になる。「ジュラの山地」は（一八七二年以後の）「数年間、社会主義のなかに無政府的、アナーキスト的な傾向を導きいれて社会主義の発展に重要な役割を果たしたジュラ連合(8)」の所在地であった。いわばそこはバクーニンとその「友」とが作り出した国際アナキズム運動の一大拠点だったのである。啄木にとって「かのジュラの山地」がそのように思い描かれていたとすれば、そしてかの絵の水色の山脈が「ジュラの山地」であるとすればそれはアナキズムのシンボルであり、幸徳の思想の核心を示すものということになる。バックの赤い色は赤紙の表紙(『平民主義』等)や赤刷りの表紙(『麺麭の略取』)に使われる赤、無政府共産主義者・社会主義者等の革命旗の赤である。秋水の革命にかけた闘志でもあろうか。黒い太陽はその「山地」のその赤い空の下に今や沈まんとしている。すなわち無政府共産主義者・唯物論者幸徳秋水が己の思想を貫徹して主張したキリスト抹殺論の啄木によるシンボライズということになるのである。

これが中段の絵の私解である。

それにしても「上には雄大荘厳なる太陽を取り、下には健剛素朴なる生殖器を取りて其表現の記号に充て……」(一二一頁)と秋水が説いたところを、啄木はずいぶん巧みに絵にしたものである。

3 上段の絵と「ヨハネ黙示録」

上段の絵にゆこう。この動物は爬虫類または哺乳類系統のものと考えてよいであろう。もちろん想像上の動物であろう。大沢はペガサスではないかという。しかしそれにしては首が長すぎる。そしてとくに後肢が短すぎる。尾はつけ根が太すぎ、そして長すぎる。しかも巻き方が馬のようではない。こうした点を考えてわたくしはペガサスとはとらず爬虫類系の動物、ドラゴンととる。

ペガサスは『基督抹殺論』にあらわれないがドラゴンはあらわれる。その箇所は次のとおりである。

ミカエルが太陽の天使たるは、猶ほヘルキユレスが然りしが如し。彼れが悪龍と戦ふて之に勝つは、猶ほヘルキユレスが蟒蛇《パイソン》に於ける、ホーラスが妖怪タイホンに於ける、クリシナが大蛇に於けるが如し。波斯人は又悪魔が善に抗敵し、遂に敗滅すべきを信せり。即ち彼等の悪魔なるアーリマンが地獄に囚はる、は、猶ほ黙示録第二十章のサタンの如く、彼れが天より地に遁げ下るは、猶ほ黙示録第七章の赤龍の如し。（九〇～九一頁）

「黙示録第七章」というのは幸徳の誤りである。「天より地に遁げ下る」「赤龍《あかきたつ》」が出て来るのは第十二章である。

さて二つの章のうちの本論に関係ある箇所は以下のとおりである。新約聖書「ヨハネ（約翰）黙示録」第十二章。

……また一《ひと》つの異象《しるし》天に現はる一条《ひとすじ》の大《おほい》なる赤龍《あかきたつ》あり之に七《なゝつ》の首《かしら》と十《とを》の角あり其七の首《かしら》に七《なゝつ》の冕《かんむり》を戴けり

……

斯《かく》て天に戦《いくさ》起れりミカエルその使者《つかひ》を率《ひきゐ》て龍《たつ》と戦ふ龍も亦その使者を率て之と戦ひしが　勝《かつ》こと能《あたは》ず且つ再び天に居《をる》ことを得ず　是に於て此《この》大《おほい》なる龍すなはち悪魔と呼れサタンと呼る、者全世界の人を惑す老蛇《らうじや》地に逐《おひ》下《おろ》さる其使者も亦ともに逐下《おひおろ》されたり

第二十章。

われ一人の天使《てんのつかひ》底なき坑《あな》の鑰《かぎ》と大《おほい》なる鏈《くさり》を手に携へて天より降《くだ》るを見たり　かれ悪魔と称《とな》へサタンと称《となふ》る龍《たつ》すなはち老蛇を執《とらへ》て之を千年のあひだ縛《しばり》置《おか》んとす　之を底なき坑に投《なげ》入れ閉《とぢ》こめて其上に封をなし千年過《すぐ》るまで諸国の民を惑すこと莫《なか》らしむ(9)

第十二章の「赤龍」はローマの帝政、とくにネロの治世を指すといわれる。「七つの首《かしら》」とはローマの七つの丘あるいは七代続いた皇帝を、「十の角」とは皇帝の家臣としての十人の王を、「赤」はローマ帝国元老院を示す緋色を黙示する。啄木がこうしたことを知っていたかどうかは今のところ不明である。しかし啄木がかつてこの「ヨハネ黙示録」を愛読したことはたしかである。盛岡中学校五年生のときに書いた美文「高調」においてこの黙示録の第一章から引用を行なっており、そのことを自ら記している。(10)それだけではない。幸徳が『基督抹殺論』において黙示録の章

をとり出してこれにふれるのは第十二章と二十章にかかわるこの箇所だけなのであるが、啄木作品への影響が研究者によって指摘されているのもほかならぬこの二つの章なのである。もちろん『基督抹殺論』と啄木のそれらの作品とは何の関係もないのだが、不思議といえば不思議な暗合である。上田哲は「秋草一束」[11]への「ヨハネ黙示録」第十二章の影響を指摘し、[12]今井泰子が詩「夕の海」(『あこがれ』所収)への第二十章の影響を指摘している。[13]浪漫主義時代の啄木にあって「ヨハネ黙示録」中のこの二章は特別に印象ぶかい章だったのである。

　啄木が黙示録の第十二章をその浪漫主義時代にどう受けとっていたのかを確認しておくことは本稿にとって重要な意味をもつ。「秋草一束」は一九〇四年秋、『あこがれ』上梓のために二度目の上京を控えていた頃の文章である。その第一節が「反抗の人」と題されており、それは以下にあげるような人達のことである。仏陀、キリスト、プラトー、ルーテル、スピノザ、コロンブス、ワシントン、ワグネル、ニイチェ、トルストイ、ラスキン、ベクリン、兆民、樗牛等。この人たちはみな「熱烈なる真理と美の勇者にして、又猛強なる時代の反抗者」(傍点―引用者)なのであった。啄木はこの点で彼等を賛美する。そして黙示録第十二章が次の一文にあらわれるわけである。

　斯《か》くの如き反抗の人の生涯は、乃ち真理の不正に対し、美の醜に対し、向上の堕落に対し、永遠の生命の永遠の死に対し、完全の不完全に対する不休の戦争にして、毒龍《ママ》の魔軍に勝ちたるミカエルと共に、神意の告示の体現者、不死と理想との天使たらずむばあらざるなり。[14]

「ヨハネ黙示録」はローマの帝制による苛酷な迫害の下に呻吟するキリスト教徒をはげますために書かれた文書であるという。自分が最も尊敬する人々の生涯を時代への反抗の生涯としてとらえ、黙示録のミカエルと龍との闘いにそれらをなぞらえた啄木の読みは黙示録の深奥に迫るものではなかろうか。

　ともあれこう読んで約七年の後、啄木は『基督抹殺論』の中にこの第十二章にもかかわる一文を見出したというわけなのである。

4　秋水の黙示録

ところで、この一文を見出したから啄木が上段の絵を発想したのか、といえばそうではない。そのようなことはありえないと思われる。理由は以下のとおり。下段と中段にシンボライズされた生殖器崇拝・太陽崇拝は『基督抹殺論』の根幹をなすモチーフである。しかしさきに引いた『基督抹殺論』中の黙示録にふれた箇所はちがう。そもそもこの箇所を含む「九　基督教の起源（下）」は著者によると次のような意義しかもっていない。「根本的教義に於て、基督教が単に古代異教の遺物たるに過ぎ」ぬことは「七」「八」によって明らかとなったので「九」の目的はさらに転じて「其枝葉の信条典礼の二三」を考察することにある（八六頁）云々。そして当該箇所はこの「枝葉の信条」の考察のうちのほんの一例にすぎぬのである。こうして『基督抹殺論』中の当該箇所、黙示録第十二章二十章、そして啄木の黙示録理解という線はこのままでは上段の絵と結合できないということになるのである。すでに下段の絵イコール中段の絵であったとすれば、中段イコール上段でなければなるまい。つまり生殖器崇拝、太陽崇拝と同等の『基督抹殺論』中のモチーフがここにシンボライズされているはずなのである。そしてそれは黙示録中のドラゴンと結びついてくるはずなのである。そのモチーフとは何か。それは心あるすべての人が読みとった『基督抹殺論』の隠されたモチーフ、すなわち「天皇制抹殺論」に外ならない。あらかじめ誤解を避けるために一言する。「抹殺」の語義のことである。一八九〇年（明治二十三）前後に、『太平記』に出てくる児島高徳を実在したかどうか疑わしき人物とし、楠公の伝記も否定される部分が多いとした重野安繹や久米邦武らは抹殺博士・抹殺論と旧守派から攻撃されたのであった(15)

が（その頃秋水は二十歳前後の若者であった）、「抹殺」とはまさに、史上のある人物や事件を虚妄としてとり去ること、の意である。さて『基督抹殺論』は秋水の遺著であるにもかかわらずほとんど研究されることなく今日に至っている。奇異の感を受けるほどである。そしてこの書に関するほとんど唯一の研究で、しかも高い評価を得ているのは岩波文庫『基督抹殺論』の「解説」（林茂、隅谷三喜男）である。「解説」は天皇制抹殺論の件をどのように論じているか。きわめて慎重で周到な筆のはこびながら、木下尚江、福田徳三、森戸辰男が天皇制抹殺論としてこの書を読んでいることを紹介し、それからこの件に関する筆者自体の考察を行なっている。考察の結論は次のとおりである。「所謂大逆事件に彼がどの程度に積極的に参預していたのか、またその裁判が妥当なものであったか、ということとはしばらく別に、彼が何時の日にか何等かの方法で天皇抹殺を考えていたことは肯定し得るかのようである。仮にキリストに托して実は天皇抹殺がこの著述に秘めた彼の真の意図であったか否かについてはいま俄かに断定することはできない。現在、これを積極的に肯定するに足りる資料はない。しかし、必ずしもそのような推測をも許さないものではないかのようである。」（一八八頁）この結論もまた（考察過程も含めて）きわめて慎重かつ周到であるかのように見える。が、かなり重要な錯誤がある。それはこういうことである。木下らの読みは天皇制の抹殺論であって荒畑寒村の次のような読みと基本的に一致する。秋水が「『基督抹殺論』によって否定しようとしたのは、単に精神界における迷信的権威」であるキリストだけではなく、「彼の真意は……天皇の神性」の「抹殺」にあったのではないか。[16]「解説」の筆者はこういう読みを受けてその当否を検討するといいながら実は微妙にズレた方向に検討をはじめる。秋水の明治天皇抹殺（＝暗殺）の意図を検討するのである。その結論がさきの引用である。筆者は『基督抹殺論』の真の意図が『天皇抹殺』か否かとの別の問をたてそれに関して結論しているのである。わたくしはこの検討のしかたはそして結論の出し方は誤りであると思う。なぜなら『基督抹殺論』の中に天皇暗殺の意図をつきとめる試みは不毛でかつ不可能だからだ。どんな傍証を書きつらねてもこの書そのものは「真の意図」が「天皇抹殺」にあったことを立証するどのような根拠も示さないであろう。したがってわれわれは木下尚江らの読み方の正否を検討すれば足りるはずである。ごく簡単に見ておこう。

秋水がこの著作の稿を起こしたのが一九一〇年四月上旬。六月一日に逮捕されたときにはあと一四、五枚も書けば脱稿というところまでいっていたといわれる。この書の眼目はまず、キリストは（したがってキリスト教も）虚妄である。ゆえにキリストは抹殺されるべきである。またそうであるならば現代の自分たちはこの迷信からすみやかに脱却すべきである、という点にある。そして秋水はこの書起稿の約一年前にこう述べている。発行前に惨忍なさしおさえにあった『自由思想』初号「発刊の辞」である。

一切の迷信を破却せよ、一切の陋習を放擲せよ、一切の世俗的伝説的圧制を脱却せよ、而して極めて大胆聡明に、汝の信仰、汝の生活、汝の行動が、果して自己良心の論理と宇宙の理義とに合せるや否やを思索せよ。(17)

この頃の秋水は天皇暗殺の意図をはっきりと持っていた。そしてそれは天皇制に対するもっともラジカルな批判にもとづいていた。したがって「一切の迷信」「陋習」「世俗的伝説的圧制」の中にはキリストやキリスト教が含まれているだけでなく、天皇・天皇制が含まれていた。いや後者こそ眼目であった。同じ号の「編輯室より」にもこうある。

然るに我等は唯に宗教問題のみでなく、一層広き意味に此語を用ゐたい、即ち政治問題にも倫理問題にも経済問題にも婦人問題にも矢張習俗的伝説的迷信的の権威に束縛されないで、常に「道理」を以て最後の且つ唯一の判断者としたい、即ち総ての問題に対し総ての方面に向つて「自由思想」を以て進みたいのです。(18)

幸徳はたえず問題を「宗教問題のみでなく、一層広き意味」で考え批判してゆくことをここでも宣言しているわけだが、「政治問題」における「習俗的伝説的迷信的の権威」の筆頭が天皇制でなくてなんであろう。この思想そのものは処刑の日まで変っていないはずであるから――ここでは詳しい論証は省くが――『基督抹殺論』のもっとも深いところに「天皇制抹殺」の意図が秘められていることは確実なのである。被告のうち少なくとも何人かが「大逆」罪で死刑にされるであろうことをはっきり悟っていた一九一〇年十一月に、獄中で執筆した「十二　結論―抹殺し了る」という最後の章には、隠された意図が表面に躍り出さんばかりにひしめいている。まさにこれは一つの黙示録である。最後の一節を引いておこう。（　）の中に入れたのはわたくしが見る隠された文字である。

故に予は下の宣言を以て擱筆す、曰く、基督教徒が（日本人が）基督を（神武天皇なりを）以て史的人物となし、其伝記（『古事記』『日本書紀』）を以て史的事実となすは、迷妄なり。虚偽也。迷妄は進歩を礙げ、虚偽は世道を害す、断して之を許す可らず。即ち彼れが仮面を奪ひ、扮粧を剥ぎて、其真相実体を暴露し、之を世界歴史（日本歴史）の上より抹殺し去ることを宣言す。（一二三頁）

どうだろう！　この烈しさは。天皇抹殺の意図はないが、天皇への怨念ははげしく、青白く燃えたっている。そして幸徳を知る人でこの烈々たる天皇制批判を読み落とした人は一人もいまい。もちろん石川啄木が読み落とすはずがない。啄木は木下尚江らとともにはっきりと読みとっていた。だからドラゴンを書いたのだ。ドラゴンは龍《りゅう》だ。龍とは東洋では天子である。こう読めるなら、下段・中段の絵イコール『基督抹殺論』のモチーフという等式に照応する、上段の絵イコール『基督抹殺論』の（隠された）モチーフ、という等式がなりたち、故に三つの絵は太い等号で結ばれることになる。

5　啄木の黙示（その一）

問題はまだ解けていない。ドラゴン＝龍＝天皇であるとして、この絵はいかにして天皇制抹殺論を黙示しているのか。これが考察されるべきであろう。

上段に天皇制抹殺論というモチーフをシンボライズすることをきめたとき、まずはじめにイメージしたのは天皇＝龍の等式であったと思われる。この等式をシンボライズしていくにあたっては以下の考慮や意識が働いたであろう。

○　「大逆」事件における権力の凶悪さをひしひしと感じていた啄木であるから、ここに直接東洋風の龍を描くのは危険きわまりないことなのは百も承知であった。この絵を描いていたときどこまで本気で出版を考えていたかは疑問であるが、心理の上では人に見られることを意識していたであろうから、難解な中・下段の絵と同じように、簡単に真意を読みとられないものにせねばならなかった。

○　安全のためには（「大逆」罪にひきずりこまれないためには）『基督抹殺論』をシンボライズしたものだと万一見破られても、すべてがこの書の中に見える叙述にもとづいて図案化したに過ぎぬと弁解できるものでなければならなかった。したがって先に引用した『基督抹殺論』中の叙述は格好の一節だった。

○　上段の絵を描こうとしたとき啄木はすでに、右の一節に出てくる黙示録の第十二、二十の両章を念頭においていたであろう。若いときあれほども黙示録に影響された啄木である。しかも『基督抹殺論』には（ミカエルが）「悪龍と戦ふて之に勝つは、……が……に於けるが如し」「悪魔が善に抗敵し、遂に敗滅す……」とあり、さらに「……悪魔……が地獄に囚はる、は、猶ほ黙示録第二十章のサタンの如く、彼れが天より地に遁げ下るは、猶ほ黙示録第七章（第十二章―引用者）の赤龍の如し」と両章のいわば梗概までが示されているのである。これを読んだ啄木はまず両章に関する記憶をよみがえらせていたであろう。そして「秋草一束」で象徴化していたミカエルと悪龍の関係を、かの思想的研鑽を積んだ啄木が大逆事件との関係においてとらえなおし活用することを着想するのは自然の道行きだったであろう。(19)

さて、次に絵そのものを眺めてみよう。子細に見るといろいろな特徴が見出される。まずドラゴンはふつうに見られるそれとちがって前肢は踏んばっておらず前にさし出されている。後肢はほんのわずかしか見えないくらい短く描かれている。腰を落としているのである。このドラゴンはつまり伏せているのである。翼も通常のドラゴンが猛だけしく広げているのにくらべると明らかに勢いを失い、たたまれつつある様に描かれている。尾はどうか。ドラゴンの尾は巻いて描かれるときも尖端は後方のどこかに現われるがここでは尖端は見えない。股の間に尾を入れた様に描かれている。さらに頭部である。この頭部の前面すなわち顔は向かって左側なのか右側なのか、つまりこのドラゴンは前を向いているのか、うしろを向いているのか。断を下しにくいのである。前向きだ、後ろ向きだと見方を変えるとその瞬間瞬間に前向きにも後ろ向きにも見えてくる。ただ、原ノートの絵によってこれを見ると目の右端の線がひときわ太くなっており、そこがこのドラゴンの瞳であるように見える。したがってこのドラゴンの顔を前向きととった場合にも後ろ向きととった場合にも、その視線は後方に向けられているということになる。視線の先に何があるか。翼の上部に人がいる。人は右手を上げてドラゴンの頭部を指さすごとくである。人は中段の絵の山々と同じ色で描かれている。そしてこの白い龍と青い人のまわりは真っ黒で塗りつぶされている。上段の絵は以上のように描かれている。

わたくしはこの絵を以下のように解釈してみる。この絵はまずさしあたりはヨハネの黙示録第十二章および二十章の図案化である。ただし十二章の方では天使ミカエルは「その使者《つかひ》を率《ひきゐ》て」「龍も亦その使者を率て之と戦」ったのであって、いわば両軍の闘いであった。そして龍は「七の首と十の角」をもつ「赤龍《あかきたつ》」であった。他方二十章の方は一人の「天使《てんのつかひ》」がかぎと鎖をもって天からくだって来るのであり「悪魔」である「龍」をとらえてこれを縛り、坑の中に千年間閉じこめて諸国の民を救うというのであった。絵はこちらの方に近いといえる。もちろん十二章をこのように描くこともできる。啄木はともかく二つの章をふまえてこの絵を描いたと言ってよいであろう。

　ところで上の段はただ黙示録を絵にしたのではほとんど意義をもたないのであった。「天皇制抹殺論」という隠されたモチーフとの関連があってはじめてこの絵はここに存在できるのであった。黙示録の絵はさらに読み解かれねばならない。そのためには西洋のドラゴンは東洋風の龍とまず読みかえられねばならない。そして龍は天皇制または「天皇の神性」なのであった。龍はいかなる格好に描かれていたか。後方に視線を送り、尾を股の間に入れ、翼を収めつつ伏しているものとして描かれているのであった。この龍に向かって右手を上げている天使は何によみかえられるべきか。幸徳秋水その人、またはさらに広く天皇制に向かって果敢にも対峙しようとした人々でなければなるまい。しかもこの人物はわたくしがジュラの山地と想定した山々と同じ色なのであった。そこは国際無政府主義運動の一大拠点なのであった。同じ色を使っているのであるから、この人物を無政府主義者と想定してよいのかもしれない。ところで、この天使（＝人物）の頭部の形は奇妙である。どうしたわけか頭頂が尖っている。しかもあごから首にかけてのくびれが明確でなく、鋭角三角形の両辺のように下りてきた頭部の線はそのまま鈍角三角形の両辺の線に変わって両肩の線を構成してしまう。このような像がもたらす奇異の感は、これを編笠をかぶせられた人すなわち囚われ人の絵と解釈するや霧散する。さらに言えば、当時の未決囚の獄衣は青色であった。したがって形からいっても色からいっても解釈上の文脈からいってもこれはやはり囚われて編笠をかぶせられた獄衣の人、すなわち幸徳秋水と、彼に代表される勇敢な人々、「奪はれたる言葉のかはりに／おこなひをもて語らむとする心を、／われとわがからだを敵に擲げつくる心を」（「ココアのひと匙」）もった人々のシンボルと考えるのが妥当であろう。この人物が龍を糾弾する。龍はすくみ降伏する。幸徳らが弾劾し、挑戦する。天皇制はすくみ降伏する。現実の歴史は反対に天皇制がその凶悪な爪牙をむいて幸徳らを屠った。しかし『基督抹殺論』にもられた幸徳らの思想はこの絵のとおりであった。啄木はそれをこのように描いた。そしてぬりつぶされたまわりの黒い色は当代の日本の暗黒を示しているのであろう。

これで三段の絵に関する私の絵解きは一応結着する。

6　啄木の黙示（その二）

さらにもう一つ解くべき部分が残っている。まわりを囲む植物の枝葉である。これは月桂樹またはオリーブの枝であろう。両者の葉冠はともに古代オリンピア祭などにおいて優勝者の栄冠として用いられていた。月桂樹の葉は互生、オリーブの葉は対生である。この絵の葉は対生に描こうとしたものと思われる。しかしよく見ると五カ所ほどは互生に描かれ、二カ所はそのどちらでもない一枚だけの葉が描かれている。こうしてみると啄木には互生か対生かといった意識はあまりなかったと思われる。『広辞苑』の「月桂樹」の項の末尾にこの樹は「デザインではしばしばオリーブと混同される……」とある。オリーブと考えても月桂樹と考えても解釈は変らないはずであるが、啄木のつもりとしては月桂樹だったようである。一九〇二年七月二十五日付の書簡にこうある。「美しい詞壇の月桂冠は今具へられた、見よ大理石の卓子の上には人まち顔に輝いて居る。然し其前を遠く矩だつて立つて居て後許り見て居ても其の月桂冠が決して頭に飛でのさる者ではない。『栄誉』とは進んで取る者の手に落つる木の実である。」[20]　こうして啄木には月桂冠が最も栄誉ある地位を示すシンボルであるという認識は早くからあることが分かる。しかしオリーブについてはこのような理解を示す箇所はないようである。したがってこのデザインの植物を月桂樹としておく。そしてこれは賞讃の意を、あるいは最高の栄誉ある地位を表わすデザインである。

何に対する賞讃か。賞讃されるべき事柄は三段の絵にこめられているはずである。今度はこの絵にこめられた啄木の思いを分析する必要がある。三段の絵の全体はさしあたり『基督抹殺論』を表わすのであるからまずこの遺著に対する賞讃と考えたくなる。しかし、これは分析を要する。中・下段の絵は秋水のイエス抹殺論およびキリスト教批判のシンボルであった。啄木は自己を「強固なる唯物論者」（無神無霊魂論者）と規定しているのであるからこの点では秋水と共通する。しかし啄木に秋水のような偏狭なイエス認識・キリスト教排撃は見られない。むしろさきに見たように少年時代かなり深く聖書に親しんでいる。妹光子は兄から聖書をもらったことがキリスト者への道を歩むきっかけとなったと語っている。一九一一年夏時点でも秋水との間にイエスとキリスト教に関してかなり大きな認識の相違が見られる。たとえばヨハネ黙示録は秋水の『基督抹殺論』の文脈にあっては「古代の太陽崇拝、生殖器崇拝に其源を発せる諸信仰の遺物」（前掲）の一例に過ぎず、「古代神話の糟粕渣滓と残骸断礎」（前掲）の一部分にすぎぬのであって、あのように神秘性に富むものこそ最もはげしく「迷妄なり。虚偽也」（前掲）と論断されたことであろう。ところが、啄木は黙示録を正反対に扱っている。すでに見たように「秋草一束」において自分がもっとも尊敬する人たち、たとえばイエス、ルーテル、ワシントン、ワグネル、（秋水の師）兆民らを列挙しこの人たちを「熱烈なる真理と美の勇者」「猛強なる時代の反抗者」と讃美したのであった。そしてこの人たちの闘いのシンボルとして黙示録第十二章のミカエルと赤いドラゴンとの闘いを見ていたのであった。そしてこの章や第二十章を利用して啄木は上段の絵を描いたのである。幸徳その人は「天使」としてシンボライズされたのであった。黙示録の読みの深さ、確かさにおいて啄木のそれは段ちがいにすぐれている。同時に如上の事実は黙示録に対して、ひいては聖書に対して啄木は秋水と全然異なる態度をとっていたことを示す。すなわち秋水にあって無知と迷妄の書は啄木にあっては一定の条件下では積極的な意味を持ちうる古典の一つなのである。またイエスは歴史上に存在しなかった、と主張する秋水に対して啄木はこの一九一一年八月に「クリストを人なりといへば、／妹の眼がかなしくも、／われをあはれむ」と詠んで妹光子をからかっている。啄木はイエスの歴史的存在を認めているのである。こうして見てくると啄木はイエス抹殺の論に対して一定の理解を示したとしても最終的には同意していなかったと言えるであろう。

上段の絵の「天皇制抹殺論」に対して啄木がどのように相対していたかは絵解きの段階ですでに見た。また国家（天皇制はその中枢部分）への反抗の念の形成とその理論化の過程については小著『国家を撃つ者　石川啄木』の第三章と第五章において一応の考察をした。ここでは立論の暗黙の前提としてきた啄木の天皇制批判を資料的に簡単に確認しておくことにしよう。

一九〇七年（明治四十）一月一日の日記では「聖上睦仁陛下は誠に実に古今大帝者中の大帝者におはせり。……予は　陛下統臨の御代に生れ、陛下の赤子の一人たるを無上の光栄とす。浜のさざれ石の巌となりて、苔むさむまでも、千代に八千代に君が代の永からむことは、我も亦心の底より、涙を伴なふ誠の心を以て祈るところ也」などという啄木であった。だがこれには次の文が続く。「然れども、若し人ありて、聖徳の大なることかの彼蒼の如きを見、また直ちにこの明治文明の一切をあげて讃美し誇揚すべきものとなすあらば、そは洵に大なる誤りなり。……人が人として生くるの道唯一つあり、曰く、自由に思想する事之なり。(22)」明治天皇への崇敬の念と、これとは根本的に対立する「自由に思想する事」とがまだ同居していられるのである。

しかし、この年秋以降小国露堂から社会主義を説かれ、明けて一月四日には西川光二郎等社会主義者の演説を聞くなどの経験をもち、一年近い北海道漂泊を経た啄木は一九〇八年二月十一日の日記に次のように記す。「今日は、大和民族といふ好戦種族が、九州から東の方大和に都して居た蝦夷民族を侵撃して勝を制し、遂に日本嶋の中央を占領して、其酋長が帝位に即き、神武天皇と名告つた紀念の日だ。[23]」ここでは明らかに天皇の神性の否定が見られる。一九一〇年二月の「性急な思想」では権力としての国家の存在をつかみ出した。そしてそれへの反抗の念が頭をもたげているのであった。八月稿の「時代閉塞の現状」では国家に対する宣戦の決意が述べられている。大逆事件発覚後であるから当然国家の頂点にあるのが明治天皇であることは十分に認識しているはずである。一九一一年一月大逆事件に関する「特別裁判一件書類」を読み、この事件の核心をえぐりとった。そして六月、この絵を書いている啄木は「呼子と口笛」ノートの中では元号を使わず西暦を使っている。一九一二年の日記の表記は「千九百十二年日記」である。

さて、啄木の天皇の神性否定――天皇制批判がもっともくっきりあらわれるのは一九一一年十一月起稿の「平信」四の中の次の一節である。

　この島国の子供騙しの迷信と、底の見え透いた偽善の中に握りつぶされたやうな長い一生を送るよりは、寧ろ露西亜のやうな露骨な圧制国に生れて、一思ひに警吏に叩き殺される方が増しだといふ事を（何度）考へたか！[24]

わたくしが傍点をうったところがその一節である。この傍点箇所に一定の考察を加えて啄木の天皇制批判を読みとり、それを指摘したのは今井泰子である。『日本近代文学大系23　石川啄木集』（角川書店、一九六九年十二月）の四七七頁、五六〇頁に示された今井の見解にわたくしは全面的に賛成であるが、さらに以下の付言をなしてこの見地を固めておきたい。

まず引用箇所に前後する「平信」の文脈を見ておこう。「平信」三では大逆事件後の天皇制国家による言論の抑圧とその下にある社会主義者啄木の苦悩が描かれる。それから四になって、イギリスにおける言論の自由（クロポトキンの『THE TERROR IN RUSSIA』が英国議会の「露西亜問題委員会」によって発行されるほどの言論の自由）に対する羨望が述べられる。そしてこの引用箇所があり、そのあとにロシアの「露骨な圧制」の惨忍非道ぶりを憤怒に満ちて紹介・告発してゆくのである（当然のことながらこの裏側に日本の圧制への告発が、とくに幸徳らを縊った大逆事件後の日本の圧制への告発がある）。さてこのような文脈の中に据えられた引用箇所の中の、傍点箇所の前半部分、「子供騙しの迷信」の一句から見てゆこう。この一句を理解するためにまず着目すべきなのは、この句に前後する次の小文脈である。それは、民主主義の発達した国イギリス、「子供騙しの迷信と、底の見え透いた偽善」の国日本、「露骨な圧制国」ロシアという文脈である。この文脈における「迷信」の内容として単なる神道や仏教、また天理教のような新興宗教や種々の土俗信仰をもってきてもまったく文脈をなしえない。またこれらではすぐあとの「底の見え透いた偽善」とすら整合できない。ここは明らかに、天皇制という、「子供騙しの迷信と、底の見え透いた偽善」に覆われた圧制国日本、と読むべき箇所である。

この見解のたしかさは次の文章によってさらに裏うちされる。「平信」の十カ月前に啄木が筆写した幸徳秋水の「陳弁書」の中の一節である。

クラポトキンは倫敦《ロンドン》にゐて自由に其著述を公にし、現に昨年出した『露国の惨状』（"THE TERROR IN RUSSIA"─引用者）の一書は、英国議会の『露国事件調査委員会』から出版いたしました。私の訳した『麵麭の略取』の如きも、仏語の原著で、英、独、露、伊、西等の諸国語に翻訳され、世界的名著として重んぜられてゐるので、之を乱暴に禁止したのは、文明国中日本と露国のみなのです。[25]

"THE TERROR IN RUSSIA"を発行するほどに民主主義のイギリス、圧制の日本・ロシアという同じ構図がここにある。ただし、幸徳はここで日本とロシアという二つの圧制国をくくって指摘するにとどめているが、啄木は――九分九厘まちがいなく幸徳の叙述を脳裏にうかべつつ――両圧制国について独自の分析を加えている。つまり特徴づけを行なっているのである。啄木はロシアを「露骨な圧制国」と特徴づける。そしてこれとの対比においてもう一つの圧制国日本を「子供騙しの迷信」の国と特徴づけたのである。この特徴づけが天皇制以外の何を指示しえようか。「子供騙しの迷信」とは明治の天皇制を特徴づけたことばであり、啄木の痛烈な天皇制批判なのである。

さらに次のことにもふれておきたい。「子供騙しの迷信」と書くとき啄木が大逆事件を生なましく想起していることはすでに見たとおりであるが、であるなら、彼は宮下太吉や管野すがのことばも思い起こしていたにちがいない、ということである。啄木は十カ月前に平出修の特別のはからいで大逆事件をめぐる「特別裁判一件書類」の「初二冊」外を読んでいたのであった。その書類の中に宮下のこんな言葉がある。

そこで私は、尋常の手段ではわれわれの主義の伝道が困難であるから、我国の元首である天皇を斃し、神と思われている天皇もわれわれ普通の人間と同じく血の出るものであるということを知らせ、天皇に対する迷信を打ち破ろうと思い、機会があったら爆裂弾をもって天皇をやっつけようと決心いたしました。(26)

管野はこう言っている、「天子というものは……思想上では迷信の根源になっております」(27)と。（傍点――二カ所とも引用者）　啄木の「この島国の子供騙しの迷信」という言葉は彼に独自の思想上の歩みとこれに合流してきたこれらの人々の言葉とがまじりあってつくり出されたもの、と考えてよいであろう。

次に「底の見え透いた偽善」について見ることにしよう。これもまた大逆事件が介在している言葉であろう。「A LETTER FROM PRISON」の中に次のくだりがある。

（国民の多数は、この大逆事件は）死刑の宣告、及びそれについで発表せらるべき全部若しくは一部の減刑――

即ち国体の尊厳の犯すべからざることと天皇の宏大なる慈悲とを併せ示すことに依つて、表裏共に全く解決されるものと考へてゐたのである。(28)(傍点―引用者)

国民の多数は国家が一方で法にもとづく厳罰を宣告し、他方で天皇の慈悲で減刑するというからくりを使うことは当然と考えていた、と啄木は言う。そしてこのからくりは「国民の多数」から見ればきっと「偽善」ではなかったかもしれない。しかし実際に起こったのは次のような内容を伴ったからくりであった。二〇名近い無実の人々を含む二四名に対して全員死刑の判決を下し(即ち「国体の尊厳の犯すべからざること」を示し)、翌日そのうちの一二名だけを特典を以て死一等を減じ、(その無実の一二名を)無期懲役に処した(即ち「天皇の宏大なる慈悲」を示した)のであった。一九一一年一月二十一日付『国民新聞』の記事ではこうなる。見出し「広大無辺の聖恩　十二名の逆徒に減刑の恩命下る」「天地に容れざる悪逆非道の大罪人二十四名に対する判決あるや渡辺宮相は直に参内其旨奏上したるに陛下には大御気色も動かさせ給はず一語も下され玉はず其まゝ御座あらせられしが軈がて龍顔麗はしく彼等逆徒に対し特典減刑をなすべきやうとも優渥なる御諚を賜はりたれば閣臣等は至仁至慈極りなき大御心に感激し」云々。天皇制に対してすでにきびしい批判をもつ啄木である。大逆事件を根源から認識していた啄木である。彼から見れば天皇制権力のこの猿芝居が「底の見え透いた偽善」でなくてなんであろう。「底の見え透いた偽善」がこのケースだけでとらえられていたのではあるまいが、しかしこのケースこそ啄木の言う「偽善」の集約的表現であることはまちがいないであろう。

こうして、「この島国の子供騙しの迷信と、底の見え透いた偽善」とは、まず第一に天皇の神性の否定であり、その当然の帰結としての当代の天皇制に対する峻厳な批判なのである。そしてこの批判的立場は無政府を最後の理想とする啄木の思想の論理的な帰結でもあった。

天皇の神性の否定、天皇制の峻拒、この点で啄木は幸徳秋水と同じ立場にあったのである。
ひるがえって上段の絵について再度考えてみると、あの絵では、青い色の人物が龍を糾弾しており、龍はその人を見上げげつつすくんでいるのであった。わたくしはそこに幸徳らの天皇制批判の象徴化を見たのであった。この絵は今やもう一層深い意味をもつ。秋水の天皇制批判という黙示を正確に読みとり、それをヨハネの黙示録の正確な読みの裏側に重ね、さらにその一層下に啄木自身の天皇制批判を重ねたものであったのだ。この絵は、いわば三重の黙示録なのである。

結局啄木が月桂樹によって誉めたたえているのは、直接的には『基督抹殺論』が黙示している秋水の峻厳な天皇制批判であろう（同書のもつキリスト教批判については内容的には同調しないが批判を展開した思想のレベル——迷信を打破し「道理」を以て最後の且つ唯一の判断者としようとする態度など——では理解を示したと思われる）。絵はさらに幸徳秋水その人をシンボライズしたものであろう。啄木と秋水との思想上の精密な比較考察をなした人はまだいない。この考察は今後の問題として残されている。今は啄木における秋水への敬意がいかなるものであったかを摘記するにとどめたい。

まず第一に、秋水は堺利彦らとともに日本における反戦運動の先駆者であった。啄木が日露開戦の報に血を躍らせていたとき秋水はすでに頑強な反戦平和の闘士であった。そして一九一一年六月の啄木もまた日本帝国主義へのもっとも鋭い批判者に成長している。今や啄木は秋水のこの面での偉大さを十分に評価できる。したがって尊敬の念を抱いている。[29] 第二に秋水は日本における社会主義運動の中心人物であり、ある時期までは理論上の指導者でもあった。一九〇九年、一〇年の交に平民社訳（実は幸徳秋水訳）のクロポトキン『麺麭の略取』をよみ、大逆事件を経て一九一一年一月、自己を社会主義者であると啄木は宣言するのであるが、この間の啄木に最大の影響を及ぼしたのは秋水であった。[30] 第三に幸徳こそかの強権との間に確執をかもす勇気と果敢な反逆精神とをもつ革命家であった。この側面への敬意がいかに大きなものであったかは大逆事件に関係する啄木の全作品が語っている。「呼子と口笛」はその敬意の最高の結晶でもある。そしてこの敬意は秋水に対してのみならず管野すが、宮下太吉ら大逆事件の他の被告たちに対しても抱いていたのであった。もちろん啄木は管野らのテロリズムに同調していないし、彼らの思想と行動の根拠であった無政府主義に対してもその理論がもつ「性急」さには同調していない。[31] しかし啄木はこの側面の批判のゆえにかの側面に熱い共感と尊敬と同情とを持てぬようなやわな思想家ではなかった。

わたくしは少なくとも以上のような敬意もあの月桂樹にこめられている、と思う。

これをもって「呼子と口笛」の口絵についてのわたくしなりの絵解きを終わる。

注

（1） 小著『国家を撃つ者　石川啄木』（同時代社、一九八九年五月）第六章。

（2） この絵の色合いをもっとも原物近く印刷しているのは監修 岩城之徳　編集 遊座昭吾・近藤典彦『石川啄木入門』（思文閣出版、一九九二年十一月）のグラビアである。必要に応じて参照されたい。

（3） 『啄木と賢治』（みちのく芸術社、一九七六年初夏号）。以下の本文に引かれる大沢の見解はすべてこの論文中のものである。

（4） 第一の引用は幸徳秋水『基督抹殺論』（岩波文庫、一九五四年九月）六六頁から、第二の引用は同七八頁から行なった。以下『基督抹殺論』からの引用は閲覧しやすい岩波文庫版の頁数を引用文末に入れて示すことにする。

（5） 前掲小著一八九頁。

（6） 啄木に皆既日食に関する以上のような知識があったかどうか、直接にたしかめうる資料はない。しかし盛岡中学校四年生の五月十八日にスマトラ、ボルネオ等で皆既日食が観測されており日本からもスマトラに観測に行っている。授業等でこの程度の知識を得る機会はあったものと思われる。でなければまたコロナを描くこともできなかったはずである。

（7）"I went first to Neuchâtel, and then spent a week or so among the watch-makers in the Jura Mountains." P. Kropotkin: *Memoirs of a Revolutionist*, vol. II. (London, 1899) p. 65.
（8）P・クロポトキン著・高杉一郎訳『ある革命家の手記』下（岩波文庫、一九七九年二月）七一頁。
（9）いずれも元訳（すなわち啄木の頃に普及していた版の訳）である。不要と思われるルビを除いた。一字アキの箇所は文頭に節を示す数字があったがそれを除き、一字アキのみを残したものである。
（10）『石川啄木全集』第六巻（筑摩書房）、三五一～三五二頁。以下『全集』⑥—三五一～三五二の如く略記する。
（11）『全集』④—四五～五〇。
（12）上田哲「啄木のキリスト教受容と社会主義への移行」（笹淵友一編『キリスト教と文学』II、笠間書店、一九七五年四月所収）。
（13）『日本近代文学大系23　石川啄木集』（角川書店、一九六九年十二月）五四一頁。
（14）『全集』④—四五。
（15）『明治文学全集』78（筑摩書房）「解説」（松島栄一）。
（16）荒畑寒村『寒村自伝』上（岩波文庫、一九七五年十一月）三二七頁。天皇の神性の否定は当時にあっては即当代の天皇制の批判さらには拒否であった。したがって荒畑の言うところは「天皇制抹殺論」なのである。
（17）『幸徳秋水全集』第六巻（明治文献資料刊行会、一九八二年四月）四七六頁。
（18）前掲『幸徳秋水全集』四八〇頁。
（19）前掲小著第五章。
（20）『全集』⑦—一二。
（21）『全集』⑦—三四六。
（22）『全集』⑤—一三〇。
（23）『全集』⑤—二一七。
（24）『全集』④—三七二。
（25）『全集』④—三四六～三四七。

(26) 塩田庄兵衛・渡辺順三編『秘録大逆事件』上（春秋社、一九五九年九月）七八〜七九頁。
(27) 前掲『秘録大逆事件』一〇四頁。
(28) 『全集』④—三五六。
(29) 『全集』④—三三五〜三三八。「林中文庫　日露戦争論（トルストイ）」など。
(30) 前掲小著第五章の二。
(31) 注(30)に同じ。

三　「呼子と口笛」の扉絵考

詩人石川啄木の到達点は、わずか八篇の詩からなる手製の、未完の詩集「呼子と口笛」である。啄木は詩集に二つの絵を描いた。扉絵と口絵である。口絵については前節のごとき絵解きがすでになされた。扉絵（図1）については、これが詩集に使用された大学ノートのすかしを模写したものであることは知られていたが、それ以上のことは分からなかった。にもかかわらずこのデザインはこれまで、はるか以前から啄木関係の文献の装丁等に利用され、また玉山村の石川啄木記念館正面の装飾などにも利用されており、いわば愛好されてきたものであった。上品できわめて西洋風なこのデザインは不思議な魅力をもっていると見える。口絵の異様な暗示性、鬱積した迫力とは対照的なイメージを与える。わたくしは以下のような経緯で扉絵のおおよその意味をさぐりあてるにいたった。

絵解き　郵送されてきたパンフレット「メガ支援日本委員会会報」（第四号、一九九二年二月）の表紙をながめておどろいた。（おそらく十九世紀中葉に）カール・マルクスが使ったノートの表紙に扉絵そっくりの絵があったのである（図2）。メガとはMARX／ENGELS GESAMT AUSGABE（マルクス・エンゲルス全集）の略称（MEGA）である。この絵はヨーロッパ人にはよほどポピュラーなデザインなのかもしれない、との思いがよぎった。さっそく成城大学で西洋古典学を講じておられる逸身喜一郎教授にご教示を仰いだ。氏からさっそくご返事があった。これは *Great Britain*（大ブリテン島）および *British Empire*（大英帝国）を象徴する女人像、ブリタニアであろう、とのことであった。見本として五〇ペンスコインを見せていただいた。かぶと（ヘルメット）をかぶり右手に三叉の鉾を持ってユ

図1

図2

図3

図4

ニオンジャックの図柄の楯をおき、左手に植物を持ってライオンを従えているブリタニアであった。こうして突如目の前が開けた。

私は自分のもつ五ポンド紙幣を思い出した。以前ロンドンから持ちかえり両替しようとしたところ三菱銀行にはこの新紙幣の見本が届いていないということで両替できないままにこれを持っていたのである。この紙幣を帰宅してすぐさま手にとって見た。ブリタニアがいた。扉絵やマルクスのノート表紙絵とほとんど同じ要素からそれは成り立っている（図3）。次にマルクスのノートはいつ頃の製品であるかを確かめることにした。彼はこのノートをグスタフ・フォン・ギューリッヒ『当代の主要な貿易諸国家における商業・工業および農業の記述史』の抜粋に用いたのであった。成城大学経済学部上野格教授にMEGA IV の6を見せていただき、マルクスがこのノートに抜粋を始めたのはベルギーのブリュッセルに亡命していた一八四六年であることが分かった。

右手の植物は何か。この難問を『事典　英文学の背景』（既刊三冊）の著者三谷康之教授に伺うことによって、他のいくつもの事柄もあわせて教えていただくこととなった。植物はオリーブの枝であり、平和の象徴としてもっとも用いられること、槍（または三叉の鉾）は武勇の象徴であること、ブリタニアは島の上に座しているのであること、“*Britannia rules the waves*”という詩句があること、など。

以上によって扉絵の絵解きを私なりに次のようにまとめてみた。女人はブリタニアである。彼女はブリテン島に腰をおろし、*waves*（波）すなわち海を支配している（七つの海を意味するのであろうか）。右手の植物はオリーブで平和を象徴し、左手の槍は武勇を象徴する。楯は「呼子と口笛」ノートの透かしでも、マルクスのノートの表紙絵でも白い十字架（形）になっているが、楯の機能から考えて大英帝国を守護するキリスト教的な力を意味するものと思われる。まわりをかこんでいるのは種々の冠の中でも最高の冠つまり王位の冠である。

うか。今のところそう判断すべき根拠はないようである。「呼子と口笛」という詩集の性格から考えて、その扉に大英帝国の象徴を持ってくる必然性は考えられないのである。北原白秋の『思ひ出』の表紙絵（トランプのクィーン）に対抗するものとして（『思ひ出』に扉絵はない）透かしのブリタニアを用いたのではないか、という岩城之徳教授の見解は魅力的である。

絵解きを終えて――二つの暗合　啄木はこれをブリタニアすなわち大英帝国の象徴と知って扉絵に使ったのであろ

最後に、この扉絵にまつわる二つの暗合にふれておこう。

その1。大英帝国に日没のなかった頃、ブリタニア入りの表紙をもつノートを亡命中の青年マルクスが使用して、のちの大著『資本論』に結実する経済学研究のはるかなる道程をあゆんでいた。それから約六十数年後の一九一一年に日本の青年詩人石川啄木はその社会主義研究の結果ついにマルクス主義に接近したのであった（啄木は日本におけるマルクス主義者の源流に位置する一人といってよい。そして「呼子と口笛」はその思想的達成の成果でもあった）。まさにそのときに、「呼子と口笛」の扉絵に用いたブリタニア像がマルクスのノートのかの表紙絵と同一デザインだったのである。

その2。啄木は扉絵としてブリタニア像をデザインに用いたとき、楯の十字架（形）を赤く塗った。この偶然の行為がかの異様な口絵を描かせることになるいきさつは前節ですでに推理したところである。つまり啄木は赤く塗ったことで目立った十字架と西洋風の上品な女神像を眺めているうちに幸徳秋水の『基督抹殺論』中のモチーフにかかわる内容を思い出す。キリスト教の一つの起源は生殖器崇拝、他の一つは太陽崇拝である、男性生殖器の記号の一つは十字形である、女神信仰は女性生殖器崇拝の一変種である、と秋水はいった。十字架と女神がここでは一つの絵に組み合わさっている。そういえば両性生殖器結合の記号としては♀がある、ともいう……。たとえば以上のようにして

啄木は『基督抹殺論』のモチーフの図案化を思いたったのである。（図4）

さて、啄木は口絵下段の●✝と中段の黒い太陽によって『基督抹殺論』の表のモチーフをシンボライズしたのち、上段に、隠されたモチーフ「天皇制抹殺論」をシンボライズしたのであった。表向きは聖書の中の天使ミカエルの龍退治という構図であるが、それは秋水らによって糾弾されひれ伏す龍すなわち天子を黙示しているのである。この口絵は啄木自身の峻厳な天皇制批判をもまた黙示しているのであった。

ところで、これも逸身教授のご教示によるものだが白地に赤い十字架はセント・ジョージの十字架 *Saint George's cross* と呼ばれるものである。セント・ジョージは西洋ではミカエル天使とならんで龍退治の英雄として知られる聖人である。そしてイングランドの守護聖人である（五ポンド紙幣の楯の十字架は原物では赤くなっており、これは明らかに *Saint George's cross* である）。扉絵の楯に啄木が赤を塗ったとたんに、その楯はミカエル天使の龍退治（つまり口絵の上段の絵）と同一内容を意味するものにかわってしまったのである。もちろん、啄木はそのことを知らなかった。

四　「墓碑銘」創作素材の多様性

1　確認ずみの素材

未完の詩集「呼子と口笛」の中の一篇「墓碑銘」は『啄木遺稿』（東雲堂、一九一三年）所収となって以来、とくに左翼運動にたずさわる人々から高い評価を受け、愛誦されてきた。他方〝挫折〟〝敗北〟の啄木像をつくり上げる人々にはこの作品の評価はあまりかんばしくはないようである。

『日本プロレタリア文学集36　プロレタリア詩集[1]』（新日本出版社、一九八七年）の解説で土井大助は「墓碑銘」について大要次のように書いている。

「墓碑銘」の「かれ」の労働者像は十八年後「戦旗」に発表される小林園夫の「あいつ安んぜよ」の「あいつ」像に通う。革命的気概の不屈さ、現状を視る眼の冷徹さ、革命的使命の意識と献身性などの点において。「二十年近くをへだててそれぞれの時代背景の中におかれたこの二人の詩のプロレタリア的主人公の姿と、それを詩として鮮明な形象にまで刻んだ迫力ある詩精神の双方のありかに、プロレタリア詩の真髄、全体として三十年たらずの時代を生きたプロレタリア詩の動向の芯のところを貫く真髄を見たいと、私は思う。」

本稿ではこの「墓碑銘」の創作に作用したと思われるいくつかの契機を考察したい。「墓碑銘」は最終的に「呼子と口笛」に定稿が収められているが、それ以前の過程を簡単に記すと次のようである。一九一一年六月十五日から十七日にかけて啄木は長詩「はてしなき議論の後」**一**～**九**を制作した。そのうちの第六番目の詩が二度の推敲を経て、「墓碑銘」という表題を与えられ「呼子と口笛」に編集される。この推敲過程に関しては、すでにわたくしが論じてある。(1) 今回問題にするのは、最初に「はてしなき議論の後」**六**が成立するまでの過程である。したがって「墓碑銘」の初稿にあたる次の詩を論じることになろう。詩を引こう。

六

我は常に彼を尊敬せりき、
しかして今も猶尊敬す——
かの郊外の墓地の栗の木の下に
彼を葬りて、すでにひと月を経たれど。

実に、我等の会合の席に
彼の見えずなりてより、すでにひと月は過ぎたり。
彼は議論家にてはなかりしかど、
なくてかなはぬ一人なりしが。

ある時、彼の語りけるは、
「我に思想あれども、言葉なし、

故に議論すること能はず。

されど、同志よ、我には何時にても起つことを得る準備あり。」


「彼の眼は常に論者の怯懦を叱責す。」

同志の一人はかく彼を評しき。

然り、我もまた度度しかく感じたりき。

しかして、今やその眼の再び開くことなし。


彼は労働者――一個の機械職工なりき。

彼の腕は鉄の如くなりき。

しかして彼はよく読書したり。

彼は実に真摯にして、思慮ある労働者なりき。

彼は二十八歳にいたるまで――
死ぬ時まで――その童貞を失はざりき。
彼は煙草を用ゐざりき、
また、酒を用ゐざりき。

「今日は五月一日なり。我等の日なり。」
これ彼の我にのこしたる最後の言葉なりき。
その日の朝、我彼の病を見舞ひ、
その日の夕、彼遂に永き眠りに入れり。

彼の遺骸は、一個の唯物論者として、
かの栗の木の下に葬られたり。
我等同志の撰びたる墓碑銘は左の如し、
「我には何時にても起つことを得る準備あり。」

この詩における労働者像を彫琢するにあたって啄木にはどのような素材があったのであろうか。まず従来の指摘を確認しよう。三つある。

一、宮下太吉。これについてはすでに述べた。

二、荻原守衛の彫刻「労働者」。一九〇九年の第三回文部省展覧会で啄木はこれを見た。啄木はおそらく会場で求めたのであろう、よりによってこの「労働者」像の絵ハガキをたくさん買ったという。そして金田一京助にも「いくら見ても飽きぬは此男のツラに候。田中氏の具象理想論に感服したる小生はかういふツラを見て一方に英気を養はねばならず候」と書いて送っている。碓田のぼるは「墓碑銘」の労働者のイメージは、そのまま碌山の「労働者」と重なるわけではないが、碌山がこの作品にこめた思想性「日本の労働者階級の後進性と、それをにじり返して進もうとしている変革の力」を啄木は正当にも直観したと指摘している。[2] 啄木が労働者像を造形しようとしたとき、この像を思いうかべたであろうと考えてよいとわたくしも思う。なぜなら啄木が文字で彫りあげようというのは不敵の不屈の労働者像なのであるから。

三、これまたよく指摘されることであるが、そして、推敲がすすむほどにその側面が濃くあらわれてくるのであるが、クロポトキンの自伝 *Memoirs of a Revolutionist* のなかにあらわれるヨーロッパの革命的労働者像の表象である。これがこの詩の労働者像の一源泉である。たとえばこの自伝には次のような箇所がある。「もう一つ私が強い印象をうけたのは、第一インターナショナルのなかに人間を高める力がひそんでいることであった。パリからきている第一インターナショナルのメンバーは、ほとんどすべて禁酒していたし、タバコは誰ひとりすわなかった[3]」と。第六連が、とくに次の二行「彼は煙草を用ゐざりき、／また、酒を用ゐざりき。」が右の叙述と深く関連していることはほぼまちがいあるまい。またその叙述の前後には「よく読書し」「実に真摯にして、思慮ある労働者」たちはふんだんに出てくる。[4]

これが、これまでに指摘されている源泉である。

わたくしは、以上の外にも啄木が革命的な近代労働者像を彫《え》り出すにあたって表象したであろうモメントが存在すると思う。それを次に見ることにしよう。

2　旧日本鉄道の機関士

一九八五年三月、遊座昭吾は重要な啄木書簡を紹介した。この書簡は海沼イヱ（後述）の死を弔うもので四〇〇字詰原稿用紙三枚に書かれている。以下に第三枚目のみを引く。

私をのぞいては、家の者は皆丈夫です。他事ながら御安心下さい。

今君に逢つたら、さぞお互ひに変つた事を驚くでせう。是非一度逢つて昔の話をしてみたい。まだ病気になる前の事だが、或る必要から旧日本鉄道会社の機関士の同盟罷業の事を調べてゐて、ひよつと君の家に厄介になつてゐた頃の事を思ひ出した事がありました。何といふ名前の人だつたか忘れたが、その仲間の機関士が二人君の家にゐて、二日も三日も酒をのんで休んでゐた事があつた。その時君の母上が「ストライキをやつてるのだ」と話したことを私は朧ろ気に記憶してゐた。その事は君はもうお忘れかも知れないが、然し二人の追懐には外に沢山共通の点がある筈である。是非一度逢ひたい。

工藤氏の御一家及び君の奥さんによろしく。

六月二十七日　　石川啄木

海沼慶治様

君も知つてるでせう、私の姉の娘のいねといふのを。あれは今東京に来てゐます。

「六月二十七日」とは一九一一年（明治四十四）六月二十七日のことである。「海沼慶治」は『石川啄木全集』第七巻（筑摩書房）解題等によると次のような人物である。啄木の母カツの姉、海沼イヱの娘ツヱの長男である。慶治は一八八五年（明治十八）生まれで、八六年二月生まれの啄木とは四カ月半しかちがわない。啄木は一八九六年（明治二十九）から一九〇〇年（明治三十三）まで四年近くも慶治の家に下宿していた。すなわち盛岡高等小学校時代から盛岡中学校二年生の一月までをそこで過ごしたのである。したがって慶治はこの少年時代の友である。慶治の家はイヱ・ツヱ・慶治の三人暮しであり、日本鉄道（のち一九〇六年に買収されて日本国有鉄道の一部となる）盛岡工場の労働者を相手とする素人下宿をやっていた。慶治は、一九〇五年（明治三十八）盛岡中学校を卒業後釜石鉱山田中製鉄所（のちに田中鉱山株式会社）に職員として勤務し、この書簡を受け取った頃もその職にあった。

書簡の内容を検討してみよう。

この書簡そのものの目的はおくやみなのであるから全体の調子はしめやかである。にもかかわらずここに引いた三枚目にはまことに興味深くかつ意外な思い出が語られている。「旧日本鉄道会社の機関士の同盟罷業の事」である。このストライキについて瞥見してみよう。典拠は啄木もまちがいなく読んでいた片山潜・西川光次郎『日本の労働運動』(5)である。

一八九八年（明治三十一）二月初旬「我党待遇期成大同盟会」と題する一秘密出版物がどこからか飛び来たり、日本鉄道各駅機関方の手に落ちた。内容は次の如くであった。会社は保線課その他に対しては賃上げを行ないながら機関方には行なわない。日清戦争の時軍隊輸送の任にあたるものとして機関方・火夫・駅長・助役は「准軍人」とみなされた。そこで戦後駅長・助役には多額の賞与がおりた。しかし、機関方・火夫には何の賞与もない。また機関方・火夫に対する蔑視はひどく、ある駅長は自分らを馬あつかいにし、別の駅長は「阿房の長上」だという。抗議すれば辺境の地へ飛ばされ、辞職しようとすれば「免職」にしたり、「若くは出世を妨害する手段を採」ったりする。「機関方は怒らざるべからず。」そこでまず機関方は、機関方と火夫の臨時昇給の実現と待遇改善を要求して東西南北より歎願書を会社側に送りつけよう。これは我々の「心中にて確く同盟」したものであるから「会長もなく幹事も書記もな」い。「又犬の愁」もないし「反心者の悲もな」い。「少しく仮令は非なれども彼の露国の虚無党の如く欧州の社会党の如くせん」と。

会社側はこれに対して「探聞」を行ない尻内・青森・一ノ関に在勤の石田六次郎ら十名を解雇した。それで火を消したつもりになっていた。ところが、二十四日から二十五日にかけ福島の機関方を中心として上野、宇都宮から仙台、青森に至る機関方は電報によって気脈を通じ、四百余名が一時にストライキに突入。ために上野・青森間の列車は全面ストップした。その結果、「会社の狼狽一方ならず」。労働者側はその後もみごとに交渉し、みごとに要求を獲得した。労働者側の快勝であった。「我党待遇期成大同盟会」は「矯正会」という名の労働組合に発展転化した。

わが国の労働運動は日清戦争（一八九四〜九五）前においては前近代的性格が強く、本格的な近代的労働運動が起こってくるのは一八九七年（明治三十）からであるとされている。そしてこの「同盟罷業」は翌九八年二月に起こったのである。日本鉄道の機関方はすぐれた組織性と高い規律性を示し、巧妙な戦術を用いて堅実に闘った。これは労働者階級と資本家階級の長期にわたる闘いの火蓋が切って落とされてすぐにかちとられた勝利、いわば緒戦における勝利であった。『萬朝報』はこれを「近来の一大快事に非ずや」とたたえた。(6)

啄木は以上のような事件の経過をくわしく知っていた。それどころか書簡中には「或る必要から旧日本鉄道会社の機関士の同盟罷業の事を調べてゐて」とある（傍点―引用者）。この部分は『日本の労働運動』のように労働運動に関して総体的に記述しているものではなくて、このような著作からさらに立ち入って何らかの記録を「調べてゐ」たと読めるのではないか。啄木がこのストライキになみなみならぬ関心をよせた時期のあったことが「調べてゐて」の一句の中に表出されていると言ってよいであろう。

啄木が「墓碑銘」において革命的な近代労働者像を彫り出して数日も経たぬうちに書かれたのがこの書簡であることをふまえるなら、以上の知識や関心が「はてしなき議論の後」**六**の制作時から「墓碑銘」完成にいたる啄木の内面に躍如としていた、と考えるべきであろう。

さらに「旧日本鉄道会社の機関士」が結成した労働組合すなわち矯正会について、前掲『日本の労働運動』に次のような記述がある。

尚矯正会内に起りつゝある悦こぶべき一現象あり。夫は矯正会員にして禁酒会に入り、基督教会に入る者、増加しつゝあること之なり（目下矯正会は二百名の禁酒会員あり）。

同盟罷工の主謀者として解雇されし十名の中五名は、基督教信者なることは先きにも記せしが、此の五名の中最も熱心なる基督教徒にして玆の『我党待遇期成大同盟会』てふ秘密出版物の作者なる石田六次郎氏は、矯正会員中の有志を誘ふて三十一年の暮に禁酒会を起し、基督教主義を説きしに、始めは禁酒会を馬鹿にし、基督教を冷笑するものも少なからざりしが、次第〳〵に其の数は減じて之を賞賛する者と入会する者増加し、今や矯正会員にして禁酒主義と基督教主義を取れる者頗ぶる多しと聞く(7)

とすると先の二行「彼は煙草を用ゐざりき、／また、酒を用ゐざりき」の源泉としてはクロポトキンの自伝とともに『日本の労働運動』もまた数えられるべきであろう。

書簡は次のことも教える。

啄木が身近で最初に見た近代的労働者（たとえさまざまの前近代的なものをまとっていたにせよ）は「何といふ名前の人だつたか忘れたが、その仲間の機関士」一人であったこと、しかもその一人はなんとあの「ストライキをやつてる」労働者だったこと、がそれである。

もう一つ次のこともつけ加えておこう。啄木は長姉さだを心から愛していたが、その夫つまり義兄は田村叶という人であった（書簡末尾の「いね」は田村夫婦の娘である）。彼も一九〇〇年から三年十カ月の間日本鉄道盛岡工場の労働者であった。そしてその後小坂鉱山の労働者になった。読書が好きなモラルの高い人物であったという(8)。

こうして「墓碑銘」の労働者像は、今わかるだけでも十二歳の頃に見た労働者や自分の義兄のような具体的な労働者からつながって、現実にみごとな闘いぶりを見せた「我党待遇期成大同盟会」→「矯正会」の労働者たちのイメージ、荻原守衛の彫刻「労働者」、クロポトキン〈自伝〉中に出てくる西ヨーロッパの先進的労働者像等多くの豊かなイメージを契機としてはらみつつ、成立してきたことがわかる。もちろん、像の核心と衣装とは宮下太吉である。そしてさらにこの作品の推敲過程においては自画像化も行なわれている(9)。

3　深尾韶の書簡「告別」

「はてしなき議論の後」**六**の制作にあたってもう一つの重要なモメントがある。『大阪平民新聞』第八号（一九〇七年〈明治四十〉九月二十日）第十三面に出ている次の記事である。

告別

深尾　韶

森近兄足下、予は遂に諸君にそむかざるべからず、同志諸兄姉、予は遂に諸君と相別れざるべからず。予は病みたれば！

森近兄、予は無学無識なる事は君の知る所の如し。故に予は唯この頑健なる体軀を以て不断の戦闘を為すをば我が取るべき唯一の途となしたりき。不断の戦闘、蝸牛の歩みなせる遅く且つ堅実なる運動、こを外にしては、予の社会主義の為めに為すべき事はあらずと思ひぬ。されど今予は病みたり。一文を綴るさへ堪へざる迄に健康は衰へたり。兄よ、予が病は肺なり。

同志諸君、予は今、予が唯一の有るものを失へり。あゝ頑健なる体軀、これ最早永久に予のものにあらず。此の唯一の武器を失ひたる予は、如何にして諸君と運動を共にすべき。

森近兄、予の血統には未だ嘗て肺患者を出せし事あらざりき。而して予の体格も亦肺患に適せざること君の見る所の如し。長身蒲柳の人にして肺病たる或は極めてふさはしかるべからんも、予の如き短軀肥大、黒面緒膚の人にして肺病患者たらんは、宛も閻魔の神経衰弱症にでも罹りたるが如くにして、決して見ッとも善きものには非ず。

森近兄、予は今かく決せり。妻は放ちて北海道の実家に帰らしむべく、予は医師の許しを得次第、此不衛生の地を去りて東海の名区、興津海岸附近の父母の家に病を養ふべし。かくて風漸く淅瀝たらんとする比ほひに及ばゝ、彼の社会党大会の裁判決定して、予の病軀は獄に拉し去らるべし。

主治医は曰く、今獄に下らば命保すべからずと。さらば森近兄、同志諸君これ予が最後の訣別なり。唯幸にして下獄前に健康を回復し得ば、或は再び諸君と相見ゆるを得べきか。是れ予の希望なり。

森近兄、孤軍援けなき所に、尚ほ健闘せよ。唯乞ふ健康をば損ずる勿れ。

同志諸君、秋風漸く膚に宜し、乞ふ健在なれ。さらば萬国の同志よ。（九月十三日記す）

△記し終りし時、裁判所より呼出状あり、昨年の電車事件凶徒聚衆の控訴公判は愈《いよい》よ九月十八日より開かるべしと。あゝ予は転地も養痾もする能はず。

まず啄木がこれを読んでいたかどうかであるが、読んでいることはまちがいない。第一にこの日付の『大阪平民新聞』を読んだことはその第六面の「マルクスの『資本論』㈢　山川均」を丹念に筆写していることによってわかる。第二に十二面に「万国社会党」の記事がありこれを読んでいないということはありえない。なぜなら啄木が筆写した「第七回万国社会党大会」(10)を丹念に見てみるならば、それは『大阪平民新聞』第六号から第十五号までの間に出た記事を実に丹念に読んだ上で「多少の私意を加えて」まで書き写したのであるから。六号から十五号までの間にこの大会に関して報ずる記事は第六、八、九、一〇、十一、十五号の六回分しか出ておらず、他の五回分を綿密に読んでいることは「第七回万国社会党大会」によって確認できるから、のこる一回の当該記事は相対的に小さい記事だからといって読みおとしたとは考えられない。そして問題の記事「告別」は見開きの左側頁のトップから三段目までを使って（全四段のうち）載せられてある。そして今見たように冒頭でよびかけられた相手は森近運平なのである。森近は無実のまま、宮下らの企図と完全に無関係なのに、すでに処刑された社会主義者であった。彼は当の『大阪平民新聞』の発行兼編集人であるとともに明治社会主義の理論書の最高峰『社会主義綱要』（鶏声堂、一九〇七年）の共著者でもあった。この『社会主義綱要』を啄木は持っていた。当然読んでいたと考えられる。左側の頁にはそうした人へ呼びかけた記事「告別」があったのである。啄木はこの記事を必ず読んでいたにちがいない。

次に筆者の深尾韶であるが、彼の名も啄木が知っていた公算は大である。啄木が所持し、読んでいた『社会主義研究』（合本）（由分社、一九〇六年）の「印刷人」として「発行兼編輯人堺利彦」とともに裏表紙の見返しに名を連ねている。近刊が予定されていた『小供の社会主義』の著者としても見返しの広告に名が出ている。また『大阪平民新聞』の一号から五号までに連載された社会主義的童話「鹿の兄」の作者も深尾韶なのである。啄木ならとうにその名を銘記していたと考えられる。その人が森近運平に、わが命は旦夕に迫ったと訴えたのである。深尾という人に――当時の社会主義者としては――少々の気の弱さ、小心さ、センチメンタリズムを感じなくもないが、それらを越えてこの文は人の心をうつ。以下「墓碑銘」との共通項である。

「森近兄、予は無学無識なる事は君の知る所の如し。故に予は唯この頑健なる体軀を以て不断の戦闘を為すをば我が取るべき唯一の途となしたりき。不断の戦闘、蝸牛の歩みなせる遅く且つ堅実なる運動、これを外にしては、予の社会主義の為めに為すべき事はあらずと思ひぬ。」これと、「我に思想あれども、言葉なし、／故に議論すること能はず。／されど、同志よ、我には何時にても起つことを得る準備あり」と語りかける「真摯にして、思慮ある労働者」のイメージとの間に通うものを見出すのはわたくしだけではあるまい。またくりかえし使われている「頑健なる体軀」という語、また「予の如き短軀肥大、黒面赭膚の人……」というくだりは、その「腕は鉄の如く」で象徴される詩中の労働者のたくましい体軀と共通する。

そして最後に「されど今予は病みたり。一文を綴るさへ堪へざる迄に健康は衰へたり。兄よ、予が病は肺なり」「主治医は曰く、今獄に下らば命保すべからずと。さらば森近兄、……孤軍援けなき所に、尚ほ健闘せよ」といった部分。筆者の、わが命は旦夕に迫れりの感と同志への「告別」の辞とは詩の第七連「『今日は五月一日なり。我等の日なり。』／これ彼の我にのこしたる最後の言葉なりき。／その日の朝、我彼の病を見舞ひ、／その日の夕、彼遂に永き眠りに入れり。」と通底するものがある、とわたくしは思う。この場合の両者の間には、一方では先に見た「体軀」や「無学無識」云々などの場合と同じく、労働者像構築のための素材と、それから作り出された作品（の一部分）という関係がある。が、他方ではもう一層深いところでの関係、つまり詩の基底にある情感そのものが「告別」の中から抽出されている、という関係が両者の間にある。すなわち病に倒れて命旦夕に迫った革命家が共に闘ってきた同志に別れを告げるという事態が読み手に与える悲愴、これを啄木は「告別」から感じとり詩に移しかえたのである、ということができよう。

「はてしなき議論の後」**六**は以上のような諸契機をとりこみつつ創作されたのである。そしてさらに第二稿、最終稿へと推敲され「墓碑銘」となるのであった。

注

(1) 小著『国家を撃つ者　石川啄木』(同時代社、一九八九年)第六章。

(2) 碓田のぼる『石川啄木』(東邦出版社、一九七七年)一九五頁。

(3) クロポトキン著・高杉一郎訳『ある革命家の手記』(下)(岩波文庫)六七頁。

(4) 前掲書五八〜八一頁。さらに平岡敏夫『日露戦後文学の研究』下(有精堂、一九八五年)三九〇〜三九四頁参照。

(5) 引用は岩波文庫版(一九五二年)の『日本の労働運動』より行なった(八九〜九五頁)。

(6) 名著『日本之下層社会』の著者横山源之助は「其戦闘準備整然として同盟者の意気込甚だ盛んなりしかば一時は天下の与論をして此の一労働運動に注目せしめ」たと書いた(「日本の社会運動」、岩波文庫版『日本の下層社会』)三一一頁。
また社会主義者の週刊新聞『直言』はこの時より七年も後の一九〇五年四月九日付の一面トップ記事(「労働運動の復活期」)の中にこう書いている。「看よ、明治三十一年の二月、春浅くして風尚ほ肌に寒きの時、日本鉄道会社の機関方及び火夫数百名に依て断行されたる壮厳《ママ》雄大の同盟罷工を、当時彼等が飛ばしたる無飾の檄文は実に圧制軽侮の底より自覚せる一般労働者の声たりし也。」「若し彼等にして突然其手を離さんか、万事休す、汽車は一分だも一厘だも進行すること能はざる也、貪欲の会社は仰天狼狽せり、無情の社会も喫驚覚醒せり、会社も社会も尤も軽蔑無視したる微賤なる機関方と火夫とは尤も正々堂々の態度を以て勝利の結局を告ぐることを得たり」と書いた。この「直言」の記事については、啄木が目を通している可能性がある。

(7) 前掲書(注5)九七頁。

(8) 吉田孤羊『啄木発見』(洋々社、一九六六年)二一七〜二五一頁。

(9) 注(1)に同じ。

(10) 『全集』④—四三九〜四五三頁。

第三章　啄木とリヒャルト・ワーグナー

一　啄木十七歳のワーグナー研究と英書

1　啄木が〝読んだ〟四冊

評論「ワグネルの思想」は、石川啄木の頭脳のすぐれた論理性と事物を根源まで究めねばやまぬ強靱な思索力とを示していて、一の壮観である。それはまた時代思潮の尖端を見きわめてゆく俊敏なまなざしと、必要な思想を摂取するときのあきれるほどの明晰さと力強さとを示している。十七歳の少年の作品ながら、思想家としてのすぐれた資質がすでにそこにきらめいている。そしてそのようなものであるなら、それは当然後年の石川啄木の思想の一源泉としてもとらえられるべきものである。この評論は、未完ながら、啄木の初期評論中もっとも注目されるべき一篇に属する。

ところがこの評論自体の注釈といった基礎的な仕事は案外進んでいない。そのような基礎的作業の一環として、「ワグネルの思想」執筆にあたって啄木が参考にしたワーグナー関係の文献をさぐることにしたい。あわせてこの作業から派生する若干の問題にもふれるであろう。

啄木は「ワグネルの思想」を執筆するにあたりどのようなワーグナー関係の文献を参考にしたか。

一、周知のものとしては、姉崎嘲風の

「高山樗牛に答ふるの書」（『太陽』一九〇二年〈明治三十五〉二月、三月）

「高山君に贈る」（『太陽』一九〇二年三月、四月）

「再び樗牛に与ふる書」（『太陽』一九〇二年八月）

そして後掲の四冊の英書がある。

二、右の外に川並秀雄の指摘する次の四冊がある。

『学燈』（丸善、一九〇三年〈明治三十六〉四号、五号、六号、七号）。以上である。(1)

姉崎のものは論ずるまでもない。たしかに啄木は読んでいる。英書についてまず検討しよう。ここに細越毅夫宛の啄木書簡がある。一九〇三年（明治三十六）七月二十七日付である。

美しの御端書只今拝見いたし候。つまらなくのみ起き臥し居候身には友恋ひしさの情も一汐に御座候。去る十四日よりは来訪の友ひきもきらず。病骨も大に快方に赴き、うれしく思ひ居候へど。永く筆取り難き弱身の悲しさ衷心の寂寥は慰めんすべも無之候。今は左に生のワグネル研究に資せし書目を挙げて。告げまほしき感想は次便を期せん。

H. S. Chamberlain's "Richard Wagner" 7y05銭

Krehbiel's "Studies in the Wagnerian Drama" 3y85銭

C. A. Lidgey's "Wagner" 2y35銭

Buman's "A study of Wagner" 6y90銭

以上の外にも Musical drama of R. Wagner といふ

啄木17歳のころ

英書ある由なれど生は見た事なし。生は秋中にはまとまつたものかきたしと思ふてゐる。数字は郵共の丸善の時価。

七月二十七、夕　白蘋拝

細越毅夫様

ほとんど全論者がこの書簡をうのみにし、この四冊を啄木が読んだものとして論述をすすめている。しかしもしこれらの書に直接あたることを試みたなら種々の困難に遭遇したことであろう。

まず、Bumanの"A study of Wagner"は金輪際みつからないであろう。わたくしは、BumanはNewmanかもしれないという中村洪介の推測(2)を手がかりに、書簡の原物による確認を試みた。さいわいなことに書簡の写真が、川並秀雄『啄木覚書——未発表書簡をめぐって——』(洋々社、一九八二年一月)のグラビアにあった。中村の推測はみごとに当っていた。BumanではなくNewmanであった。Bumanは『石川啄木全集』(筑摩書房)編纂過程においての生じたミスの結果であった。したがってこの書は中村の推定したように、Ernest Newmanのものであろう。これは国会図書館で次の版を閲覧できる。

Ernest Newman: A *Study of Wagner* (London: Bertram Dobell／New York: G. P. Putnum's sons, 1899)

次にLidgey's "Wagner"の閲覧がきわめて困難であることを思い知るであろう。幾人もの方々の御好意を仰いで(3)ようやく入手できたのが左記の版のコピーである。

Charles A. Lidgey: *Wagner*……With Illustrations and Portraits (London: J. M. Dent & Co.／New York: E. P. Dutton & Co., 1907)

(初版一八九九年十二月、第二版一九〇二年一月、第三版一九〇七年十一月であり、わたくしが手にしているのは第三版のコピーである。）

Chamberlain のものは国会図書館で左記の版を閲覧できる。

Houston Stewart Chamberlain: *Richard Wagner*. Translated from the German by G. Ainslie Hight and revised by the auther……With photogravures and collotypes, facsimiles and engravings (London: J. M. Dent & Co./Philadelphia: J. B. Lippincott Company, 1897)

Krehbiel のものは東京芸術大学図書館にて左記の版を閲覧できる。

Henry Edward Krehbiel: *Studies in the Wagnerian Drama*……New Edition (London: James R. Osgood, McIlvaine & Co. 45 Albemarle Street, w., 1893)

さて以上四冊のうち、啄木が「ワグネルの思想」執筆に際して（さらにそれ以後でも）読んだことが確実なのは、つまり別の資料でうらづけられうるのは、意外にもLidgey一冊である。Lidgeyを読んだことを示す啄木の文章を二〜三抜粋しよう。

さればワグネルを研究する者は必ず先づブリツチー氏の云ふた如く、彼の生涯に於ては芸術家てふ名称が第二の地位であることを了得せねばならぬ。（「ワグネルの思想㈠小序」一九〇三年五月三十一日『岩手日報』所載。『石川啄木全集』第四巻〈筑摩書房〉一五頁。以下『全集』④―一五の如く略記）

中村洪介の指摘どおり(4)「ブリツチー氏」は「リツチー氏」の誤記であることはまちがいない(5)。これによって「ワグネルの思想」を執筆したときの英文の参考書にリッジーのものがあったことは明らかになる。

ワグネルが事に就いては先生の御訓教を仰ぎたき事多々有之候へども、他日を期してこゝには何も申述べまじく候。……若しその研究の方針、手段等につきて御高誨を賜はらば、小生が小さき望みなる彼の偉人の評伝を作る上に、多大の光明なるべくと存じ候。小生の初めて手にしたるは英文の一伝記に候ひしが、その後刻苦してドイツ語の独学に励み居候。（一九〇四年〈明治三十七〉一月十三日付姉崎嘲風宛、『全集』⑦—二六）

この書簡中のもっと前の部分、その他によると啄木がワグネル研究を開始するのは、最初の野心的な上京が失敗し、父にともなわれて敗残の身を故郷にさらした一九〇三年の三月頃と思われる。そして五月末には「ワグネルの思想」の第一回目を『岩手日報』紙上に発表している。したがって「初めて手にしたる英文の一伝記」とは「（ブ）リツチー氏」のものである公算がきわめて大である。

さらに、「ワグネルの思想」執筆の一年後にもリツジーはあらわれる。

左に記す所は乃ちリツヂー氏がワグネル劇解説中の『タンホイゼル』の一章を抄訳するものなり。（日記「甲辰詩程」一九〇四年七月二十八日、『全集』⑤—五九）

一九〇三年三月頃にはじめて手にしたらしいリッジーの書は一年以上を経た後にも愛読されていることがわかる。ところで四冊の英書のうちで、当時ヨーロッパですでに特別に高い評価を得ていて日本にもそのうわさが伝えられていたのは、チェンバレンのものである。(6) ところが啄木はこの書については一言も述べていない。もっとも定評のある、しかも非常に豪華で魅力的な本書について、啄木は何か評論や書簡などでその存在と内容とをひけらかしてよいはずのものであった。とくに姉崎は「再び樗牛に与ふる書」の中で高い敬意を払って「ワグネルの伝記を以て名あるチヤンブレーン」を引用しさえしているのだから、姉崎への書簡では、「英文の一伝記」がチェンバレンならば当然それを挙げて読んだことを誇示するであろう。

そうして、これがもっとも大切なことなのだが、チェンバレンの“Richard Wagner”を閲読してみてもこの書の啄木作品への影響はまったく見出しえないのである。(7) こうなると啄木はチェンバレンを読んでいなかったのではないかとの疑いが出てくる。

我がリヒヤード・ワグネルも亦、愛妻ミンナと愛犬ルツスを率《ひき》ゐ、瓢然《へうぜん》として祖国を去つて巴里《パリー》に入るや、淋しき冷たき陋巷《らうかう》の客舎《かくしや》にありて具《つぶ》さに衣食の為めに労苦を嘗《な》めぬ。（「閑天地」『岩手日報』一九〇五年七月七日、『全集』④―七八）

中村洪介が指摘したように(8)文中の「愛犬ルツス」は「愛犬ロツバー」が正しい。啄木のこのまちがいは、チェンバレンを読んでいなかったところに起因する、と見なしうる。チェンバレンにはワーグナーの愛犬のことが書かれている。リガからロンドン、パリとつれあるきパリで死んだ愛犬はロッバーであったこと、また後年における愛犬はルッスとマルケであったこと、が明瞭に分かるように書かれている。とくにマルケはほぼ名刺大の写真入りである。(9)これを読んでいれば、そしてこの書をもっているならば上記のようなあやまちはしないはずである。他方リッジーの書においで犬のことはどうなっているか。この書にはロッバーという固有名詞はあらわれず、ロッバーについては次の二文があるだけである。

Thence he went on to Pillau, and, accompanied by his wife and a favourite Newfoundland dog, took passage in a sailing ship *en route* for Paris.(P. 15)

Wagner's annoyances did not end with the voyage, for the dog was lost, and his owner suffered much anguish of mind until the animal was happily recovered.(p. 18)

そしてリッジーの書中唯一あらわれる犬の名はRussである。

He (= Wagner―引用者) was buried on the 18th in the grounds of his own house at Bayleuth―Wahnfried

—to the strains of the touching funeral music from his own "Götterdämmerung". His faithful dog "Russ" lies near him.(P. 73~74)

こうしてみると啄木はロッバーという犬の名は知らず、唯一おぼえていたのが「ルッス」であり、この名がリガーロンドン—パリ時代の愛犬の名として錯覚されるようになったのだと思われる。啄木はおそらくチェンバレンを読んでいない、まして持ってなぞいない、ということになる。

さらにニューマン、クレービールについて見てみよう。

ニューマンの"A study of Wagner"についてはどうか。これは当時の丸善のカタログによるとBiographical Worksに分類されているもので、啄木がほしかったものと思われる。しかし以下の理由でこの本は購入しておらずまた読んでいなかったと思われる。まず、啄木作品への影響がまったく見当らない。内容的にはチェンバレンの評判の高かったことは前述したとおりである。ワーグナーの思想研究という目的からしてもチェンバレンの方がはるかに有用であろう。二者択一ならこちらをすすめられたであろうし、選んだであろう。さらにニューマンは啄木の知っている郵共の値段では六円九〇銭であるが、これをほぼ同額のチェンバレンの書とくらべると装本、図版、写真等々においておそろしく見劣りする。ニューマンの書の方が何倍も割高の感を与える。啄木が両者を手にとったとすればこの面からもどちらを選んだかは明瞭である。さて、チェンバレンを啄木が買えなかったとすれば、ニューマンを敢えて買う理由は見出しえないのである。

クレービールについてはどうか。当時啄木に関心があったのはワーグナーの伝記と思想であった。クレービールのこの書はWagnerian dramaの研究書である。チェンバレンを買わずに、当面必須でもない約四円もする本を買うということは考えられぬ。いやリッジーとクレービールの値段をあわせるとチェンバレンの値段に近くなる。それならかの内容をもつしかも豪華本のチェンバレンを買ったであろう。そして、当然のことながら、クレービールのこの書の啄木作品への影響はわたくしには見出せなかった。クレービールも啄木は入手していないであろう、という結論になる。

つまり啄木はリッジー一冊しか入手・購読していなかったと推定されるのである。

2 リッジーの“Wagner”をめぐる問題

次に以下の二点を推理することにしよう。

○リッジーを啄木はいつ、どこで買ったのか。

○なぜリッジー一冊だったのか。

まず、いつ、どこでを考えてみたい。これを考えるとき、はじめから一九〇三年（明治三十六）二月下旬の父一禎上京以前は除外される。リッジー等の丸善入荷は啄木の困窮のきわまった二月のことなのであり、この時期に新しく英書を購入した可能性はゼロに等しいと考えてよいからである。残る可能性は父の上京以後で、啄木の帰郷前と帰郷後の二つの時期である。この二つの時期のうちで、わたくしは前者すなわち帰郷前にリッジーを買った、と推定する。以下にその考証を行なう。

リッジー、チェンバレン、ニューマン、クレービールの丸善入荷は一九〇三年二月である。これが三月一日発行の『学鐙』のカタログにはじめて掲載される。(10) あとで見るように啄木は『学鐙』の定期購読はしていなかったのであるから、ワーグナー研究の書の入荷時期は『学鐙』所載のカタログによって知ったのではないであろう。したがって、三月一日以降（つまり帰郷後に）『学鐙』を通じて四書の入荷を知り購入したという線は消える。購入を帰郷前とするにせよ、帰郷後とするにせよ、ともかくワーグナー研究の書を購入した時期と入荷の時期とがあまりにうまく符合している。なにしろこの二月こそ本格的なワーグナー研究の書がはじめて日本に入荷した年のその二月なのである。帰郷を前に丸善に立ち寄ったら僥倖にもそれらが入荷したばかりだったとか、帰郷してのちワーグナー研究を思い立ち丸善に問いあわせたら、どんぴしゃり入荷していたとかいうのはできすぎであろう。そうではなくて啄木は二月入荷を以前から知っていたのであると思われる。

啄木の作品中もっとも頻繁にその名があらわれる「西欧の文芸家」は「ワグネル」であるが[11]、この名が最初にあらわれるのは一九〇二年十月十七日付の細越毅夫宛の書簡である。次に示すその中の一節は同じ年の『太陽』（二月、三月、四月、八月）に載った姉崎嘲風の三篇（前掲）とくにその八月号所載の「再び樗牛に与ふる書」の影響を強く受けた上で書かれたものである。

> 最高の意志は最高の感情を伴ふこれわが持論也嘲風博士がニイチエに満足せずしてワグネルの愛の世界観を喜ぶも亦この理に外ならず
>
> 高き、強き、大なる、この三つの語に対する時我はひざまづきて讃ず

この手紙を書いて半月後の十一月一日啄木は東京にいるのである。そして十一月中の日記によると丸善を少なくとも二度は訪れている。ワーグナー関係の書について、ことに姉崎のいう「ワグネルの伝記を以て名あるチヤンブレーン」の書について在庫のありなし、入荷の予定等を含めた質問をなした公算は十分にある。上京後の不安と動揺とにさいなまれる生活の中にあった啄木は、右の書簡で思い描いているようなワグネルによって精神の活力をぜひとりもどしたかったのではなかろうか。当時の丸善は客あしらいがよいので高い英書を買う客には十分の情報を提供したと

思われる。(12)さきにあげた四冊の英書は翌一九〇三年二月の入荷なのであった。当時洋書は発注から入荷までに約四カ月間を要した。(13)十一月は二月入荷の約三カ月前である。つまりそれら四種の英書は丸善では発注済みだったのである。この情報を提供しないはずがない。二月には、チェンバレン、クレービール、リッジー、ニューマンの諸著が入荷の予定でございます、と。

さて、かくて啄木は二月入荷を知っていたと考えてよいであろう。これを以下における前提としよう。知っていた啄木が帰郷前に丸善に立ち寄ったか否かがいよいよ問題になる。ワーグナー研究の書が四冊も入ることを知っていて、父の手もちの金が少しはあてこめて、しばらくは来られないであろう東京を去るにあたって啄木はどう行動したであろうか、という問題である。啄木の気質、何がなんでもやりたいことをやりとげようとし、ほしいものは手に入れようとする気質からすれば、丸善へ寄らずにはいなかったとわたくしは思う。この推定には以下の考証が伴う。最初に引用した細越毅夫宛書簡にこうあった。——チェンバレン以下四名の著者名とその書名、「郵共の丸善の時価」とを示したあと——「以上の外にも Musical drama of R. Wagner といふ英書ある由なれど生は見た事なし」と。すでにわかったことだが、リッジー以外の三冊を読んだというのはうそであった。しかし、である。それらについては著者名、書名を正確に知っていて、「郵共の丸善の時価」まで知っているのである。そして啄木のいう“Musical drama of R. Wagner”はまちがいなく、Albert Lavignac: *The Music Dramas of Richard Wagner and his Festival Theatre in Bayreuth* である。(14)この書の入荷は一九〇三年一月と見てよい。しかし啄木はラヴィニャックのこの書の書名を正しく覚えていないし、メモしてもいないらしい。他の四冊の正確さと対照的である。しかもその不正確にしか記せない書の存在を聞いてはいるが見たことはない（「ある由なれど見た事なし」）というのである。こうした諸事実の全体を整合的に説明できるのはどのような推理であろうか。以下にそれを示す。

一、啄木は帰郷前に丸善を訪れた。
二、そこで四冊の書を手にとって見た。
三、そのうちLidgey一冊を買った。
四、他の三冊についても正確なメモをとった。
五、Lavignacのものは売り切れていた。
六、だがそのような書が「ある由」を聞いた。
七、しかし聞いただけで（もっとほしいChamberlainのものさえ買えないのだから等々の理由で）正確なメモをしようとはしなかった。
八、そのためのちに、“The Music Dramas of”を“Musical drama of”とまちがえ、また“and his”以下も書けなかったし、著者名も書けなかった。
九、この書については聞いただけで店頭で見ていないので「見た事なし」と書いた。
十、九の裏をかえせば、買ったLidgeyの外買っていない他の三冊も「見た」（店頭で）ということになる。そしてこれはほんとうである。啄木は「見た事なし」などと書いてしまったことで、買ってないが見たことはある、という事実を漏らしてしまったのだ。語るに落つというべきか。

以上啄木の帰郷直前の主観的・客観的諸条件を総合的に思料して、啄木は帰郷前に丸善に寄り、そしてLidgeyを買ったとわたくしは推定する。

次になぜリッジー一冊しか買わなかったのか、という問題にふれよう。推定の根拠になるのは「借金メモ」中の「大館　三十円」という箇所である。啄木が最初の上京時に、一九〇二年十一月二日から翌年一月下旬まで下宿していたのは小日向台の大館みつ方であった。一月下旬に啄木はこの「下宿を着のみ着の儘で逐出され」る。「行処に塞《ふさが》つて了つて、二三日市中を彷徨《うろつ》き巡つた揚句に」神田錦町の安下宿の「佐山某」という人の部屋にころがりこむ。「その人の室に二十日許りも置いて貰」う。[15] ここを出てから父とともに上野をたつ二月二十六日までの一～二週間がよくわからない。が、ともかく父につきそわれて啄木は帰郷するのである。この時の啄木父子の動きにひっかかるものがある。ふつうならこういう場合、父親は息子が世話になったり、不義理をした家々をまわり、礼をいったりあとしまつをしたりするものであろう。しかし啄木の「借金メモ」には、「大館　三十円」とある。つまり父親は息子のしりぬぐいをしなかった（またはできなかった）のだ。前年秋の上京のときにも親はできるかぎりの金額を工面したであろう。悪いことにその年の岩手県は大変な凶作であった。したがって翌年二月の宝徳寺の家計も不如意であったと思われる。息子の病を知ってかけつけてくるとき大金をもって来ることは不可能だったであろう。このときは寺の栗の木（杉の木とも）を壇家に無断で売った金で上京したのだといわれている。こういう事情にあって、また息子の下宿代も払えぬのに、啄木があげる四冊の英書、計二〇円を父親は買ってやったであろうか。買えなかった、とわたくしは見る。[16] 啄木としては彼の研究目的から考えても気質から考えても、チェンバレンがもっとも欲しかったであろう。高くてとても買ってもらえないので、それにリッジーも伝記・思想・作品解説を要領よくまとめてある上に、もっとも安かったのでこれ一冊を買ってもらったのであろう。

残っているのは、なぜ細越毅夫に対して一冊でなくて四冊あげたのかという問題である。啄木は周囲の反対を押し切って盛岡中学校を退学し、文学で身を立てるべく、周囲はあきれておそらく呆然とするなか意気揚々と上京したのであった。そして四カ月後「敗残の身を故山に」さらした。評論「ワグネルの思想」は自己の内面のたてなおしであるとともに、嘲笑する周囲への激しい反攻でもあった。そのような姿勢で外に対していた啄木のもとに細越毅夫から問い合せがあったのだと思われる。たとえば「『ワグネルの思想』を読ませてもらった。未完とはいえ、壮大な構想をもつ兄のワグネル研究のようだが、どのような著作を参考にしたのか教えてもらえまいか」といった問い合せが。当時の状況にあって、また「ワグネルの思想」における堂々たる論陣からして啄木はたった一冊 Lidgey's "Wagner" をあげるわけにはゆかなかったのであろう。ハッタリで四冊をあげたのだと思われる。ホラふき、うそつきの啄木ということがよく言われる。しかし敗残の帰郷までの啄木と、「ローマ字日記」以後の啄木にはその非難はあてはまらぬと思われる。啄木がホラをふき、うそをつきはじめたその嚆矢（作品にのこる）がこの細越宛のはがきといえるかもしれない。

以上によって、啄木が読んだ「Lidgey's "Wagner"」の版までが特定できる。それは丸善のカタログ（『学鐙』一九〇三年三月一日刊所載）にある

Lidgey, C. A. —Wagner. With Illustration and Portraits. 1902. Crown 8vo. [Dent]

である。

次に啄木が読んだ『学鐙』中のワーグナー関係の記事について一言しておきたい。川並はその著『石川啄木新研究』（冬樹社、一九七二年四月）で次のように言っている。

時も時、丸善の『学燈』明治三十六年四月第四号から第七号にかけて、ワグネルを紹介し、その研究書を掲げたので、啄木は、このうちから選択して（細越宛書簡にある英書四冊を—引用者）丸善に注文したのであった。（二一五頁）

しかしこれは以下の理由のみをもってしてもありえないことである。なぜならこの年九月二十八日付野村長一宛書

箇で「『学燈』のワグネル論見たいものだが何月頃のな（「号」の誤記であろう―引用者）から出てますか」とたずねているのだから。

この年の第四号に「リヒアルド・ワグネル」（善休＝内田魯庵）という記事がのっている。この末尾に次の付言がある。

ワグネルに就きては某氏の詳細なる評伝を寄せらる、筈なりしが原稿間に合はざりしが故に之を次号に譲る事となしぬ

啄木がこの四号を読んでいたら、「何月頃の号から出てますか」などと聞きはしない。こう聞いたということは、九月下旬頃まで四号から七号にかけての『学燈』四冊は読んでいないということなのだ。むろんこの後には入手し読んだと思われるが（『学燈』は当時郵税共で一冊十銭である）。

結局、「ワグネルの思想」執筆にあたって石川啄木が参考にしたことが確実な、ワーグナーに関係の深い文献は以下の三篇と一冊であろう。

○姉崎嘲風「高山樗牛に答ふるの書」（『太陽』一九〇二年二月、三月）

○同　　　「高山君に贈る」（『太陽』一九〇二年三月、四月）

○同　　　「再び樗牛に与ふる書」（『太陽』一九〇二年八月）

○ Lidgey, C. A. “Wagner”(17)

3 「ワグネルの思想」の構想の源泉

リッジーの書と「ワグネルの思想」その他の啄木作品との精密な比較がなされるべきであろうが、わたくしの貧弱な英語力ではとうていなしえぬ課題である。英語に堪能な方々にその仕事を担っていただければさいわいである。この節ではLidgey's "Wagner"の資料的価値を以下に二点だけ指摘しておきたい。

① 啄木は「ワグネルの思想」の「小序」の（附記）において「読者の便を図《はか》りて今予《あらかじ》め余が論及の次序を左に掲ぐ」として、「ワグネルの思想」執筆上の構想を提示している。

一、序論　十九世紀とワグネル――文明の理想――人神との争――個人主義――愛の融合の世界――ワグネルの暗示。（包括的批評）
二、ワグネルの性格。性格と其諸事業――思想の基点。
三、ワグネルの政治思想。国家の理想――国家心意の基礎と至上権――ワグネルと独逸《ドイツ》――人種解放と人類の改造――近世国家の理想上破滅――ワグネルと社会主義。
四、ワグネルの宗教。宗教とは何ぞ――ワグネルと基督《キリスト》及び基督教――古代希臘《ギリシア》の研究――宗教と芸術――ワグネルの宗教的感触と二大信条。
五、芸術と人民。民衆の生得権。
六、『芸術と革命』。『未来の芸術』。『歌劇と戯曲』。ワグネル著作の傾向。
七、愛の教理。人類の改造。

八、結論。ワグネルの影響——日本思想界に対する吾人の要求。
附、ワグネル略伝。

この構想はこれまで、読む者の度肝をぬいてきたものである。十七歳の少年のものにしてはきわめて壮大のゆえをもって。なかには、この「論及の次序」の中に後年の啄木の主張の核になるものが出そろっている、との観点から注目する人もいる。しかし今回の調査で、啄木のこの構想はリッジーを下敷きにしていることが明らかになった。以下にそれを簡単に示すことにしたい。

リッジーの"Wagner"は、序文（Preface）、ⅠからⅩⅤまでの章（CHAPTER Ⅰ〜CHAPTER ⅩⅤ）、付録（APPENDIX）A〜E、索引（INDEX）およびワーグナーの肖像（写真）を含む一〇の図版（Illustrations）からなる。第Ⅰ章からⅣ章まではワーグナーの伝記である。第Ⅴ章〜第Ⅶ章ではワーグナーの思想、芸術観、ワーグナー音楽の歴史的背景等が論じられる。第Ⅷ章からⅩⅤ章までは作品の解説である。

さて第Ⅰ章から第Ⅶ章までの各章には、かなり多くの小見出しがある。また奇数頁の上の欄外には見開き二頁分ごとに見出しが掲げられている。これから「論及の次序」の各項ごとに、リッジーの影を見ていくが、（　）の中に示される英語は、章中の小見出しまたは上の欄外見出しである。これは啄木が構想の各柱をたてるときに参考にし、かつ実際の展開において利用すべく用意した、とわたくしが推定した箇所である。啄木の構想に符合する小見出しや上の欄外見出しがない場合も当然ある。しかしその場合もほとんどそれとおぼしき箇所が本文中に存在した。この場合には該当箇所中のキーワードまたはキーセンテンスを抽き出し、〔　〕内に入れて示すことにした。両カッコ内の数字は、小見出し、上の欄外見出し、キーワードまたはキーセンテンス所在の頁である。

一、序論……

二、ワグネルの性格（小見出し　Personal characteristics　76）。性格と其諸事業——思想の基点〔His entire intellectual life was based on two main principles——Faith and Love. 76〕。

三、ワグネルの政治思想。国家の理想（上の欄外見出し　Political Ideals　83）——国家心意の基礎（小見出し　A supreme king ruling directly over a free people　82）——ワグネルと独逸《ドイツ》——人種解放と人類の改造〔the emancipation of the human race　85, a regeneration of mankind　84 外数カ所〕——近世国家の理想上破滅〔But the modern State is a complete subversion of this ideal　83〕——ワグネルと社会主義（小見出し　Wagner and Socialism　84）。

四、ワグネルの宗教（上の欄外見出し　Religious Views　85）。宗教とは何ぞ——ワグネルと基督《キリスト》及び基督教（小見出し　Philosophy and Christianity　89）——古代希臘《ギリシア》の研究〔Almost in the first line he proclaims his text—that the artistic development of the whole of Europe found its starting-point with the Greeks.　88〕——宗教と芸術（小見出し　His impatience of dogma　90）——ワグネルの宗教的感触と二大信条（小見出し　His deep religious feeling　85, 上の欄外見出し　His own creed　91）。

五、芸術と人民（上の欄外見出し　Art and the Folk　87）。民衆の生得権〔the birthright of the people—the Folk　86～87〕。

六、『芸術と革命』（小見出し　“Die Kunst und die Revolution”　88）。『未来の芸術』（小見出し　“Das Kunstwerk der Zukunft”　93）。『歌劇と戯曲』（小見出し　“Opera and Drama”　118）。ワグネル著作の傾向。

七、愛の教理（小見出し　His love of human nature　141）。人類の改造（小見出し　Man’s regeneration　143）。

八、結論。ワグネルの影響——日本思想界に対する吾人の要求。

附、ワグネル略伝（CHAPTER I~IV)。

こうしてかの壮大な構想の源は明らかとなった。これが資料的価値の第一点目である。

② 啄木の英語力については同じ英文学者でもこれを高く買う人と低く評価する人とがある。大谷利彦『啄木の西洋と日本』（研究社、一九七四年十二月）にはこうある。「啄木もまた、自己の文学や思想を本当に深めるだけの語学力を身につけることができなかった」（三一二頁）と。森一『啄木の思想と英文学――比較文学的考察』（洋々社、一九八三年五月）は「啄木の英語力が相当なものであったことは、前章で実証したことであるが、その英語の読解力でもって、西欧文芸家の著作物の英訳書を次々と読んでいくのである」（一二一頁）と記す。

東京で英語を独習し、帰郷した十七歳の啄木の英語の読解力を知るのに、このリッジーの書は絶好の試験紙となりえよう。これがリッジーの書の資料的価値の第二点目である。本書の難易度と啄木の読解度とを調べるなら、結論はおのずから出てくるであろう。啄木が自身に課していたのは読解力の涵養であり、そしてまた彼の文学的、思想的発展にとって最重要なのはこの面であったのだから、検証はまず読解力に関してなされるべきであると思われる。

英語に堪能な方々の検証に期待したい。

本稿を終えるに際して、Lidgey's “Wagner”のもう一つの資料的価値を指摘しておきたい。これこそが本書の最大のメリットとわたくしが目するものである。啄木の悪名高い借金癖なるものが、彼の天才主義の一帰結（そして残滓）であったことをわたくしはすでに論じた（小著『国家を撃つ者　石川啄木』、一一一~一一五頁）。このことを立証するために必須のそして無二の資料が本書（とくに第I章~第V章）なのである。本章三「石川啄木の借金の論理」で論じたい。

注

（1）『帝国文学』（一九〇三年〈明治三十六〉四月十日刊）に藤代禎輔「ワグネルのパルシファル」が、翌月号（五月十日刊）に同「ワグネルの世界観及其先蹤」が載った。啄木がこれらを読んだことはありうる。また、この年の『精華』に、いつの生「トリスタン、ウンド、イゾルデ」が載ったという。未見につき第何号に所載かは確認していない。

この外に「『ローエングリン』であつたと思ふ」がその英訳本を読んでいたとの野村胡堂の回想がある（野村胡堂『面会謝絶胡堂対あらえびす』乾元社、一九五一年十二月、三三一～三四頁）。

（2）「啄木が丸善から購入した」（Lidgey's "Wagner" 以外の）「三書につき、ブーマンの著作だけは、これ迄の調査で、著者の経歴も、本の体裁も、出版社も、刊行年度も、原地定価も、何一つ判っていない。日本円換算の定価から大凡のページ数を推定し、加うるに啄木著作中屢々遭遇する外国語綴りの誤記を考え合せると、或はアーネスト・ニューマン『ヴァーグナーの研究』（Ernest Newman: A Study of Wagner, London, 1899）かとも想像されるが、詳細は不明。」（中村洪介『西洋の音、日本の耳　近代日本文学と西洋音楽』春秋社、一九八七年四月、四七二頁）。

（3）この書を検索するにあたって成城大学教授戸口幸策氏、金沢公子氏に大変お世話になった。さらに日本ワーグナー協会理事長松田智雄氏が御高配を下さった。日本国内での検索はきわめて困難、の予感がありニューヨーク留学中の石川登氏（当時東京都立大学大学院博士過程および the City University of New York, Graduate School and University Center Ph. D program にて文化人類学専攻中）に検索を依頼した。氏は the City University of New York, Hunter College, Hunter library でこの本を検索し、全文をコピー・製本して遠方よりもたらしてくれた。

（4）中村洪介前掲書四七二頁。

（5）引用部分をその前後を含めて改めて引用し、そこにかなりの程度に照応するリッジーの文章を掲げておこう。この二つを読みくらべれば、「ブリツヂー氏」は「リツヂー氏」の誤記であることを誰もが認めるであろう。

（ワグネルの）「浩瀚《かうかん》なる著述の語る所は、彼自身が詩と楽との両面に亘《わた》つた最大なる趣味の権化であつて、同時に何等かの、殆んど絶無ともいふべき霊覚の発現が、この二面を根本的に綜合せしめたと云ふ一事である。而《しか》して更に此霊覚の、他の場合に於ける投射影は、彼が世界の為め、人類の為めに企てた所有《あらゆる》事業と教条とを胚胎《はいたい》した者と認められるのだ。さればワグネルを研究する者は必ず先づブリッヂー氏の云ふた如く、彼の生涯に於ては芸術家てふ名称が第二の地位である事を了得せねばならぬ。ワグネルは実に一般の芸術家と云ふ位置に超脱して、空前の模範と、人類の帰趣に対する宏大な予言、教理とを遺して逝《ゆ》いた偉人である。」(『全集』④―一五～一六)

次にリッジーを引用するが、冒頭に出てくる、"The quotation which concludes the preceding chapter"とは、"Der Glaube lebt"—"Faith lives."である。

His faith in human nature

THE quotation which concludes the preceding chapter (from "Parsifal") strikes the key-note of Wagner's character. Faith in human nature——and particularly the human nature of the German race——inspired his life-work. Of his influence on music, even at the present day, there can be no question; whether the ideas to which music took a secondary place in his purview will be as fruitful, time alone can prove. In writing a biography of most of the world's greatest musicians, the development of their musical nature is, as a general rule, all that calls for criticism or even remark. But with Wagner the case is wholly different, and the relations he bore to Art, in its wider sense, must be understood before any idea can be formed of his musical personality. His entire intellectual life was based on two main principles——Faith and Love; upon the former his whole personal hopes were built; through the latter he hoped that the ultimate regeneration of the human race might be effected. His views on politics, philosophy, religion, and art were all inspired by and tinged with these two great articles of his belief, and no just estimate of his character can be formed if this be lost sight of. (P. 75~76)

(6) (「チェムバレン氏」が)「近年リヒャルド・ワグネル論を出して、此類の書中最も好評を博したるを伝聞せり」(上田敏。『学燈』第七年第二号、一九〇三年二月)。

(7) あるいはチェンバレンの"Richard Wagner"の中に次のような一文があることをもって、そのあとに示す啄木の文章と関連づける人があるかもしれない。

チェンバレンはワーグナーの人間種族不平等論を紹介したのち、こう記す。

These views Wagner borrowed from his friend Comte de Gobineau, the auther of the *Essai sur l'inégalité des races humaines.* (P. 173)

啄木は一九〇四年一月一日『岩手日報』に書いた（「詩談一則」）。

此種的信仰と芸術との融合は近時漸く識者の意識に上りたる者にして、嘗《かつ》てはリヒヤード・ワグネルの楽劇に此の傾向の好模範を求め得べし。ゴビノオ及びチエムバレン等の所謂《いはゆる》人種哲学なる者亦《また》此趨勢《すうせい》に関する所甚だ多きに似たり。（『全集』④―三二）

三月三日、九日にも同紙上に次のように書く（「戦雲余録」）。

仏人で人種哲学《メンシエンスフィロソフィ》の首唱なるゴビノウ伯は、文明の性質を論じて……（『全集』④―三三）

仏人《ふつじん》のゴビノウ伯も波蘭貴族の血統をひいて居《を》るさうだ。（『全集』④―三五）

こうしてチェンバレンの書と啄木の文章とはいかにも関係ありそうにみえる。しかし、事実はそうではない。チェンバレンの書には「人種哲学《メンシエンスフィロソフィ》」なる語も、ゴビノウの出自を示す記述もない。したがって出典はチェンバレンではない。『明星』（一九〇三年十一月）に広告が出ている森林太郎『人種哲学梗概』（春陽堂、一九〇三年十月）であるとみてまちがいあるまい。ただし啄木がこれを読んだのか、内容を伝え聞いたのかは定かではない。なぜなら鷗外は人種哲学を"RASSENPHILOSOPHIE"といっているのであって「メンシェンスフィロソフィー」とはいっていないから。「人種哲学」のドイツ語は「メンシェンスフィロソフィー」ではありえない。また鷗外はゴビノウの先祖は「諾爾曼人《ノルマン》」だといっているのに啄木は「波蘭貴族の血統をひいて居《を》るさうだ」（傍点―引用者）といっている。

なおついでにふれておくが、啄木は一九〇四年七月の日記の中で「人間再生」に「ヒューマンゼネレーション」とルビを入れている。「ヒューマンリゼネレーション」であろうが、この語はリッジーにもチェンバレンにも見当らない。リッジーでは、the … regeneration of the human race (P. 53) か a regeneration of mankind (P. 84) または man's regeneration (P. 143) である。チェンバレンでも (a doctrine of) regeneration of mankind (P. 164) か、the regeneration of the human race (P. 176, 184) である。

（8）　中村洪介前掲書四六四頁。

（9）　マルケの写真をかこむように次の文章が三八六頁にある。

He was perpetually sorrounded by his animals ; many of his dogs have become historical, for instance his Newfoundland "Robber," who attached himself to Wagner of his own accord in Riga, accompanied him on the stormy passage to London, and has been immortalized in his story, *Ein Ende in Paris*…, and in later years his Russ and Marke.

（10）　丸善発行の『学鐙』（学燈に同じ）（一九〇三年三月一日刊）所載の"Monthly Catalogue of Maruzen Kabushiki Kaisha"に次のようにある。

BIOGRAPHICAL WORKS.

Chamberlain, H. S.—Richard Wagner. Translated by G. A. Hight and Revised by the Author. With a Photogravure and Collotypes Facsimiles and Engravings. 4to. Gilt top. [Dent and Lippincott] ……………………6.75

Lidgey, C. A.—Wagner. With Illustration and Portraits. 1902. Crown 8vo. [Dent] ……………………2.25

Neuman, E.—A Study of Wagner. Medium 8vo. [G. P. Putnams] ……………………6.95

啄木の筆記はたしかにNewmanとなっていて、こちらはNeumanであるが同一の書と考えてまちがいないと思われる。Krehbielの書については、『学燈』と丸善本の図書館に残存する当時の洋書目録とによって調べたが資料上の確認は得られなかった。しかしもろもろの傍証によって他の三冊と同時期の入荷と考えてまちがいないと思われる。なお以上四冊を二月入荷とする根拠は次の二点による。

1　三月一日発行の『学鐙』のMonthly Catalogueに出ているのだから、前月入荷の公算が大である。

2　二月一日発行の『学燈』によると上田敏はまだChamberlain: *Richard Wagner*を見ていない（注6参照）。つまり『学燈』二号の原稿締切り（一月二十日すぎか？）頃までの上田敏はこの書の存在を「舶載の文芸雑誌」で「伝聞」しているだけである。厳密にいえば二月というより、一月中のある日数も含む約一カ月のあいだの入荷ということであろうが、これを二月と記しておく。

（11）　森一『啄木の思想と英文学―比較文学的考察』（洋々社、一九八二年五月）一四四頁。

(12)『丸善百年史』上巻（丸善株式会社、一九八〇年九月）四四八〜四五六頁。

(13)「明治百年記念　洋書百年展目録」（丸善株式会社、一九六八年十月）九七〜九八頁。

(14)丸善を通してワーグナーの研究書が日本に入ってきたのは、わたくしの調べた限りでは一九〇三年一月頃が最初であり、それ以後啄木が細越宛書簡で四冊の書を示した同年七月二十七日頃までに入荷したことが資料的に確認できるのは次の七冊である。

○Lavignac, A.: *The Music Dramas of Richard Wagner and his Festival Theatre in Bayleuth.*

○Guerber, H. A.: *Stories of the Wagner Operas.*

（以上、『学燈』一九〇三年二号「陳列場だより」）。

○Chamberlain, H. S.: *Richard Wagner.*

○Lidgey, C. A.: *Wagner.*

○Newman, E.: *A Study of Wagner.*

○Krehbiel, H. E.: *Studies in the Wagnerian Drama.*

（以上四冊については注10参照）。

○Henderson, W. J.: *Richard Wagner, his Life and Dramas.*（『学燈』四号善休「リヒアルド・ワグネル」、同六号宮田脩「リチャード、ワグネル㈡」によって三月またはそれ以前の入荷を想定）。

このうち啄木が聞いた由の“Musical drama of R. Wagner”にあたるものはLavignacのものしかない。しかもこれは一月入荷と見られる。また善休こと内田魯庵は『学燈』四号の「リヒアルド・ワグネル」の中で「ワグネル伝として最も重きはChamberlainの著はせる“Richard Wagner”なり。仏人Lavignacの“The Music Dramas of Richard Wagner”亦頗る行はる…」と述べ、書名のうちから“and his Festival Theatre in Bayleuth”の部分を省略している。丸善店内でそのような略称が用いられていたのかもしれない。宮田脩も前掲のHenderson: *Richard Wagner, his Life and Dramas.*を記すときhis以下を略し、Henderson's “Richard Wagner”と記している（前掲『学燈』六号）。二月に丸善に寄った啄木が聞いたのはこのLavignacの書であることはこうしてほぼ確定的である。

(15)『全集』④―一四九。

(16) 一九〇四年一月十三日付姉崎嘲風宛書簡に次のくだりがある。

さて病苦堪へ難く、心の重き痛みいや更につのりて、敗残の身を故山に窮ふ可く相成り候ひしは、昨春雪まだ深き程の事にて候ふ。帰り来て、苦悶愁悵の間に、先づ思ひ立ちたるは、嘗て先生の御書にて聞き知りたるワグネルの研究に御座候。元より学浅く、資乏しき事に候へバ、彼の巨人が胸中を闢《ひら》き尽すなどハ思ひも及ばぬ儀に候へど、二三の書を友に、日夕想ひに耽りて、又得る所無きに候はざりき。

文中の「資乏しき事に候へバ」の一句はチェンバレン等を買えなかった事情をうかがわせる。当時前掲の四冊を持って読んでいれば立派なワーグナー通（ワーグナー音楽そのものに通じていることにはならないが）に属したであろう。日本最高のワーグナー通の一人と目される上田敏すらこの年の一月段階ではチェンバレンの"Richard Wagner"を見ていないのである。したがって二〇円分の英書を買えたのであれば堂々とそれらの書名を挙げたであろうし、「資乏しき事に……」とは言わなかったであろう。

なお啄木の妹光子に次のような回想がある。

父が上京して兄を連れ帰るべく相談がまとまった。しかし、なんらの貯えとてあるわけでない寺の生活のなかから、二十円の金だって、そのころとしては急にはできない大金である。そこでやむをえず父は、檀家の重だった人々と相談する暇もなく、裏の万年山の栗の木を売り渡すことに決めて、ともかく二十円の金をつくって上京したのであった。（三浦光子『兄啄木の思い出』理論社、一九六四年十月、四〇頁）

この記憶に従うなら、二〇円が旅費、滞在費等々の全体なのであって、約二〇円分の英書を買うなど論外である。（帰郷後だって経済事情はよくならないから、買えないという点では同じであろう。）最も安いLidgey一冊買うのでさえ一禎にはつらい算段だったであろう。この光子の記憶を主な論拠としなかったのは雑誌『呼子と口笛』（一九三〇年十一月号）所載の「兄啄木の思ひ出㈣」には、木材の代金で二〇〇円用意したと書かれていて、光子の記憶に混濁があるからである。二〇〇円ではなく二〇円であることはほぼまちがいないと思われるが、種々の側面からの考証を要することなので、光子の記憶は傍証の位置に、今は、とどめておく。

では「二三の書を友に」となぜいったのであろうか。東京帝国大学の先生に対してたったリッジー一冊とはいいにくかったための修辞であろう。

（17）「ワグネルの思想」の㈠小序には、以上の三篇と一冊および藤代禎輔の二篇（注1）とをもってしても、その出典がつきとめきれぬワーグナー関係の文言が存在する。今は措くしかない。

二「ワグネルの思想」をめぐる考察

1 はじめに

石川啄木の「ワグネルの思想」は一九六六年（昭和四十一）に岩城之徳、布野栄一、昆豊らによって発掘され、すでに四半世紀を越えた。しかもこの評論は当初から驚嘆をもって迎えられ、特別に注目されている。小田切秀雄はいちはやくこの作品を正当に評価した。少年石川一の壮大な野心、〝無謀〟を敢行する〝無謀〟な勇気、根源的な思想的大問題を究明せねばやまぬ性向、また追求しようとしたテーマの巨大さ・根源性・先端性、『岩手日報』と岩手の知識人（中学生も含む）と少年石川一との内容豊かであろう関係の存在等。そしてさらにこの「ワグネルの思想」の中に詩集『あこがれ』、小説「雲は天才である」、評論「林中書」さらには「時代閉塞の現状」等にまで通底するものの存在をさえ小田切は示唆しているようである。（『啄木全集』第四巻、筑摩書房「解説」一九六七年九月）

これほどの評論が、しかしこれ以降、実はほとんど論ぜられたことがなかったのである。ただ伊藤淑人が一九八一年から八四年にかけて「ワグネルの思想」およびその前後の啄木を論じた。いずれも力作である。「啄木の初期論文――『ワグネルの思想』について――」（『東海学園国語国文』第二十号）、「石川啄木――ワグネルとの別れ」（同第二十二号）、「啄木を形成した人々――樗牛、晶子、嘲風――」（同第二十三号）、「初期啄木の国家観の成立――『戦雲余録』を軸として――」（同第二十六号）がそれである。この外独立の論文ではないが、遊座昭吾が評伝『石川啄木の世界』（八重岳書房、一九八七年三月）において「ワグネルの思想」とこれをめぐる啄木に関してかなりの頁を割いて論じ、卓見を示している。また小川武敏がその重厚な近著『石川啄木』（武蔵野書房、一九八九年九月）中の「啄木詩の構造」において示唆に富む見解を示している。小田切以後に「ワグネルの思想」を俎上に載せたのは、管見に入ったところでは、この三人である。

こうした研究状況の中にようやくもう一つ加わったのが、小論「石川啄木のワーグナー研究と英書」（成城学園高校『文叢』第二十四号、一九九〇年三月）である（前節に「啄木十七歳のワーグナー研究と英書」としてこれを収めた）。

この小論は瑣末な考証に終始しているようで執筆者自身これを秤量しかねていたが、岩城之徳、藤沢全のいちはやく認めるところとなった。岩城はこの小論と、岩城、藤沢の *Surf and Wave* に関する諸研究、および一九〇四年（明治三十七）九月刊の『時代思潮』所載の"*Tolstoy on the War*"の啄木への影響というラインの中に『あこがれ』以前の若き啄木の新像が彫塑されうることを示唆した。また岩城は第一次上京時後半および敗残の帰郷直後の啄木内面の形象を探る手がかりとしても小論は位置づけうるとしている。たとえば、帰郷に先だって丸善でリッジーの *Wagner* を買い求めた啄木の中に再起を期する啄木を見る、という風に。さらに「父に伴われての敗残の帰郷」という金田一京助の証言に対して啄木作品は何の確認も与えていないこと、等の理由でこれを疑問視してきた岩城は、この小論を足場にして、啄木の単独帰郷という大胆な仮説を提示した。さらにもう一つ、啄木を詩人として世に出す上で重要な拠り所となった *Surf and Wave* の発注は堀合節子の援助を受けてやはり帰郷直後になされたのであろうと推定する（以上、「国際啄木学会会報」創刊号、一九九〇年七月、四～五頁）。

岩城の大局的見地、正鵠を得た考察あるいはきわめて大胆な仮説の提示等の直接間接の示教は、わたくしの脳裡を刺激した。以下に触発されて成ったわたくしの考察を記す。

2 上京の目的（そして結果）

第一次上京の目的は何であったか。詩人になること、であった。上京直前の一九〇二年（明治三十五）十月十七日付細越毅夫宛書簡にはこうある。「共に〳〵文芸のことに携へて他日精華永遠の曠業を完うせんの日」云々と。十一月三十日、上京中の日記には上京の目的が明確に示されている、「恋人（節子）は云ふ、理想の国は詩の国にして理想の民は詩人なり、狭き亜細亜の道を越えて立たん曠世の詩才、君ならずして誰が手にかあらんや」と。堀合節子は恋人石川一の語りきかせたとてつもない自負を信じこんでしまった。恋人は世にまたとない詩才の持主である。この信念が文学上の何の成果もあげていないこの時期に節子のものとなるためには、石川一が信じたところをくりかえし語りきかせたのでなければならない。ところで、啄木が思い描くところの詩人のイメージはきわだって特徴的であって、蒲原有明や北原白秋等が思い描いていたであろう詩人のイメージとはずいぶんちがったものだったはずである。

啄木にあって詩人のイメージの原型となったのは高山樗牛「文明批評家としての文学者」であった。ここから紡ぎ出された啄木の詩人のイメージは以下のようである（途中に句点のない読みにくさをあらかじめお断りしておく）。①当代文明に反抗して清新な理想を歌い、②時代の精神を代表し、若しくは批評し、若しくは是に反抗し、文明の進路に率先して億兆の師表たらむを期し、③己の信ずる所を貫徹するために一世を敵として戦う気魄と利害打算を離れた心を持ち、其の意志の満足を至高の報酬とし、④学殖と修養は深大であり、⑤その主張が一国文明の大動力となる「大《おほい》なる詩人」、これが啄木の描く詩人である。これを「天才」と呼んでも啄木にあっては同義語であることが多い。

このような詩人になる、というとてつもない夢をもって上京したのである。思いだけは十全にふくらみ、具体的な手段、道筋についての考慮は完全に欠けていて、成功する道理などなかったのだ。（しかしこの志は幾多の試練の火をくぐって、のちに、ある意味で実現されるとも言えるが。）啄木の真に大きなハンディキャップは、父母に仕送りの経済力が全くなかったことである。結果はこうであった。「小石川の先の下宿を着のみ着の儘で逐出された私は、東京へ出て三月とも経たぬ頃ではあり、年端も行かぬ身空で経験も無ければ知慧もなし、行処に塞《ふさが》つて了つて、二三日市中を彷徨《うろつ》き巡つた揚句に、真壁六郎といふ同年輩の少年と共に、」（佐山某といふ人の）「室に二十日許りも置いて貰つた」のであった。そしてある大雪の日、雪を見ながら郷里のことを思って泣く。「私の頰には涙が流れた。……真壁に気取《けど》られぬ様に、密乎《そつ》とその涙を拭ひ〳〵しながら、終ひには声を挙げて泣きたい位、自分の現在の全然《まるで》目的《あて》も励みもない、身も心も腐つて行く様な果敢《はか》ない其日々々が悲しくなつた。真壁は何時までも〳〵身動《みじろ》ぎもせず、私の眼からは止度もなく涙が湧く……」（「樗牛死後」）。啄木がこの頃自殺を思いつめていたことは確実である（「ローマ字日記」五月二日の条参照）。

3　上京の成果

では、この上京に何の成果もなかったのか。そうではない。多くの成果をもたらした。たとえば、①与謝野鉄幹、晶子およびその他の新詩社同人の知遇を得たこと。これは『あこがれ』の詩人への一つの布石となった。②丸善、中西屋、神田の古本屋、大橋図書館、などから英米文学を購入あるいは借覧し、岩手県にいてはとうてい果たしえぬ質と量の勉強をした。③この時期に英語の読解力を飛躍的に増大させた。この英語力なしにはこの後の啄木は考えられない。つまり『あこがれ』の詩人啄木も「林中書」執筆者の啄木も「雲は天才である」の作者啄木もこの英語力によって読破された英語の文献の考察なしには十分に論ぜられない、と言えよう。④自分の思い描いていた世の中と実社会がいかにかけへだたったものかを思い知らされた。したがってまたこれまで見たことのない人間の種々相をかい間見た。明らかにこれまでの人生観は根底からゆさぶられた。新しく見えた種々相（恋人や父母姉妹、よき友人等が見せてくれた愛の相、村人や「多くの先輩や友人やの軽蔑……や、嘲笑」、都会が時として突き落とす孤独の淵の暗さ冷たさ等）を、以前同様の強烈な自己発展の夢と適合させる必要に迫られた。つまり自己の人生観・世界観を新しく構築する必要に迫られた。この課題の遂行なしにはもはや一歩の前進もありえなかった。しかも「多くの先輩や友人やの軽蔑……や、嘲笑」を何としても見返してやらねばならなかった。これらの課題の遂行こそリッジーの *Wagner* 等の研究であり、「ワグネルの思想」の執筆であった。そしてこれは一元二面観の哲学として結実する。⑤どんなに才能があり、向上の意欲があり、志が高くても、金がなければみじめな失敗しか前途にないことを骨身に沁みて思い知った。賢い啄木は同じ惨敗をくりかえさないであろう。その方法を教えるのがまた、リッジーの *Wagmer* なのであった。“*debt*”＝「借金」、これだ！　『あこがれ』上梓のための上京以後の啄木の壮絶な借金・浪費・踏みたおしぶりを見よ。先生はリヒャルト・ワーグナーであった（次節「石川啄木の借金の論理」参照）。

4　敗残の帰郷その前後

さて、目を敗残の帰郷時にもどそう。あの「愣牛死後」のあわれな啄木と、父に伴われて故郷に帰る心身ともにうちひしがれたみじめな啄木、これまで我々に見えていたのはこうした啄木であった。しかし、岩城が指摘したようにまったく別の啄木が見えてきたのである。岩城の示教によって開かれたわたくしの目に映り始めた啄木像を以下に素描する。

前項で見たように帰郷後の啄木は自己の内面をたてなおすために読書と思索を重ねた。その過程を彼自身「心闘」と名づけたほどに苦しく真剣な思索がなされた。その時の彼にとってリッジーの *Wagner* は幾重もの意味で最重要の意義をもつ文献であった。

意義の第一、これは日本人のほとんど誰も持っておらず読んでおらぬ最新の文献であった。啄木がいかに、世界の思潮の最先端を俊敏につかんでゆこうとしたかは、あとで他の一例をも見るであろう。この最新の文献があって初めて、啄木なりのワグネル論つまり「ワグネルの思想」執筆が可能になったのである。「ワグネルの思想」は序の序で終ってしまったとはいえ、したがってこの文献が論中に十分活用されるに至らなかったとはいえ、この本の精読なしには啄木がかの評論の筆を執ることはありえなかったと言えよう。第二、この書の第Ⅰ章から第Ⅳ章までに展開されるワーグナーの伝記が与えた影響は甚大であった。それはなにも"*debt*"＝「借金」の問題だけではない。（ワグネルの）「一生は又実にかくの如き勇敢なる戦士の好模範なりき。ワグネルの我に与へたる教訓の偉大なる事、それ幾何なりとするぞ」（『全集』⑦―一一二）。徹底的な模倣の中から独自の成果を創造してゆくのは啄木にとくにめざましい特徴であった。模倣はたとえば晶子の歌、有明の詩、樗牛の文等にとどまらず、金田一京助の書体にまで及んだ。が、生き方そのものを模倣しようと努めた人物はワーグナーをおいて外にないであろう。甚大な影響というのは誇張ではない。第三、ワーグナーの作品、たとえば「タンホイザー」「ローエングリーン」等が啄木の文学に与えた影響も見逃せない（「タンホイザー」の啄木作品への影響等に関しては遊座が前掲書で指摘している。わたくしは「ローエングリーン」と詩「白羽の鵠船」との相関を指摘しておこう）。

こうした重要な文献を入手したのが敗残の帰郷直前の一九〇三年二月下旬であったということ、これはこれまで見えなかった啄木の内面的な像が見えてきたことを意味する。この段階ですでに啄木は「ワグネルの思想」の構想をあたためていたのである。そして捲土重来を期していたのである。あえて誇張して歴史上の大事件をもち出すなら、剃髪して吉野に退いた大海人皇子や敗残兵を率いて九州に走った足利尊氏といった人々と同じような退却であった。彼らはみな闘いの意欲をそのみじめな蟄居や敗走等の中にあってさえ、かたときも失っていなかった。少年石川一も精神の奥深くに真赤な埋火を抱いていたのである。これはまさに岩城の指摘する「若き啄木の新像」構築の原点である。

5　外国の海の詩の影響

啄木とAnna Lydia Wardの*Surf and Wave*についてもふれておきたい。岩城はこの英書を啄木が帰郷直後に堀合節子の援助をとりつけ、すぐに丸善に発注したもの、と推定する。卓見であると思う。以下に私見を述べる。この英書の購入も上京がなければありえないことであったと考えられる。なぜなら渋民（あるいは盛岡）にいてこのような英書の存在をつきとめることは至難の技であるからだ。かりに東京などから帰郷した先輩などが所持していたので知ったのなら、借覧していたであろう。それができたなら貧乏な啄木が高価な英書を買うはずがない。啄木は"Ebb and Flow"を見てもわかるように筆写をいとうことはなかった。やはり丸善に注文しアメリカからとり寄せた、と考えるのがもっともありえそうな線である。なぜならこの書の初刊は一八八三年（明治十六）であり、丸善にはなかった公算が大きいからである。当時の『学燈』その他の資料を調べても入荷した様子を示すものはない。では、どうしてこの書の存在を知りえたのか、またなぜ注文できるだけの情報（書名、編者名、発行所、なによりも内容が高価に見合うことなど）をもっていたのか、という問題が出てくる。

以下にわたくしの推定を述べる。

高山樗牛は一九〇二年（明治三十五）六月刊の『太陽』臨時増刊号に「海の文芸」を書いた。盛岡中学校の五年生であった啄木がこれを読んだことは確実である。樗牛は言う。「海国の日本に海の詩人と云ふものが無いのは如何《どう》した訳であらうか」「近世鎖国の国是が如何に国民の志気に影響したにせよ、詩人文学者乃至美術家までが、此の天地間の一大壮美の現境を遺却し去つたかの観あるは如何いふ訳であるのであるか」と。そして樗牛は西洋の「海の詩人」を賞揚する。樗牛の叱咤そして示唆が新詩社同人に強いインパクトを与えたことは同年九月以降の『明星』に看取できる。ましてすでに見たようにその樗牛崇拝は強烈であり、時代の新しい動向をキャッチしようと最大の敏感さを持していた啄木であるから、西洋の海の詩の研究は上京時における明確な一目標であったであろう。したがって上京中に中西屋、古本屋または大橋図書館でじかに手にとる偶然を得て必要なデータをメモしてきたか、丸善で海に関する詩集に関して質問し同書の存在を教わったか、こういった線が考えられる。もっとも可能性が高いのは丸善の線であろう。そしてこの英書をどうしても入手したいと切望しつつ帰郷し、帰郷後間もなく――岩城の推定どおり――発注したのだとわたくしは推察する。

かくて帰郷前後の啄木の内面にさらに新しい精神の像が見えてくる。詩人たらんとする意志が上京の挫折によってうちくだかれることなく屹立しており、外国の海の詩を足場に詩人の道をさぐりあて、踏み出そうとしていたことを示しているのである。啄木はどん底にあってなおこのように強靱な魂の持主であった。ワーグナー研究・「ワグネルの思想」執筆の構想をあたため、準備しただけではない。詩人への道もこのときすでに現実的に準備しはじめていたのである。

6　評論「ワグネルの思想」の再評価

かつて伊藤淑人は、前掲「啄木の初期論文――『ワグネルの思想』について――」の結論において「ワグネルの思想」→『あこがれ』、「弓町より」→「心の姿の研究」、社会主義研究→「呼子と口笛」という対応関係を提示した。今ははじめの対応関係だけを問題にするが、氏の提示はまことに重要である。啄木自身ワーグナー研究と、「ワグネルの思想」執筆およびその後の思索によって「小生の胸中に」新しい「世界観」が据えられ、それによって「この後、小生は専心詩筆をと」ることになったと言明している（『全集』⑦―一一二）。すなわちリッジー *Wagner* の研究と「ワグネルの思想」の執筆は啄木が詩人への道を歩む上での大前提をなしたのであった。これなしにはのちの『あこがれ』の詩人はなかったのである。啄木の社会主義（無政府主義）の研究と「呼子と口笛」研究とは重要な関連を有するように、「ワグネルの思想」の研究は『あこがれ』研究と重要な関連を有するはずである。この意味からも「ワグネルの思想」はもっと注目されるべきであろう。藤沢全はかつて「啄木第二詩集の構想――『新弦』から『呼子と口笛』まで――」において、石川啄木の文学的生涯をつらぬく詩人（詩をつくる人、という狭義でここは考えてよい）の魂を指摘した。啄木は生涯詩人でありつづけたのであれば、詩人啄木研究の立場からも、啄木のワーグナー研究・「ワグネルの思想」の占める位置は決定的に大きい、といえるのではなかろうか。啄木のワーグナー研究、とくに評論「ワグネルの思想」は初期啄木研究における特別に大きく高く意義豊かな道標である。

7　トルストイの「人生論」

「ワグネルの思想」の典拠の一つにトルストイ作品の英訳本 *On Life*（『人生論』）がある。根拠については別の機会に述べるが、啄木はこれを一九〇二年（明治三十五）十一月に丸善で立ち読みしたか、翌年二月下旬に丸善で、購入か立ち読みかをしている。そしてこの *On Life* は「ワグネルの思想」（の序論、すなわち現行の「ワグネルの思想」）において一つの重要な位置を占めている。このことから次の推理が可能となる。①啄木の現行「ワグネルの思想」の構造、すなわちニーチェ、トルストイの対立の統一としてのワグネルという構造はおそらく在京中に着想されていた。②既成の議論（たとえば嘲風）を下敷きにする場合でも、啄木はいじらしいほどに独自の原拠をもつべく努力した。③その場合啄木の求めた原拠の筆頭は思潮の先端の先端、つまり入荷したばかりの英書であった。リッジーは二月に入荷したばかり、トルストイの *On Life* も一九〇二年刊のもので再入荷して間もなくのものであった。

三　石川啄木の借金の論理

1　「小児の心」

次に記すのは一九〇二年（明治三十五）十一月はじめの啄木である。啄木はこのとき盛岡中学校を中退して上京したばかりであった。

白亜城（すなわち盛岡中学校—引用者）を脱出した啄木は、匆惶として行李を纏め、電光石火の如く、東京は小石川小日向台町の私の下宿に落下した。まさかと思ふて居た私の驚愕は人々の想像に任せる。……

その頃の啄木は、非常に遠慮深い方で、丁度直ぐ近所に明間《あきま》の有つたを幸ひ、程なく其所へ移つて行つた。(1)

（傍点—引用者）

細越夏村のこの証言は注目に値する。第一次上京のときの啄木は「非常に遠慮深」かったのである。そしていかにもうぶであった。だから三カ月もたたぬ頃には（すでに再々引いたが）こうなっているのである。

小石川の先の下宿を着のみ着の儘で逐出された私は、東京へ出て三月とも経たぬ頃ではあり、年端も行かぬ身空で経験も無ければ知慧もなし、行処に塞《ふさが》つて了つて、二三日市中を彷徨《うろつ》き巡つた揚句に、真壁六郎といふ同年輩の少年と共に、その人（佐山某という人—引用者）の室に二十日許りも置いて貰つた事がある。(2)

明治三十年代の東京の冬、着のみ着のままで路頭に迷うぽっと出の少年。彼はある日などこの寒い部屋から眺める外の大雪に故郷の父母を思いとめどもなく泣くのである。そして心身ともに病んで、しかし捲土重来を期しつつ、帰郷。一九〇三年（明治三十六）二月末のことであった。

ところが、それから一年八カ月後に敢行した第二次上京時（一九〇四年十月末～翌年五月）はまったく様相がちがう。たとえば啄木の盛岡高等小学校以来の親友はこう言う。

あとで聞いた話だが啄木は……例の五ツ紋の紋付羽織に、仙台平の袴……をはいて、その頃最高級の煙草「敷島」をふかしてお抱え車で乗り回していたそうだ。……

そして車代が十五円たまつて、車屋のおやじと娘が困つて、さいそくしても払わなかつたそうだ。……

彼は本郷弥生町の大盛館にしばしば上野《うわの》さん（洋画家―引用者）を訪ねて、西洋美術を論じたり盛んに節子さんののろけを聞かせたり、それから当時の文壇の知名人だれだれに会つたとか、尾崎行雄と近く会食するとか、例の「あこがれ」の出版が遅れたころで、口癖のように「あこがれ」さえ出来れば何百円入るとか、一時に収入のあるような触れこみで、結局はたびたび無心をされたそうだ。(3)

これは伊東圭一郎の聞き書きだから厳密な意味で事実かどうかは別として、当時の啄木の雰囲気を伝えており、すぐあとで見る収支の帳尻とも符合する。次に掲げる手紙は例の花婿のいない結婚式という事件の渦中にまきこまれた友人中館松生が、その渦中で書いたものであって、誤解はともかく記憶ちがいということはほとんど考えられず、したがって当時の啄木の言動の一端があざやかに浮かび上がる。

佐藤君、君は石川よりきいた岩崎（岩崎財閥のこと）へ行つて三万円借ようとした時の話を記憶してるだろう。その時何んというた。自分は、初めて詩人たることを自覚した。詩人は富豪の助けを受けることは非常にいさぎよしとせざる所と自覚したというたじやないか。……

然るに彼れの行為のすべてはいさぎよしとせざる事ばかりじやないか。それも吾等を欺く手段であつたのだ、工藤三郎君にこういうたそうだ、尾崎（行雄、元東京市長）から三百円の借用書を書いて貰つて三井（三井財閥のこと）へ行つたらハネつけられたと。[4]

まことに端倪すべからざる啄木がここにいる。

次に在京中の六カ月と二〇日間に啄木が費やした金銭を現在確認できるところで挙げると以下のとおりである。

入京した時持参	約　三円
山本千三郎より為替	六〇円
金田一京助より借金	一五円
佐土原町の下宿	二五円
大和館—下宿	七〇円
田沼甚八郎より借金	五円
波岡茂輝より借金	一円

合計約一七九円也[5]

当時学生の下宿代は賄付で一二円か一三円といったところ（本郷の赤心館や蓋平館）。もっと安いところもあっただろう。当時の巡査の初任給（基本給）は一二円（一九〇六年）[6]、小学校教員の初任給は一〇円～一三円（一九〇〇年）[7]だというから一五円あれば一カ月を十分に暮らせよう。六カ月と二〇日間では計一〇〇円で暮らせる計算である。しかるにかなり少なく見積って七九円もの超過経費である（ちなみに啄木の父が宝徳寺住職を罷免される原因となった宗費滞納額は一一三円であった）。伊東らの証言は裏づけられるわけである。きわめつけは土井晩翠夫人をあざむいた一〇円の借金[8]と花婿のいない結婚式であった。中館の手紙に見られるようにごうごうたる非難が啄木にあびせられるようになる。罪は四カ条。一、見さかいのない、偽りの理由による（と見えた）多額の借金。二、借金・下宿代等のふみたおし。三、非常識な濫費。四、借金やパトロン捜しにまつわる嘘やホラ（と見えた）話。

第一回目の敗残の帰京後の啄木は、ユニオン会の親友らをはじめ、大切な友人たちをほとんど失っていない。重要な友情関係はほぼ継続し、また友人たちは励ましてくれもした。しかし今回の啄木に対しては厳しかった。ごうごうたる非難の上に、絶交状がつぎつぎにたたきつけられていった（そして「金にだらしのない男」「生活落伍者」「借金魔」等々の汚名が後世に残ることになる）。啄木にとっておそらく最大のショックだったのはユニオン会の親友たちからの絶交だったと思われる。そのうちの一人小沢恒一は絶交状をたたきつけておきながら一九〇六年（明治三十九）正月、啄木に年賀状を出した。啄木はそれに対し実に厳しい返書をしたためた。[9]そこには懐旧の情とか友情の復活を懇願する卑屈さとか、あるいは自己の行為を悪とする観念とか悔い改める気配とか、それらに類するものは微塵もない。断固たる態度で一貫している。文体は冷静で理知的である。啄木は自分のやったことにどうやら堂々たる信念をもっているようである。[10]事実啄木は借金とそのふみたおしについて次のように考えていたのである。一九〇五年（明治三十八）十月十一日付波岡茂輝宛書簡。

大兄よりも借りたるもの未だにお返し仕らぬ事、記憶いたし居候が、これらは出来た時に差上げむとの考へに候へば、失礼乍ら、お申訳はなく候へど、自分の心では疚しき事もなしと思ひ候、……

波岡は啄木よりほぼ八つ年上で当時早稲田大学の講師嘱託になったばかり。啄木は心おきなく思いを述べている。その一節に借金のくだりがあるわけである。このあと、人々のあらゆる誤解などどうでもよい、自分は今誰も知らぬ信念の下に人知れぬ闘いを続行中である、自分は結局その闘いに勝つであろう、といった内容がつづく。

どうやら啄木には借金と借金を返さない（一時的にふみたおす）ことを正当化する論理があるようである。評論「古酒新酒」を見てみよう。これは一九〇六年（明治三十九）元旦の『岩手日報』に特集されたもので天才主義に基づいて時代を論じ、自己を論じたもの。とくに顕著なのは前年の『あこがれ』上梓前後の自己のふるまいへのごうごうたる非難に対する反撃の意図である。この意図の確かさは啄木自身が小笠原謙吉宛書簡（一九〇六年一月十八日付）にこう書いていることで裏づけを得られる。「兄よ、小生が昨年中に受けたる種々の迫害が、年末に至りて切実なる追懐の情に訴へられ、その不平の余憤が、はからずも『古酒新酒』中に幾分を発せられたるもの、又余儀なきに非ずや。」では「古酒新酒」には何と書いてあるか。一四の節からなる本文中の九番目の節は「過を知らば改めよといふ語あり。然も世には失敗の起る所を知り乍ら、猶そを改むるの要なき事もあるぞかし」で始まる。そしてこの節の結びはこうである。

我は過去数月間の長き強き失敗を悔ゆる能はず。また其由つて来る所を探つて改むる能はず。何となれば、これたゞ我が心余りに小児の如くなりければ也。余りに赤裸々にして物を顧みざりければ也。我如何にして斯《か》くの如き失敗を再びせざるをうべきかを知らざるに非ず、そは世の多くの人と共に猫の眼と声と猿の智と狒々《ひひ》の慾を学べば足れば也。然らば何故に失敗の因を改めざるか。答へて曰く、小児の心乎、小児の心乎、噫これ我が常に望む所なれば也。

「過去数月間の長き強き失敗」の主たるものは当然さきほどの〝四カ条の罪〟である。となるとおどろくべき論理となる。〝四カ条の罪〟はただ「小児の心」によって行動した結果に過ぎぬ。あんな借金やそのふみたおしや浪費といったあやまちは、すまいと思えばしなくて済む道くらい自分は知っている。しかし自分はそんないやらしい道を歩むつもりはない。これまでどおり、自分の赤裸々の心に従って生きてゆくばかりである、ということなのだ。

彼の〝四つの罪〟を正当化してしまう「小児の心」とはいかなるものなのか。それはいつ、どのようにして啄木の中に形成されたのか。これらを次に考察しよう。

「小児の心」という言葉がはじめて姿を現わすのは一九〇四年（明治三十七）七月二十三日のことである。この年の一月十四日石川啄木と堀合節子の婚約について両家の合意ができ、啄木の人生は新しい局面に入った。このあと七月二十三日までの啄木の心の軌跡を瞥見すると以下のようである。婚約が現実化したことは、詩人として舞い上がったばかりの啄木に突如、夫婦二人の独立の生活、という重苦しい課題をつきつけた。この課題はあたりまえの生活人からすればあたりまえの課題である。しかし夢想しているのは前節で見たような「詩人」になることである。この夢とかの新事態との間にはあまりに深い淵がある。もちろん父母には何の財産もない。裸一貫が出発点である。彼はこの淵を見つめるかわりに、目を「洋濤万里の彼方」に向ける。つまり渡米志向が狂ったように燃え上がる。きっかけは、まるで第二のバイロン卿のように喧伝されるヨネ・ノグチの出世作、*From the Eastern Sea* を読んだことにある。本稿で考察する時期における啄木の結婚前後の生活構想は、上京（詩集刊行・金策）、夫婦で渡米、（あとはきっとうまくゆく、ヨネ・ノグチのように）であった。

いかにしてそれを果たすか。まず上京からはじめねばならぬが何しろ金がいるのである。金はないのである。書簡と日記によってそのもがきようを眺めてみよう。一九〇四年（明治三十七）一月十三日、姉崎嘲風に職さがしの必要もあって上京したいと書く。翌日婚約成立。二十一日ヨネ・ノグチに書く。渡米の熱望は「自国に於ての学資さへない、いはゆるペニーレス・ボーイの私に取つて、あまりに突飛な、分外、又遂行し難い希望でありませう。突飛か、分外か、それハ己が関する所でハない。あゝたゞこの一事が、私の生涯の進路をひらく唯一の鍵ではないか。さらばその鍵を握り、なつかしい大兄の高風に接すべく、如何にして己が渡航の機会——否費用を見附たらよいであらうか。

あゝ大兄よ、少なくとも之れは、私の未だ嘗て遭遇した事のない大問題であるのです。如何にして？　如何にして？私は未だ知りませぬ。たゞ私は心に期してそのたのしき日の必ずあるであらう事を信じて居ります。」

あわれなほどに意図は見え透いている。境遇に屈して地道な生計の道をまず第一に考えるのでない以上、こうして無心するか、パトロンを求めるかせざるをえないのである。ノグチはもちろんその手にのらぬ。二十二日の日記。「あゝ人生か、人生か。その烈しき悲惨の戦ひに乗り出づべく、我らの希望のいかに心細きよ。」婚約の歓喜からわずか十日も経たぬうちに、結婚生活の不安におののいている。二十七日、姉崎宛ての書簡で「出京費」を暗に無心し、かつ就職の世話を哀願する。姉崎は黙殺。二月三日結納。二月、三月、上京しようとあせる。四月十二日姉崎宛て、またしても渡米費用を無心。姉崎黙殺。この頃しきりに友人たちに秋までには処女詩集の原稿をたくわえて上京したいと言う。六月八日前田林外宛書簡で「何なりとも自活のたづきとなる程の事有之候はゞ、何卒御世話被下度候」と懇願する。六月二十日、詩「壁の影」を制作し、この前後より心身の不調が続き七月二十日までの間は詩の制作も日記の記入もなく、わずか二通の書簡があるのみ。前年二月末の敗残の帰郷以後啄木は何度か病におかされているが、いつも精神的なものに連動しているかに見受けられる。事態が好転しはじめると回復し、暗転してゆくと病む。このたびの病もそのサイクルの一環（それも最後の）であろうかと思われる。この間何をしてくらしたのかわからぬが、詩の方は「無興も無興、殆んど生きて居るのが苦痛な程の無興に筆投げしまゝ」であった（七月二十二日前田林外宛て）。このような落込みの最大の原因は、最大の悩みすなわち結婚後の生活をいかに営むかが具体的にまったく定められないことと深くかかわっていると思われる。「出京費」すら出処がないのだ。このように落ちこんでいた啄木を盛岡の友人たちが七月十日頃から続々と訪ねて来た。気力がそうして上向きになってきたところへ節子からの便りが届く。啄木は一週間返事を書けなかったようだ。自分に全幅の信頼をおく婚約者からの手紙であってみれば啄木はいやでも最大の難題を深く思いかえさずにはいられなかったのであろう。手紙を受けとって七日目の朝すなわち七月二十一日朝、啄木は四月八日以来中断していた日記を再開する。それも愛人節子への書簡という形式をとって。二十一日、二十二日分の内容についての分析は他日にゆずるが、その日の出来事にかかわって思いつくままを書きつらねている。ところが、二十三日「小児の心」をめぐる文章があらわれて、以後二十八日の中断までワグネルの「タンホイゼル」論一本にテーマがしぼられる。（友人二人とかるた遊びに行ってその）

> かへりには夜の道の静けき小草の夢を踏みて、暗澹たる空に小さき星のたゞ一つかゝれる、私初めて甦りたる様の心地いたし候。蜒々たる東西の山趣。天地は深き黙思の眠りに静みて、路に臨む楊柳の影黒く、草舎遠近に散点する所、あゝかゝる時に、たよる者を恵まぬ事なき「自然」てふ全能の女神は、其いと高き所の霊精の座を下り来て、慕へる者の胸ふかく、温かき慰安のくちづけをば賜ふなる。かくて我は思ひぬ。あゝそれ小児の心乎、小児の心乎。!!!　禍ひは罪なき小児の心を襲ひえざるなり。清き泉のほとりに咲ける蘋の花のたとへ流れて濁江の岸に泥の香さぐるとも、潔浄清白の色は何時の世かそのけだかき趣を失はん。飾ることなき小児の心はやがてその不断の清白に非ずや。若し今の世の粉黛を事とする交際の道を更めてさらに吾人の救済を求めんと欲せば一に此小児の心を以て人と交るの法あるのみ。（傍点―引用者）

二日前の記述に先に見た一月二十二日のそれと共通する次のような一文がある。「閑座夜深うして悲愁しきりに襲ひ至るの時。さすがにせきあへざりし涙の、思の胸より迸しる宵もなかりしに非ず。」これは、家族・友人・知己を前に快活にふるまっている啄木の意識の深層にここ半年間常にかの苦悩がわだかまっていたことを示す。かるた遊びにうち興じての帰り、友人と夜道を歩きながら啄木の意識のその暗部がひそかにうずいている。そして「暗憺たる空に小さき星のたゞ一つかゝれる」を見て、啄木は「初めて甦りたる様の心地」（傍点―引用者）がする。悩みを脱却する啓示を受けたような気がしたというのである。それはまず「たよる者を恵まぬ事なき『自然』てふ全能の女神」の存在を感じたことをきっかけとしている。「たよる者」とは誰よりもまず啄木自身であろう――内に暗い悩みをかかえた――。こうした自分に「恵み」と「慰安」を与えてくれる大いなる存在を感じたとき、その存在の前にいる自分の中に突然「小児の心」を見出すのである。「あゝそれ小児の心乎、小児の心乎。!!!」「!!!」が発見の感動の大きさを示している。「小児の心」とは高山樗牛の「無題録」中の次のくだりを受けたものであろう。

嗚乎小児の心乎、小児の心乎。玲瓏玉《たま》の如く透徹水の如く、名聞《みやうもん》を求めず、利養を願はず、形式方便習慣に充ち満てる一切現世の桎梏を離れ、あらゆる人為の道徳、学智の繋縛に累はされず、たゞたゞ本然の至性を披いて天真の流露に任かすもの、あゝ独り夫れ小児の心乎。（傍点―引用者）

この時の啄木は「名聞を求め」「利養を願」っているのだから、摂取の力点はたとえば私が傍点をうったところにあろう。が、ともあれ啄木は自らの中に今「本然の至性」すなわち天から与えられた自然のままのいたって純良な心、を見出しているのである。そしてこの心を「天真の流露に任かす」なら当然「あらゆる人為の道徳」等に「累はされ」たりしないはずなのである。日記文中の「清き泉のほとりに咲ける蘋の花」とは啄木の啄木以前の雅号が白蘋であったことを思えば何をさすかは言わずと知れる。その花は「潔浄清白の色」「不断の清白」をもち、「濁江の岸に泥の香さぐるとも」けがされることがあってはならぬものである。すなわち「今の世の粉黛を事とする交際の道」を改めて「吾人の」（つまり自分の）「救済を求めんと欲せば一に此小児の心を以て人と交る」道あるのみ。このように言うわけである。これは啄木にとって一つの開悟であった。「初めて甦りたる様の心地」とはまさに半年間の憂悶からようやく解き放たれたことを示していよう。

なにゆえに、またいかにしてこれは開悟でありうるのか。啄木の論理はさらに分析されねばならない。啄木は結婚が現実に日程にのぼったときひどくうろたえたのであった。自分一身が妻と二人分の生計を担わねばならぬ現実に直面して「詩人」になることしか考えられず、渡米を夢想することで現実に生活を推しひらくことを回避しつつ、卑屈な無心や気のり不十分の就職依頼をくりかえしていたにすぎないのだった。そして六月下旬からの心身の不調は現実社会の強大な威力の前に手も足も出ぬ卑小な自分をいやというほど思い知らされていたことを窺わせる。このように現実の社会にたじろぎおいつめられたと感じた啄木が、自然の前に立つ幼な子のような自分というイメージをテコにして、社会との関係を大逆転させるのである。自分が社会人として無力であることはこの半年間明らかに負の要因であった。しかしそうした自分こそ「小児の心」の持主なのだ。であるなら、自分こそ高く清らかなのであり、自分の前に立ちはだかる世の中こそ低く、けがれた存在なのである。「清き泉のほとりに咲ける」白蘋よ、世間という「濁江」の「泥の香」にも己の「潔浄清白の色」を決して汚されるな、論理はこのようになってしまう。この論理は「栄華の巷低く見て」自らを高しとする当時の一高生や「汚れの現世《うつしよ》遠く去りて、黄金の波にいざ漕がん」と歌った三高生の心情に酷似しているかに見える。また一九〇三年十一月制作の詩「啄木鳥」にも共通しているかに見える。しかしきわめて大きなちがいがある。一高生も三高生も結局その世間に入って同化してゆくことは前提となっており、(旧制)高校生という特殊なつかの間の身分を謳歌しているにすぎない。「啄木鳥」は霊の住家に汚れが入りこまぬよう監視するという、観念的な詩人観の形象である。「小児の心」の論理はちがう。世の中と対立するかぎりの全自分は(心も、欲求も、行動も)すべて絶対的に肯定されるのである。そしてその自分に対立するかぎりの世の中は悪として否定してしまうのである。しかもそれは一時的なのではない。彼のそのときのつもりとしては自分がこの世にあるかぎりはそのように自己を持し、かつ世に対するというのである。

はたして三年後、北海道函館で執筆したと見られるエッセイ「一握の砂」に、先の七月二十三日の日記および「古酒新酒」の引用箇所と同じ論理がもっともくわしく展開される。要約しておこう。

人は誰も生まれたときは「神の如く無邪気なる小児」である。しかし、「人を多く見、人の言語を多く知るに従つて」不安・羞恥・秘密・猜疑を知るようになる。さらに次々と天真さを失っていって、「はては人の思惑にのみ心を牽かれて、心ならざる事を言ひ、又は行ふに至り、茲《ここ》に一切の悪徳」が生まれる。そして「遂には路傍溝中の汚水をも争ふて飲まむとするに至る。この汚水は即ち虚栄也、黄金也、偽善也、迷信也」。こうして小児の心が全く死んだとき人はこれを成人という。「小児は成人の父なり」と「湖畔の詩人」ワーズワースはいったが人はその小児を殺して成人をつくっているのだ。人は随所に自己の父母である「自然を殺戮し了らむとして、先づ」小児という自然を殺し尽すのだ。ところで我々は常に「我等をして自然ならしめよ」と願っている。小児こそ成人の父であるのに、「我等何故に赤裸々」で「公明」で「天真」であることができないのか。なぜ大きな声でものを言い、行きたい所へ行き、したいことをし、心のままに笑ったり泣いたりできないのか。できない理などないではないか。まさに小児の如くふるまうべきなのだ。「自然の為に、最も憎むべき反逆を企てつつある人類に向つて、我等の『正しき反逆』は最も勇敢に戦はれ」ねばならぬ。「世に最も貴きもの三あり。一に曰く、小児の心。二に曰く、小児の心。三に曰く、小児の心。ああ、生れたる儘にて死ぬる人こそ、この世にて一番エラキ人なるべきなれ」(『全集』④―一二三～一二四)。

以上の論のエッセンスはすべて七月二十三日の日記の短文の中にある。当時の啄木はすでにワーズワースのことばも知っていたのであるから「一握の砂」の論理は事実上七月二十三日にでき上っていた、と見てよいのである。だから開悟とわたくしが言うのは誇張ではない。そして七月三十一日付小沢恒一宛書簡の次のくだりが、啄木の屈折する心理の種々相と七月二十三日という到達点とを示していよう。

「絶へ《ママ》ず惑ひ、絶へず驕り、また絶へず悲しみ、さて詩もえたり、人の世の事、悟れりと思ふふしぐ〳〵もありき」

以後「小児の心」は啄木の生活の一原理である。（七月二十三日以降の啄木に上京後の仕事を探した気配は見出せない。九月十四日前田林外に宛てて「目下旅費金策中、上京後は何とも成るべく候」と書く。前回あれほどみじめな敗北をなめた啄木がこう書く以上、仕事以外の別の〝秘策〟が胸にあるということでなければならない。）

2　天才主義

「小児の心」は世間という他者に対して自己の立場を絶対化する論理なのであるから、利己主義と紙一重の論理である。いや利己主義そのものであるともいえる。ところで啄木は一九〇三年（明治三十六）九月十七日付野村長一宛書簡ですでにこう言っている。「最も自己の本性に忠実なる人は、やがて最も他の人に忠実なる人ではないか。利己主義と個人主義（我が所謂）とは雲泥の差である。真に自己を愛するものは、又他の者をも一汎に愛すべき者である。」啄木の論理の中にあっては、「小児の心」は個人主義でありえても利己主義ではない。利己主義であってはならないのである。いったいこのように考える時の啄木の論理はいかなるものであるのか。これを解くには、「小児の心」は啄木の文学的生涯全一〇年間の八割の時期（一九〇二〜一九〇九）を規定していた浪漫主義の中に、とくにその特徴的表現としての天才主義の中に位置づけられねばならない。紙幅の都合で啄木の天才主義の形成過程の考察は措き、その内容をここに要約しておこう。天才主義（もしくは天才崇拝）の内容を簡潔に示すものとしては高山樗牛の弟斎藤野の人の次の一文が好適であろう。

天才崇拝とは何ぞや、これ天才の独創せる世界の価値に対して讃美と崇敬を捧ぐるの謂也、……若し彼の世界の価値にして無限ならば、世に如何なる犠牲と崇拝をも辞すべからざる也。(11)

啄木の天才主義はこれに加えて以下のようなユニークな特徴を持つ。

それは第一に天才意識という独特の内核を持っている。つまり自らが天才であるという自負を啄木自身が持っているのである。したがって天才である自分自身（少なくとも未来の自分自身）も崇拝の対象なのである。そしてその天才実現のためには「如何なる犠牲……をも辞すべからざる也」なのである。つまり啄木の天才主義は彼自身の内なる天才意識によってひたされ染め上げられているのである。

そして第二に彼の天才主義は華麗な装いをもっている。自分の天才主義は利己主義とは決定的に違うと自他に言いきかせる理論すなわち一元二面観哲学である。簡単にいえば、宇宙の根本は絶対意志（つまり一元）である。そしてこの意志は自己拡張の意志と自他融合の意志（二つを別言すれば、意志と愛）という二面から成り立っている、というのである。したがって啄木の主観にあっては猛烈な自己拡張は常にそれにふさわしい愛と一体となっているのである。つまり「利己主義と個人主義……とは雲泥の差」なのである。この哲学は姉崎嘲風の「再び樗牛に与ふる書」等を基盤として構築されていったのであるが、その過程できわめて重要な役割を果たしたのは後述するように C.A. Lidgey の *Wagner* なのであった。こうして構築された一元二面観哲学が天才主義のからだを装っているわけである。つづめていえば啄木の天才主義は天才意識・天才主義・一元二面観哲学という三層のモメントから成っている。以上のような特徴をもつ天才主義をわたくしは啄木天才主義と呼ぶ。(12)

ところで、啄木天才主義がほぼ完成したのは一九〇四年（明治三十七）一月の上旬である。そしておもしろいことに、ちょうどその直後すなわち一月十四日の婚約の頃から観念の中で生活の現実的課題と向き合い、圧迫されて彼は人知れず煩悶を重ねたのであった。その果てに見出したのが「小児の心」の論理なのであった。つまり、天才主義自体が天才出現のために凡人に犠牲を要求するという論理をもっているにもかかわらず、啄木はこれを借金や浪費の論理へと飛躍させることなど思ってもみなかった、ということを右の事実は示しているわけである。

さらに「小児の心」についても一考を要する。「小児の心」はたしかに樗牛のことばをうけたものであった。抽象的なレベルでは啄木は樗牛と同じ意味でこのことばを使っている。だが、啄木の「小児の心」は樗牛には思いもよらぬまったく独自な意味と機能をとり入れている。この「小児の心」は借金や浪費等〝四つの罪〟正当化の根拠となっているのである。

こうして、啄木の論理は次のように進展したはずなのである。まず高山樗牛「無題録」を媒介にして啄木天才主義は「小児の心」という補完物をとりこんだ、次にもう一つの著述を媒介にして「小児の心」は借金や浪費等を正当化する根拠という機能を包摂した、という順序で。もちろんこの二つの過程は同時的、瞬間的に進行したということも考えられる。その可能性は大きいとわたくしは考える。進行が同時的、瞬間的であっても論理的過程は右の如くでなければならないであろう。

さて、第一の過程についてはすでに見てある。第二の過程について以下に見よう。

3　*Wagner* by C.A. Lidgey

第二の過程を推しすすめた著述は C.A. Lidgey の *Wagner* である。その根拠をも示しつつ以下に第二の過程の考察を行なう。

まずこの著述と啄木天才主義との関係を確認しておきたい。啄木天才主義の理論的表現たる一元二面観哲学形成においてリッジーの *Wagner* が占めていた位置について啄木自身が次のように述べている。（敗残の帰郷後の激しい煩悶

の中で）

バイブルを読み、法華経を読み、猶且つ真に動く能はざりし小生は、この（デカルトの—引用者）『我の存在』の一意識に触るゝに当つて、俄然として醒めたるが如く候ひき。生存の意義と価値とはかくして朧ろ気に我が暗黒なる胸中に一道の光明を投げ、幼きより我がいのちなりし自負の一念は、又かくして別箇の意味に於て我が枯槁の生活に復活したり。この時に当りて、リヒヤード・ワグネルの偉大なる思想こそ、小生の此の意識をして益々明瞭ならしむる唯一の力に候ひしか。

ワグネルの楽劇の根底たる意志拡張の愛の猛烈なる世界観は、根本より小生の性質と相吻合するを得るの理由あり。彼は同じくシヨウペンハウエルより出で乍ら、トルストイと共に意志消滅の誤謬に陥らず、又ニイチエと共に意志拡張のみの極端に走らざりき。この相反したる二思想の間に、微妙なる一大発見は彼の天才によつて見出されたり。乃ち、意志拡張の愛の健闘的勇気によつてのみ到達せらるべき神人握手の妙境也。かくて彼が作中のヒーローは皆此の理想の戦士也。彼等にはたゞ愛と戦あるのみ、固より生死省みるの暇なき也。而して彼自身の一生は又実にかくの如き勇敢なる戦士の好模範なりき。ワグネルの我に与へたる教訓の偉大なる事、それ幾何なりとするぞ。（一九〇六年一月十八日小笠原謙吉宛）

帰郷後の煩悶の底にあって自分はデカルトの「我考ふ、故に我在り」という言葉に触発され、しだいに「わがいのちなりし自負の一念」を復活させることができたが、この過程を推し進める際の自分にエネルギーを注入してくれたのは、ただ「ワグネルの偉大なる思想」だけだったという。それほど決定的な力となった「ワグネルの偉大なる思想」をくみとるための源泉はほとんどリッジーの *Wagner* 一冊であった。したがってこの英書こそ「唯一の力」のもとに「候ひしか」ということになる。

そしてこの「ワグネルの偉大なる思想」つまり「ワグネルの楽劇の根底たる意志拡張の愛の猛烈なる世界観は、根本より小生の性質と相吻合」したという。つまり「ワグネルの偉大なる思想」は、すなわちその楽劇の中に展開されている思想は、自分の性質と、ひいては一元二面観哲学と根本において合致する、[13]という。

最後に決定的に重要な二つのセンテンスがある。「而して彼自身の一生は又実にかくの如き勇敢なる戦士の好模範なりき」と。つまり（リッジーの *Wagner* に描かれた）ワグネルの一生こそそのまま、生きた一元二面観哲学だった、というのである。だから次の一文がつづく。「ワグネルの我に与へたる教訓の偉大なる事、それ幾何なりとするぞ。」

啄木の中にあって *Wagner* の占める位置の大きさはかくの如きものなのである。このことは一九〇三年（明治三十六）にかぎらない。この書簡や同じ三月二十日に書かれた「渋民日記」等によると一九〇六年においてすらワグネルの位置は十分に大きい。まして「小児の心」を発見した一九〇四年七月二十三日にあっては *Wagner* の占める位置は前年同様に大きいと見てまちがいない。[14]

かくてリッジーの *Wagner* は啄木の一元二面観哲学形成にあたって、まず第一にこの哲学のひな型を与えたのであり、さらに、この哲学を具現した人生の生なましい手本を与えたのであった。

では、樗牛の「小児の心」が啄木流「小児の心」に転化するに際してこの英書はいかなる働きをなしたのであろうか。これについては二つの回路を考えるべきであるとわたくしは思う。

一つ目は小児のような childlike な魂の持主、ワグネルという回路。実はリッジーという人の描くワグネル像は美化されすぎている。逆に言えばワグネルの欠点を曲筆を弄していたるところで弁護している。その弁護の論理こそがこれから見ようとする回路である。

ルートヴィヒ二世以前にすでに立派なパトロンたちに恵まれたワグネルだったが、あいかわらず彼は金に困りつづけた、という文脈をうけて以下の叙述がなされると承知されたい。

たとえば一八六〇年一、二月のパリ公演では、

Financially, the result was a loss of some 10,000 francs. (p.46)

財政的には結果はざっと一万フランの損失だった。

三月のブリュッセルでの二度の演奏会はいっそうひどい金銭上の災厄におわった resulted in further pecuniary disaster (p.46) とリッジーは言う。だがこの頃ワグネルにはカレルギス夫人からの援助などかなりの収入があったはずなのにリッジーはそれにはふれないで別の収入にふれながら次のように書く。ワグネルはショット社から「指輪」の版権として受けとった報酬の大部分を生計の手段を購入するのに使ってしまった。「いっそうひどい金銭上の災厄」の原因はそれだ、とリッジーは言う。収入が少なかったから生活費に困ったのか、十分の収入があったが浪費が大きすぎて「災厄」になったのか。リッジーは意識的にぼかした上でこのときのワグネルの心事を気の毒だという。生活のために芸術を売ることを余儀なくされたのだから、と。そして興味深い一文が続く。

His real nature was *so simple* that it was easily misunderstood. (p.46~47)

彼の本当の性質は非常に純真だったのでそれは容易に誤解された。（英文のイタリックと邦文の傍点は引用者。以下同じ。）

リッジーはワグネルの純真さをこう説明する。ワグネルにあって芸術とは高貴なもの美しいものすべてのエッセンスであり、神聖に、けがれなく保たれるべきものである。彼の全目的はその最高の理想を満足させる作品を生み出すことなのである。この良心的な生き方の中にワグネルの敵たちはごうまんな虚栄 overweening vanity しか見ないの

だ、と（四七頁）。ごうまんな虚栄とは浪費を指しているのだがリッジーは、浪費などはワグネルがその崇高な目的を達成していく上でなくてはならぬものであったのだと言いたいらしい。

The old monetary troubles began to press on him *again.* (p.51)

旧い金銭上のトラブルがふたたび彼の心に重くのしかかりはじめた。

旧い負債が、ふたたび問題になったというのだ。リッジーはここでも問題をいったんぼかす。ワグネルの初期作品の作曲料が不当に安かった。ドレスデンの劇場経営者は「タンホイザー」、「オランダ人」の作曲に対する報酬を、それらはかつてワグネルが宮廷歌劇場指揮者の義務として作ったものなのだからというので、支払わなかった。（だから?!）old monetary troublesが復活したという。が、ともかくこのトラブルに悩まされたワグネルは……

He was now reduced to giving concerts to eke out a subsistence. (p.52)

彼は今や暮しをかろうじてやって行くために余儀なくコンサートを行うことになった。

そしてウィーン、プラハ、ペテルブルグ、モスクワ、ペスト、カールスルーエ、レーヴェンベルク、ブレスラウで演奏会を行なった。結果は、

A certain amount of money was made by these tours, but his affairs nevertheless went from bad to worse. (p.52)

ある程度の額の金がこのツアーでできた。しかし、にもかかわらず彼の事情は悪いからより悪いになった。

どうしてワグネルはこういつも金が入ったあとにbutが来て、bad（悪い）からworse（より悪い）になるのだろう。

His enemies attributed this to the *"sybaritic existence"* he led; *luxury worthy of Oriental potentates* was ascribed to him. (p.52)

彼の敵たちはこれを彼がおくっていた「遊蕩児的生活」に帰した。東洋的君主風の贅沢が彼に特有のものと見なされた。

どうしていつもbadがworseになるのか、読み手はだれでもここではっきりと分かる。贅沢なのだ。それもふつうの贅沢ではない。「東洋的君主風」なのだ。それならこれとold monetary troubles（借金とふみたおし）との関係も見えてくる。しかしリッジーは弁護する。

But, even granting that some of the stories of extravagance were true, he was to be pitied rather than condemned. (p.52)

しかし、濫費の逸話のあるものが真実であったことをたとえ認めるにしても、彼はとがめられるよりむしろ同情されるべきだったのだ。

贅沢は事実だが、それは同情されるべきだという。さっき「ワグネルの心事を気の毒だ」といったのと同じ論法だ。

He was not a man who cared for ordinary success ; such little vanities as he possessed were *childlike* in their *simplicity*. What his whole soul craved for was appreciation ; his only longing was to be understood. (p.52)

彼は並の成功を求める男ではなかった。彼がもっていたような小さなもろもろの虚栄などそれらの純真さの点で小児に通うものだった。彼の魂全体が切望していたのは正しく認められることであった。彼の唯一のあこがれは理解されることだったのだ。

ここまで来るとリッジーのワグネル弁護の論理はくっきりする。ワグネルの全目的は自己の理想とする芸術を人類のために大成することである。この高貴な目的の達成を追求するワグネルの魂こそ至純 *so simple* というべきものである。浪費や贅沢などは、小児に通う *childlike* 至純の魂の発露とみなすべきであって非難さるべきものではない。

こういう論理である。そしてこれはわれわれがすでに見た論理である。あの天才主義と結合した啄木流「小児の心」と酷似した論理なのである。

リッジーの *Wagner* が啄木の中で占めていた位置と以上のような内容とを考えあわせるなら、かの過程を推進したモメントとしてこの英書を挙げてよいであろう。

二つ目の回路。リッジーの示す以下のようなワグネルも啄木流「小児の心」形成にとって重要な要素であったと思われる。

二十二歳の時ワグネルはマグデブルク劇場で歌劇「恋愛禁制」を初演、惨憺たる失敗に終った。その結果、

　This untoward incident left Wagner in sad straits; he was almost *penniless*, and *in debt* besides. (p.13)

　この不運な事件はワグネルを悲境におとした。彼はほとんど文なしだった。その上借金をしていた。

この借金をワグネルはどうしたか。返したなどとはどこにも出てこない。このマグデブルクを去ったワグネルはケーニヒスベルクでミンナ・プラーナーと結婚した。そして翌年リガの劇場の音楽監督になるのだが……

　Always conscientious, *he was oppressed by the sense of the debts* he had contracted at Königsberg; and money was more needful than ever for another important reason. (p.15)

　いつも良心的なので、彼はケーニヒスベルク時代に作った借金を考えて憂鬱になっていた。金は別の重要な理由からしてこれまでよりもいっそう必要だった。

「別の重要な理由」とはパリへ行って自分の音楽上の理想をかなえたい、ということだった。啄木も東京へあるいはアメリカへ行って自分の文学上の理想をかなえたい、そのための金がほしい、と思っている。ワグネルがいつも

conscientious で借金の思いに苦しんだかどうかはともかく、借金を負っていた事実は啄木の印象に残ったはずである。

ワグネルはそしてパリへ。パリにおけるワグネルの窮境と苦闘に対して啄木は満腔の同情と共感を示す。なぜか。第一次上京時の経験と重ねて読むとこの世で最も尊敬する人があまりにも身近だからである。リッジーをもとに啄木は例の七月二十三日の日記のつづきにこう書いている。

タンホイゼル物語の初めてワグネルの味ふ所となりしは千八百四十一年の終りにして、彼が内外蹉跎困惑交々心を襲ふの際に於ける巴里客舎の燈下に繙かれたるなり。当時ワグネル二十九才。……才藻漸く渾円の域に進みながら、世は依然として彼を迫害し誹謗し、……崢嶸の路其極に達せるのみか……憂痛内外より併せ攻むるの状ありき。

このあたりはワグネル伝の中で鮮烈な印象を得たところらしく、翌年七月七日付『岩手日報』にもこう書く。「噫、貧困は実に天才を護育するの揺籃なりき……我がリヒヤード・ワグネルも亦……飄然として祖国を去つて巴里《パリー》に入るや、淋しき冷たき陋巷の客舎にありて具《つぶ》さに衣食の為めに労苦を嘗めぬ。」

パリでも貧乏だった。いったいこの後ワグネルはいかにして生計をたてていったのか。ドレスデンに帰り宮廷歌劇場指揮者になるが一八四九年五月のドレスデン蜂起に参加。亡命してチューリヒへ。このチューリヒ時代の十年間 the ten years spent in Zurich ワグネルには金銭やその他の物質的援助者がたくさんあらわれる。

Generous friends came to his assistance at the outset, and through their aid he was placed in a position which enabled him to pursue his work freed from *pecuniary responsibilities.* (p.38)

まず気前のよい友人たちが彼の援助にやって来た。そして彼等の援助によってワグネルは金銭上の重荷から解放されて仕事に従事しうる位置におかれた。

ピアノ教師のヴィルヘルム・バウムガルトナー、政府高官ヤコブ・ズルツァーが最初にあらわれ、またイギリス人女性ロソ夫人（フランス人商人の妻）が有力な金銭上の協力をもたらした。そのあとユーリエ・リッター夫人が一八五一年から一八五六年まで彼のために年金を用意した。さらにそのあとヴェーゼンドンクという商人が別邸を提供し、その外にも少なからぬ援助をよせた。（三八頁）

ワグネルの偉大な生涯、偉大な仕事は多くのよき理解者たちの金銭的、物質的援助を不可欠の条件としていたのだ。それにしても貧しいこの天才には何と多くの理解者たちが次々とあらわれてくるのだろう。たしかにこの時代以後のワグネルにはパリ時代のような貧窮は過去のものだ。

Besides these there was his greatest friend, Franz Liszt. The friendship of these two men was in every way remarkable. The one was rich, powerful, at the head of musical Europe ; the other *poor, unrecognized, comparatively unknown.* But Liszt had perceived Wagner's genius, and it became one of the chief aims of his existence to assist and befriend him in every possible way. (p.38)

これらの人々の外にワグネル最大の友フランツ・リストがいた。この二人の男の友情はあらゆる点で注目すべきものだった。リストは金持で力があって、ヨーロッパ音楽界の頂点に立っていた。片やワグネルは貧乏で、認められておらず、比較的無名だった。しかしリストはワグネルの天才を認めていた。そしてできるかぎりのやり方で彼を金銭的に援助すること、また味方になってやることが彼の人生の主要目標の一つとなった。

理解者、金銭上の援助者、協力者を兼ねた、自身が天才でもあるすばらしい友人リスト。友情に厚く同時に友に友情を求めることも強く、天才意識が鮮やかで同時にそれを認めることを友人・知己に内心で強く求めていた啄木、その上今では老若を問わず、自分を認め理解してくれた上で経済的に援助してくれる人が一人でも欲しかった啄木は、ワグネルのパトロンたちやリストのような強力な友を求める気持、さらにそれを創り出そうとする気持を改めて強くかきたてられたにちがいない。

さて、一八六四年には大パトロン、ルートヴィヒ二世が登場する。

……to Wagner he (= King Ludwig II.) came as a friend sent from Heaven. (p.54)

……ワグネルのところに彼（ルートヴィヒ二世）が天からつかわされた友としてやって来た。

このあたりでもリッジーの曲筆はひどくルートヴィヒ二世のパトロンぶりは過小に描かれている。それでも当時の啄木にとっては夢のような話が次々と述べられている。過小とはいっても、バイロイト祝祭劇場の建設費をはじめとする莫大な費用の財源になる後援会証券がなかなかさばけなかった時の、ルートヴィヒ二世の巨大なパトロンぶりについては次のように記す。

King Ludwig again came to his assistance.……And now the king gave practical evidence of his sympathy with the project by advancing the required funds out of his private purse on the security of the unissued Patronatscheine. (p.65)

ルートヴィヒ王がふたたび彼の援助にあらわれた……そして今や王は、未発行の後援会証券の安全性を保障するために彼の私的財源から必要な基金を前払いするということで、ワグネルの大事業への共鳴の実質的な証拠とした。

もうこのくらいでよいであろう。

この二つ目の回路を通じて、ワグネルが借金をして貧しい時代を切りぬけたらしいこと、またその天才実現のためにすばらしい理解者たち、パトロンたち（そして大パトロン）があったことを啄木は知っていた（あるいは読み直して確認した）。この知識も「小児の心」の論理に合流する。したがって啄木にあって、例の〝四つの罪〟はすべて「小児の心」の発現として正当化されることになる。

以上のようにして樗牛の「小児の心」は啄木流「小児の心」へと飛躍したのである。

最後に啄木の資質と「小児の心」との関連について一言しておきたい。金田一京助が早くから指摘しているように啄木は「子供のような柔撓《じゅうどう》な感受性の持ち主」で、ほれこむと対象を徹底的に模倣した。(15) 金田一の証言は他の人々の証言や啄木の作品によっていくらでも裏づけうる。この啄木にとってワグネルは生きた一元二面観哲学なのであり、その人生ははかり知れぬ尊敬の対象なのであった。「小児の心」の論理によってワグネルの人生を模倣するための通路を発見した啄木は、以後長年にわたって啄木独特の徹底性をもって、ワグネルの人生を模倣する。その手はじめが、第二次上京であった。

冒頭の奇行を思い出していただきたい。

4　むすび

啄木を「生活能力の欠如した男」「借金魔」「金にだらしのない男」「落伍者」等と見なす人々は啄木をその浪漫主義時代の生活現象においてとらえているのであって、その人々の見解は皮相のそしりをまぬかれない。彼は実際に多額の借金をし、それが返済できなかった。その金銭感覚は当時の並の感覚からするとたしかに贅沢であった。パトロン捜しも凡人にはできぬやり方で行なった。そうした言動には常人の理解を越えるがゆえにうそに聞こえるほんとうとほんとうの嘘とがあった。しかも啄木の「借金」の論理は実際に啄木のある弱さと結びついているのであるし、借金生活を永くつづけ、その間に天才主義（そして「小児の心」の論理）がしだいに崩れてゆくにつれて借金のふみたおしもただの借金やふみたおしに堕していった、という側面もある。これがまたいっそう人々の啄木理解を皮相の見にとどめてしまう。しかしたとえば金田一京助はすでに次のように述べている。「大体啄木は対文学、対人生みな一貫する一つの根本原理で生きて行きたいとしてその原理を見出そうと苦悶し」た人であったと。またいう。「啄木の場合は、いわゆる言行一致ではなくてそれよりももっと根本にさかのぼって、自分の思うことと行うことを一致させる、言いかえると自分が思った通りに行動して、心と行いとの間に寸分の隙間もない、そういう真実の生活を望んだから、嘘つき、ほら吹きと言われても案外平気であり得た」[16]と。本稿の考察は結果的に、まさにこの見地に一致していった。

しまね・きよしは「自我への凝結と状況への飛翔——思想家としての石川啄木」という卓論の中で次のように述べた。「啄木の全体像を構成するためには」歌人、詩人、小説家、評論家、代用教員、地方紙記者等としての各「部分像を組みあわせる結び目に、思想家としての啄木像を挿入しなければならない」[17]と。わたくしはこの卓見にさらにつけ加えておきたい。啄木のあの劇的な、多彩な生活現象を理解するためにも——金田一が教えてくれているように——思想家としての啄木を核心に据えねばならないと。このような研究の行く手にこそ、統一的啄木像が姿を現わしてくるであろう。

注

（1）細越夏村「追憶の断片」（『啄木研究』一九二六年四月。『国文学』一九七五年十月に転載）。

(2)『石川啄木全集』第四巻（筑摩書房）一四九頁。以下『全集』④—一四九の如く略記。
(3) 伊東圭一郎『人間啄木』（岩手日報社、一九五九年五月）六〇～六一頁。
(4) 前掲書七四頁。
(5) 資料的根拠は次の通り。入京時の約三円は『全集』⑦—九九、山本千三郎よりの為替は田村宗一・田中礼「啄木に関する未発表・新資料について——絵葉書、証文、手紙——」（『新日本歌人』一九八六年十月）、金田一の分は『全集』⑦—八二～八三外、佐土原町の下宿と大和館の分は「借金メモ」（『全集』⑧—四一～四三）、田沼の分は「借金メモ」と前掲『人間啄木』六一～六二頁、波岡の分は「借金メモ」と『全集』⑦—九九。なお山本からの為替六〇円の内訳及び使途については謎が多い。またわたくしは尾崎行雄から数十円の援助を受けていると推定している。その外にも啄木は借金ではなく無心をしているはずであるがそれは「借金メモ」に記入されてないので裏付けは得られない。さらに『全集』⑤—三三四によると、上京直前に『岩手日報』の清岡主幹より五円の餞別をもらっているが着京時には全額費消していたとみられる。そして帰郷の際の約半月間にも土井晩翠から一〇円借り、大泉旅館の七円をふみたおし（「借金メモ」）、友人たちからもらった一〇円（前掲『人間啄木』六六頁）をつかっている。汽車賃等約五円をのぞいて、今わかるだけで二二円を半月で遣っているわけである。こうした金の遣いっぷりもあわせ考えるなら費消総額は一七九円よりもはるかに多かったと推定される。
(6) 週刊朝日編『値段の明治・大正・昭和風俗史』（一九八一年一月）二〇五頁。
(7) 週刊朝日編『続値段の明治・大正・昭和風俗史』（一九八一年一月）一九頁。
(8) 岩城之徳『補説石川啄木伝』（さるびあ出版、一九六八年四月）五九～六〇頁。
(9)『全集』⑦—一〇八～一一〇。
(10) 三浦光子『兄啄木の思い出』（理論社、一九六四年十月）七〇～七一頁によると、同じくユニオン会の阿部修一郎に膝詰めで責められ、絶交を申し渡されたが、啄木は黙りこくったままだったという。
(11)『明治文学全集』40（筑摩書房）一一六頁。
(12) 小著『国家を撃つ者　石川啄木』（同時代社、一九八九年五月）によって、「天才」意識については四三～四七頁、天才主義については一〇八～一二〇頁、一元二面観哲学については二五～三〇頁、三層構造については二二一～二二三頁を参照されたい。なお、

「一元二面観」または「一元二面論」というタームの出典は石原即聞『仏教哲学汎論』（博文館、一九〇五年七月刊）である。くわ

(13) しくは「国際啄木学会東京支部会報」創刊号（一九九一年四月十三日）参照。

このくだりを見ていると啄木の一元二面観哲学はワグネルによってすでに完成されているように思える。しかし啄木にいわせるとそうではない。ワグネルがトルストイとニイチエの欠陥を事実上克服した「意志拡張の愛」の観念はあくまでも彼の芸術作品の中に展開されているものであって、ワグネルがショウペンハウエルの「絶対意志」と、愛との関係を考究して創り出した哲学ではないのである。しかし「芸術家としてのワグネルは、意志愛一体の境地に神人融合の理想を標示しただけで、既にその天才の使命を完全に遂げた」と言ってよいのである。（「渋民日記」一九〇六年三月二十日）そしてこの意志の世界と愛との関係を哲学的に解決したものこそ自分の一元二面観哲学に外ならぬ。こういうことなのである。

(14) この七月二十三日のうちに「小児の心」をワグネルの伝記に確認すべく *Wagner* をひもといていた可能性がある。

七月二十三日の「小児の心」に関する箇所は朝七時にはじまる記述の後半部分である。そしてあそこで一たん筆が擱かれる。正午に近いと思われる午前ふたたび筆が執られ次のくだりがはじまる。「日は午に上りて暑さ加はり遠く夏蟬の声きこゆ。我は喜びを以てワグネルの事書かんとす。」どうして突然「ワグネルの事」を書くと言いだしたのか。これまで二日間の分と、この「午前七時」の分とで約五六〇〇字も書きつづってきたのに「ワグネルの事」を特に書こうとする態度は見られない。ここに突然「ワグネルの事」が出てきたのである。それも「喜びを以て」書こうというのである。節子が先日ワグネル関係の楽譜を送ってくれたらしいから、その人に「ワグネルの事」を書くのがうれしい、ということがあるかもしれない。しかし日記を読みつづけてここに至ったときに受ける印象からすれば、啄木自身に何かうれしいことがあり、それで「喜びを以て」といっているかのようである。もしこの印象が正しければ、それは啄木が昨夜「小児の心」の論理を発見して半年来の悩みがふっきれた「喜び」であり、しかもワグネルがその喜びと何らかの関連を有することを示すということになる。この時の記述の中には「僕やワグネル研究に多大の趣味を有するもの」とあり、また「妻よわれは限りなき満足を以て、今『タンホイゼル』に就て君の参考となるべき事を書き送らん」とある。そして二十四日、二十六日、二十七日とリッジーの *Wagner* を丹念によみかえしては「タンホイゼル」について書きついでいる。そして二十八日朝「左に記す所は乃ちリツヂー氏がワグネル劇解説中の『タンホイゼル』の一章を抄訳するものなり」で中断したままとなる。こうして毎日 *Wagner* を丹念によみかえしていったことと七月二十三日の「小児の心」とを関連づけて

考えることは可能なのである。

(15) 金田一京助『新訂版、石川啄木』(角川文庫、一九八九年六月)二三二頁。
(16) 前掲伊東圭一郎『人間啄木』一七一〜一七二頁。さらに前掲金田一京助『新訂版　石川啄木』二二九頁。
(17) 『ピエロタ』'71秋、季刊12。

終　章　不滅の天才詩人

一　啄木受容史序説
——没後の三十年間——

啄木の作品はどんな人々によってどんな風に受容されていったのだろうか。この興味深く難儀の多い問題の一端にふれることを試みたい。

かつてこんなことを読んだ覚えがある。出典は両方とも確認できない。ひょっとすると記憶痕跡変容の産物かもしれない。

一つは、どこかの遊廓に身を売られていた女性が啄木の歌集を大切にしていて、折を見ては読んでいたというエピソード。もう一つは学徒出陣の兵士たちが背のうの底にしのばせていくことの多かった歌集は若山牧水の『別離』であったという文章。自らの明日を断ち切るしかなかった若い人には牧水が、どん底にあっても新しい明日を願う人には啄木がふさわしかったということだろうか。牧水についてはともかく、啄木についてなら、こう考えることは本質的に正しいとわたくしは思う。

『一握の砂』刊行前後の受容から眺めてゆこう。『創作』一九一〇年（明治四十三）八月号に「町のあかしや」氏の評がある。「東海の小島の磯の白砂にわれ泣きぬれて蟹と戯る」をとりあげ、「調子が如何にも高くつて、男らしくつて……非常に僕の好きな歌である。一体啄木氏の最近の歌は殊に脂が抜けて、如何にも苦労したらしい、そして調子が高く強く男らしい歌がおほい」という。のちに啄木センチメンタリズムの代表歌のようにいわれる歌を（そして啄木短歌を）こう評する見識は高い。

岡邦雄は後年こう語っている。「私は文字通りに野良犬みたいに街を歩いて、図書館に、雑誌屋の店頭に、或は新聞取次所の掲示板に啄木のにほひを嗅いで廻つた。啄木の歌なら一首ものがさず嗅ぎ当て、舌なめずりをした。」（『詩精神』一九三四年〈昭和九〉四月）啄木生前にすでにこういう読者もいたのである。当時の岡は貧しい無名の青年であった。

『文章世界』（一九一二年〈大正元〉十月）に載った青木一郎という人の『悲しき玩具』評を引いてみよう。その歌々には「直に当面の生の核心に触れんとする努力が明白に窺はれ」『一握の砂』とは「異なつた意味での純化作用は極度まで施されてあつた」。

啄木の訃報として『早稲田文学』（一九一二年五月）を見よう。「ともすれば身もたましいも燃ゑ立ちさうになる烈しい思を胸に秘めて、青春の身を永く病床中に横たへて居た詩人の苦しみは、いかばかり深刻なものであつたらう。……触れゝば火花を発しさうに熱した氏の頭脳はつひに冷たい死の手に委ねられた。黙して多く歌はなかつた最近の氏の心にこそ、語るに語り得ぬまことの霊魂の高潮があつた。」

はじめから啄木短歌を、また啄木その人を、核心において理解できる人々がいたのである。すぐれた作品とは、いわばすぐれた魂をもつ作品ということであろう。それはいつでも読者の魂のボルテージに応じて激しく、あるいは小さく火花を散らすのである。それは啄木作品が生まれたばかりのときにも、五〇年ののちにも、時間の経過にかかわりのないことであろう。時間の経過によって深まりうるのは、作品の魂の言葉による説明である。

一九一三年（大正二）五月、啄木の理解者の中でも傑出していた土岐哀果、一九一〇年（明治四十三）夏以後の啄木の思想については無理解だが、啄木を知り愛した点で哀果に勝るとも劣らぬ金田一京助、この二人の尽力で初の作品集『啄木遺稿』が東雲堂から出る（一九一八年〈大正七〉十一月には第三版が出ている）。六月に出た『啄木歌集』は好調な売れゆきを示す。七月『近代思想』に載った荒畑寒村の「緑蔭の家」は最初の「呼子と口笛」論としても位置づけてよいであろう。

一九一六年九月十一日から河上肇は「貧乏物語」を『大阪朝日新聞』に断続して載せてゆき数十万読者の絶讃を博することになるが、その第八回目の物語は「故啄木氏」の「はたらけど／はたらけど猶《なほ》わが生活《くらし》楽にならざり／ぢっと手を見る」ではじまり、この歌でしめくくられている。啄木の歌はこうして、岡のような貧しく名もない青年から河上のような京都帝大教授までを読者としてつかんでいるのである。しかもそのペンに乗って啄木の名は広まるのである。

一九一七年（大正六）はロシア十月革命が世界を揺るがした。一九一八年（大正七）七月二十三日から約五〇日間、米騒動が日本の社会を激震のように襲った。これまでどうにも動き出せないでいた諸要因が流動しはじめた。吉野作造をオピニオンリーダーとする民本主義の主張は大きなうねりとなった。東大や京大、早大などの学生たちに「ブ・ナロード！」のスローガンを意識したさまざまの運動がはじまった。十二月、東京大学に学生社会運動の組織新人会が誕生した。つづいて翌一九年、早大に民人同盟会ができた。民衆の中へ、民衆と共に進まんと、「新人」たちはつき進む。彼らにとって民衆＝ナロードとはまず第一に労働者階級であった。

「ブ・ナロード」という外国語のスローガンを、「V'NAROD !」の形でだが、はじめて日本にもちこんだ人は誰か。石川啄木である。学生たちは今、『啄木遺稿』中の「はてしなき議論の後」のよびかけに応えはじめたのである。啄木の詩も当時最良のエリートたちをつかみはじめた。

一九一八年の『短歌雑誌』十二月号に『啄木遺稿』の広告がある。「巻頭にかの有名なる社会主義詩『はてしなき議論の後』以下三十五篇の詩と、後年の著者の傾向たりし社会革命家としての理想を語るべき長短十余篇の思索感想を輯む。」『縮刷 啄木歌集』の広告もある。「啄木歌集八百首一巻はその身動く能はずしてその心早くも一切の束縛より放れたる新時代の青年の痛苦の声なり」「六版即日売切　七版愈々発売」とある。啄木とその文学の本質を深くつかんだ広告文である。

金田一京助は自分の知らない啄木がくっきりとその姿を人々の間に現わしはじめたのに狼狽し「啄木逝いて七年」を書いて啄木晩年の思想的転回をとなえはじめる（一九一九年四月）。土岐哀果の熱心さに根負けした新潮社社長佐藤義亮が啄木全集の冒険的出版を承諾し、その第一巻が出たのも同じ年の四月のことであった。黒クロースに赤い文字のその表紙はクロポトキンへの啄木の、あるいは哀果の傾倒を暗示しているのであろう。全集は佐藤義亮をして「あの出版ぐらい自分の予想のはずれたことはない」と言わしめたほどに売れた。第一巻（小説）も第二巻（書簡・感想）もよく売れた。啄木作品は今、名もない貧しい青少年から一高の学生菊池寛・芥川龍之介のようなエリートにまで、職工から帝大教授にまで広汎に浸透をはじめている。「啄木受容史は民衆文化史あるいは大正デモクラシー史の一面をなす」とは鹿野政直氏の卓見である。大正デモクラシー期に啄木を受容したと思われる人で今思いつく名を二、三あげてみる。浅沼稲次郎、三好達治、小林多喜二、桑原武夫、井上靖、中原中也、湯川秀樹……。函館の立待岬の啄木の墓標を抱いて一人泣く青年も現われたし、墓標に「似偽《ママ》詩人啄木よ」と落書きする者もあった。

中野重治の「啄木に関する断片」（一九二六年〈大正十五〉十一月）は、大正デモクラシー運動の終末期、社会主義運動・労働争議・小作争議と天皇制軍国主義とのせめぎあいのただ中で書かれた。日本共産党系の立場から見て評価できぬ啄木の側面は切り捨て、残った側面こそ啄木の「真実の姿」だというのである。ひたすら社会主義者啄木・革命的詩人啄木を見よという。二カ月後金田一京助が「晩年の石川啄木」を書く。啄木は晩年、社会主義から転回して「社会主義的帝国主義」なる悟りの境地に入ったと。片方は見るべきものしか見るなといい、他方はそんなものは消失したのだという。かくて社会主義の革命的詩人啄木と薄幸の感傷歌人啄木への分裂がはじまり、長期にわたって固定化してゆく。それはおそらく読者のレベルにおける啄木の思想へのかかわり方の分化と照応していたのであろう。

一九二八年（昭和三）三月十五日は国家権力によるおそろしい共産党弾圧の日であったが、この年の七月、現代日本文学全集第四十五編『石川啄木集』（改造社）が出、十二月からは同じ改造社から『石川啄木全集』全五巻が出はじめる。啄木の作品がいかに多くの人に読まれているかを示す。どのような人たちにどのように読まれていたのか。一九三〇年八月に啄木の娘京子の夫石川正雄が主宰する石川啄木研究雑誌『呼子と口笛』の創刊号が出る。日本経済は昭和恐慌に突入。民衆は一方でエログロナンセンス文化に己が理性を麻痺させてゆく。他方で労働争議、小作争議、学園紛争などが頻発する。一九三〇年はそうした年であった。この雑誌は啄木受容史研究に不可欠の資料である。とくに投稿による「啄木を知つた動機」というレギュラー企画（一人原稿用紙三、四枚）と「バルコン」という読者投書欄は貴重である。前者からここにほんの一部分を引いてみよう。

好きな女の子から啄木歌集を贈られて義理で読みはじめた中学生――「頁を繰れば繰る程心を打つ歌がある。終いに、夢中になつてしまつた。そして翌日級友に啄木を話した。と啄木を知らなかったのは私のみだつたので啞然とした。」この少年はねじり鉢巻で啄木短歌の暗記をはじめ、「おかげで、その学期末の成績は在学中通じて最不良だつた」。

正反対の中学生もいる。「走高飛の選手」で「大の不良少年」の「私」はあるとき、競技部長のS先生から「東海の小島の磯の白砂に」の朗詠を聴き熱烈な啄木ファンとなる。生活態度は一変し「その後卒業試験も優秀な成績でパスし」た。

「家庭とか家風とかいふ美しい言葉によつて表現された檻の中」に入れられていた女学生——誰かに借りて啄木歌集をひもとくや「狂ほしいまでの共感、共鳴に、魂の全体が揺り動かされた其の日から、長い年月の間、私は幾回となく彼の歌を、又彼のすべての作品を読みかへした」。「動揺多い私の生活の指針を、彼（啄木）はさだかに示してくれた……そして恐らく、将来も亦、私の成長の段階毎に、彼は新しい正しい鍵を渡してくれるであらう……。」

次は、若いカップルが誕生する瞬間の対話である。「ふとした事から彼女と短歌を語つた。『わたし、短歌では啄木程力強く迫られるのを読んだ事がありません。解り易いですし、少しも飾つてありませんし……』『啄木！　さうです。啄木は歌はずには居られないで歌つたのです。……』私の声はふるへて居た様である。」

中学生、女学生の間に啄木作品（特に短歌）がどのくらい広まっていったか、ほとんど見当もつかない。井上靖の『夏草冬濤』第十章は当時の雰囲気のある一面を活写している。こうした普及にあずかって特別に力があったのは学校の教師であった。中学校、女学校あるいは小学校で先生から啄木を教わったのがきっかけとなったという者がずいぶん多い。また教科書に出ていた啄木短歌にうたれたのをきっかけにしている者も多い。先に「競技部長のS先生」の例があったがもう一例。

京城師範の二年生に、熱心にかつ正確に啄木を紹介したあとこう結んだ先生があった。「……私は諸君が将来の小学校教員となるまでに、せめて一度この天才詩人の叫びを読まれたらよからうと思ふ。啄木は私の尊崇して止まぬ詩人の一人です。」

労働者の中へも広く深く入ってゆく。「僕が啄木を初めて知つたのは、たしか十八歳の時であつた。……僕は苦しい中から、毎月一円也を『啄木全集』の為に充てた。」　啄木の歌を「うす暗い裏長屋の中で泣きながらむさぼり読んだ。何故に泣いたか！　啄木は僕の心を知つてゐるのかと思ふほどであつたからだ。僕の苦しみ、悩み、悲しみ、よろこび、は皆啄木が歌つてくれてゐた。」

別の工場労働者――「新潮社から出た名作選集『啄木選集』を帰途買つて、雨に打たれながら貪り読みつゝ歩いたものだ。あの時私は雨なんか気が付かない程興奮してしまつたのだ。……更に『墓碑銘』其他の詩数篇は、無意味にしか送れなかつた工場生活に明るい前途を示唆してくれた。」

農家の青年――「私の欲望は、只猛烈に啄木をもつと深く知りたかつた。……その焦燥と欲望の烈しかつた事は到底言葉に現はせない。」折から出た改造社版の啄木全集をさっそく予約した。「配本されると、もう一月かゝらずに読み次の配本迄が待遠しい位だつた。啄木の心境へ食ひ入れば入る程到底離れ出る事が出来ず、或日などは狂ほしい迄に高唱しつゞけ、終に眠つてしまつた事がある。」

同じく農村の、しかも小作農の主婦で三十八歳の「イク子は、新潮社で出した小さい啄木歌集を仕事のあひ間に読んでゐた。仕事着の儘、子供に乳をふくませながら」読んでいたこともしばしばだったという。

軍隊の中でも読まれた。「啄木の歌に接したのは明治四十三《ママ》年の正月でした。而も場所は讃岐の善通寺輜重兵第十一大隊第一中隊の軍規厳正な或る班内で、演習に疲れ切つたからだを、寒いテーブルに倚つて……戦友の某から借りて読んだのが『一握の砂』であつたのです。……どんなに僕の心を刺戟した事でせう。読む度に誦する度に僕の若い血潮は高鳴り、燃える様な熱情は極度に煽られて行くのでした。」

次の、サラリーマンの手記は妙に心に沁みる。「私の貧しいくらしは、しかしながら苦労を覚ゆれば覚ゆる程啄木に懐しさを感じて来る。生活にやつれた妻の姿も、何故やらに啄木の歌に出て来る女のやうに思へる。／いつか妻の留守に私は文庫を探して、妻の古い手帖を見当てた。それは妻の女学校時代のものであるらしい粗末なものではあつたが、嫁いでも尚大切にしまつて置く所をみると妻の心が思ひやられた。

大空にむかひて居しに悲しくも
啄木の歌口にいで来ぬ。

夕丘に風鳴りいでぬ我がひとり
啄木の歌口ずさみ居り。

この妻の少女時代の日記や歌が、私をしてより一層啄木の姿をはつきりと呼び起させた。黙々として仕事に追はれ、黙々として家事に追はれてゐる私達夫婦の間を、たつた一つの楔ともなり、油ともなつてくれるものは啄木の存在である。」

左翼の青年の投書もある。「僕は啄木を、単に薄倖の天才詩人に祭り上げて、泪もろい女学生間にその作品と共に捨て、しまひたくない。啄木の諸作品を通じて、彼の全貌を正しく認識し、啄木のイデオロギーを把握し、把握する事によつて、以つて臨終の際にさへ捨て得なかつた彼の階級的良心（眠れる霊）に、『同志よ！　心安かれ！』と、僕達は啄木に誓約するの義務がある……」

「バルコン」という欄からも一つだけ引いておこう。色っぽいような陰惨なような、おかしいような悲しいような話である。

◇一寸お尋ねします。昨年六月十六日附の大阪毎日新聞の富山石川版「北陸線」欄に次のやうな記事が載つて居ります。蘭香といふ遊女は啄木のみよりだといふやうなことになつて居りますが、事実かどうか教へて下さい。その記事全文は次の通りです。「金沢市の西廓に、名花一輪ありと謳はれた蘭香（一八）がドロン、河北楼の女将は四千円が玉なしだと、このあついのに血まなこで、北海道くんだりへ玉探しの旅。蘭香、淋しい美貌の持主、石川啄木のみよりだと一時は評判、県庁高良某にいはせれば『君ッ、あれは濡れ衣だよ』と釈明これつとめる、がこの点でも一時は大評判、秋ならざるに名花散つて、西廓の夕いたづらにさびし。」　（岡崎市　谷内巌）
◇啄木のみよりの人で、遊女生活などしてゐる人は一人もありません。本人に会つて聞いたらあるひは啄木の友人のその又友人の従姉妹だ位なことはいふかも知れませんが、とにかく現在の処さういふ人の心当りは全くありません。ひよつとするとその蘭香さんなる者が啄木の歌の一つ二つを知つてゐたのが、段々人の耳に伝はるにつれて尤もらしくおかしく枝葉をつけ、啄木のみよりだといふやうなことになつたのではないでせうか。それなら天下に何万人の啄木のみよりがあるでせう。（記者）
さて、以上によって啄木作品が歌を中心にして男女の別なく民衆の各階層の中へあまねく入っていった様子が窺えよう。歌だけではなくその全作品が多くの人々に愛された事実は今改めて再認識されてよい。石川啄木は当時すでに、誇張なしに国民詩人であった。

呼子と口笛社主催の「講演と音楽　啄木の夕」が東京朝日講堂で開かれた。一九三一年（昭和六）四月十三日のことである。土岐善麿、金田一京助、中野重治、河野密ら十名の小講演とバリトンの照井詠三らの演奏があった。聴衆は七〇〇名を越える盛況だった。彼らは「概ね中流知識階級者、俸給労働者、男女学生」であるという。啄木文学の当時の受容者たちの主たる部分をうかがうにたる記述である。六月から『（増補）石川啄木全集』全八巻（改造文庫）の刊行がはじまる。
啄木の死後一年から始まる追悼会、各地にできた啄木会、出版記念講演を含む各地・各種の講演会、啄木関係の展覧会なども受容史研究にとって欠かせないテーマであるが、それらについてはまったく研究されていないに等しい。以下に文字どおり管見にはいった事柄を一、二摘記する。

追悼会の最初は（葬儀を除くなら）一九一三年（大正二）四月、土岐哀果らを中心として浅草等光寺で催されたものおよび函館で催されたものであった。以後東京、函館をはじめ全国各地でさまざまの追悼会がもたれたようである。

啄木会は一九一三年四月にできた函館啄木会を嚆矢とするらしいが、一九三一年（昭和六）にはその外に、小樽啄木会、青森啄木会、盛岡啄木会、東京啄木会、埼玉啄木会、静岡啄木会、信濃啄木会、大阪啄木会、広島啄木会、鳥取啄木会などの存在が確認されうる。これらの組織は各種の講演会にも積極的にかかわりをもっていったらしい。興味深い現象を一つ。一九三一年（昭和六）三月の呉市における吉田孤羊らの講演会は「水兵服の水兵さんたちや海軍士官の人たちが多かつた」という。十年後には想像を絶する光景である。

一九三四年（昭和九）は啄木生誕五十年の年であり、出版も催しも戦前最後のピークをなす。金田一京助の名著『石川啄木』が文教閣から出たのは三月であった。四月十三日、明治文学談話会は「石川啄木生誕五十年祭記念」の講演会を主催し、十六日から二十日まで銀座伊東屋で啄木展覧会をひらいた。講演会は定刻三十分前には満員となり、会場への玄関先は「まるで戦争のやうな騒ぎ」。結局場外にはみ出した人が二、三百名にものぼった。柳田泉は主催者側を代表して「……不幸な不遇な境遇に在つた啄木が残して行つた業蹟といふものは、今日まで幾多の人々の慰藉或は幸福の源になり、或は色々な点に於て其の人の生活を人間的に良くする資料になつてゐる……」と挨拶した。展覧会も伊東屋をおどろかせる入りとなった。同談話会編集の『明治文学研究』五月号は充実した石川啄木特輯となった。『短歌評論』四・五月号もまた立派な「石川啄木生誕五十年記念号」であった。

小説「雲は天才である」や、評論「林中書」などによって啄木の卓越した教育思想・教育実践を知り、教育者啄木を受けつぐ者たちがあらわれた。このような受容の流れを代表するものとして上田庄三郎の『青年教師啄木』（一九三六年）がある。上田は言う。「代用教員啄木の中には、今日の青年教師が、理想像を形造るために、なくてはならぬ教育精神がある。」「彼の教師としての行動のひとつひとつは当時の教師の常識からすれば、まことに狂気じみたものであつたであらう。当時の同僚達が、仮に代用教員としての啄木を軽視したり、教師としての啄木を詩人としての啄木よりも遙かに劣つたものとしてゐるとしたら、それは彼等の詩や文学に対する無知よりも、教育に対する無理論と、当時の教育常識線の低劣を物語るに過ぎない。大鵬の心を知らぬ燕雀の愚痴にすぎないであらう。」

啄木の映画化も行なわれた。日活映画「情熱の詩人啄木」（一九三四年制作開始三七年封切り）である。監督—熊谷久虎。配役は、啄木—島耕二、節子—滝花久子、母勝子—須藤恒子、父一禎—小杉勇などであった。渡辺順三は当時この映画を見て高い点をつけている。

一九三六年（昭和十一）六月刊吉田孤羊『啄木写真帖《じょう》』、三八年六月から刊行される『新編石川啄木全集』全十巻（改造社）は変わらぬ啄木受容の深さ、広さをあらわす。この全集は孤羊の精力的な資料収集の賜物で戦前啄木全集の決定版である。一九三七年日中全面戦争へ突入。

一九四一年二、五月に斎藤三郎は『文献石川啄木』（正続）を著わすが、啄木研究・受容冬の時代の別格の業績である。軍国主義で塗り固められた日本で、特高警察は啄木を憎み、啄木愛好者をつけねらった。啄木を崇拝すると言いきることが命がけの時代となっていた。

啄木をあしざまに云ひこのわれに
　啄木崇拝をいへよとしひる
　　　　（小名木綱夫）

野間宏が啄木の前にすすみ出たのは陸軍刑務所に入所中（一九四三年）であった。「私は両手を膝の上にのせて一日中じっと坐っていたが、ときどき看守のすきをみて、床の上の藁くずをひろって、それで字の形をつくったりした。そして私は次第に藁くずの字で何か表現したいと考えるようになった。このとき先ず頭に浮んできたのは、シェクスピアの詩と芭蕉と啄木であった……私はおそまきながら啄木の前にでてきたのである。それは私が権力の前へすすみでてきたことと一致する。」

戦争末期斎藤三郎は盛岡に出かけ、敗戦後の新しい明日を展望しつつ調査研究を行ない、戦後の啄木研究と啄木受容の飛躍を用意していた。今なお価値高い『啄木と故郷人』（光文社、一九四六年）がその成果の一部である。同じ年『啄木歌集』（岩波文庫）も出した。

一九四五年（昭和二十）八月十五日、敗戦。廃墟の中から啄木受容と啄木研究がふたたび高揚してゆく。その後の現在に至る五十年間については、岩城之徳の「啄木研究と私」（『国文学』、一九八九年七月〜一九九〇年九月）にゆずりたい。

二　啄木研究史概説

汗牛充棟もただならぬ石川啄木研究の諸文献のうちから本稿でとりあげるのはほとんど単行本とその著者のみである。

湯川秀樹、坂田昌一らと協同して中間子理論研究に貢献するなど数々の業績を残した物理学者武谷三男は、かつて自然認識における三段階論を唱えた。すなわち自然認識の発展は「第一に即自的な現象を記述する段階たる現象論的段階、第二に向自的な、何がいかなる構造にあるかという実体論的段階、第三にそれが相互作用のもとにいかなる運動原理にしたがって運動しているかという、即自かつ向自的な本質論的段階の、三つの段階においておこなわれる」とした（『弁証法の諸問題』）。この認識論を赤い糸として石川啄木の研究史を俯瞰してみたい。

研究史を次の三段階に区分する。

一、現象論的段階　啄木に関する多種多様な情報収集（もちろん作品の収集も含む）がなされ記述されることを主要な特徴とする段階。啄木没後の一九一二年（大正元）から岩城之徳『石川啄木伝』が出た一九五五年（昭和三十）まで。

二、実体論的段階　集積した情報、啄木の、日記および大逆事件関係の記録・論評等新資料の公刊や発見、保障された研究・表現の自由等の条件のもと多量の情報（＝「現象」）の中からさまざまの特徴的な啄木像（＝「実体」）をつかみ出す段階である。別言すれば分裂した啄木像の段階である。一九五六年（昭和三十一）から、岩城之徳の三部作

（後掲）が出そろった一九八七年（昭和六十二）まで。
三、本質論的段階　この段階ははじまったばかりである。後述する。一九八七年（昭和六十二）以降。

1　現象論的段階　一九一二年～一九五五年

この段階は戦前、戦後に分かれる。まず戦前。

一九一三年（大正二）五月、東雲堂刊行の『啄木遺稿』に、この段階を代表する二人の名が刻まれている。これを編集した土岐哀果、これに最初の伝記「石川啄木略伝」を付した金田一京助。同書には「呼子と口笛」「心の姿の研究」「散文詩」その外、『あこがれ』以後の啄木詩の最良のものが編まれている。評論では「食《くら》ふべき詩」「きれぎれに心に浮んだ感じと回想」「性急《せっかち》な思想」などのあとに「時代閉塞の現状」が収められ掉尾を飾っている。わずか一年八カ月前には東京朝日新聞社がとても活字にできそうもないとしりごみしたラディカルなこの評論が早くも日の目を見たのである。そしてその啄木文学の根底にある思想の最初のすぐれた批評者は荒畑寒村であった。「緑蔭の家」（『近代思想』一九一三年七月）、「啄木の思想」（『生活と芸術』一九一五年五月）は短い文章ながら記念碑的作品として誌しておく。

啄木文献の収集・刊行という仕事の劈頭を『啄木遺稿』で飾った土岐はさらに、初の『啄木全集』全三巻（新潮社、一九一九～一九二〇年）の出版に成功。その編集も行なった。以後、土岐、金田一が監修し吉田孤羊が編集した『石川啄木全集』全五巻（改造社、一九二八～一九二九年）、その増補版『石川啄木全集』全八巻（改造文庫、一九三一～一九三四年）を経て、吉田孤羊の手になる『新編石川啄木全集』全十巻（改造社、一九三八～一九三九年）が出た。これは戦前における決定版である。

　他方「石川啄木略伝」によって啄木の伝記研究の道を切り拓いた金田一京助は、新潮社版全集第三巻末尾に年譜を付した。以後全集や作品集に、改稿しては年譜を載せた。途中からは吉田孤羊の研究成果で補充・補強され改造文庫『石川啄木』（一九三九年）では第六稿にまでなっていた。

　土岐、金田一の仕事を継承した吉田孤羊の情報収集は精力的であった。その成果は今見たように啄木全集の編集・刊行において結実するとともに、他方では石川啄木伝の外伝ともいうべき『啄木を繞る人々』（改造社、一九二九年）となって現われる。啄木の生涯自体が純粋な、光輝を放つ一つの青春の結晶であったために、啄木をめぐる人々のイメージもまたその光を浴びて生きいきと文中に登場する。めぐる人々が啄木ほどたくさん、啄木ほど多様に調べられた作家は少ないであろうと思われるが、その源流となったのがこの仕事である。吉田はさらに『啄木写真帖《じょう》』（改造社、一九三六年）を編み、のちの数多くの啄木文学アルバムの礎石を据えた。これは資料的価値に富む写真とくわしい説明とから成る。吉田はまた『啄木研究文献』（明治文学談話会、一九三四年）を編んだ。啄木の書誌的研究の嚆矢であり、現在でも有用性を保つ。吉田のこの方面での仕事を受けついで斎藤三郎は『文献石川啄木』（正・続）（青磁社、一九四二年）を著した。啄木の『明星』進出の頃から病没にいたる時期の文学活動や生前没後の啄木評価等に関する資料集として集成されている。

　土岐善麿『啄木追懐』（改造社、一九三二年）は冒頭に一九二三年（大正十二）執筆の「明日の考察」を置く。土岐の啄木理解をいかんなく示す卓論である。その外、数々の啄木との交遊の思い出や啄木の妻節子の晩年のことを記し、さらに啄木、節子、娘京子の書簡を紹介する。金田一京助『石川啄木』（文教閣、一九三四年〈昭和九〉）は回想録でありつつ一の優れた伝記でもある。啄木への深い友情と理解、啄木との親密な交誼、それらが達意の美しい文章でつづられる。不朽の名著である。ただし同書所収の「啄木逝いて七年」(時事新報、一九一九年四月十二日)、「晩年の思想的展開」(初出は『改造』一九二七年一月号所載「晩年の石川啄木――啄木最後の思想的転回に就て――」)は当時の啄木受容のあり方への反感と金田一特有の思いこみが結合して生じた記憶痕跡変容の産物である。この転回説が実体論的段階で啄木像分裂を促進しかつ固定化することとなる。この問題との関連で中野重治の「啄木に関する断片」(『驢馬』一九二六年十一月、のちにアテネ文庫『啄木』一九五一年所収)にふれておく。この評論の結論はかなり乱暴なのであって、日本共産党系の立場から見て評価できぬ側面は切り捨て、残った側面こそ啄木の「真実の姿」であり、継承すべき啄木であると言うのである。のちに啄木像が分裂したときこれが一方の啄木像となる。中野がこのような啄木像をうちたてるにあたって金田一の「転回説」は裏面において強力に作用した。

以上の外に逸することのできないものとして次の五冊を挙げておきたい。まず中西悟堂『啄木の詩歌と其一生』(交蘭社、一九二八年)。啄木の生涯を詩歌でたどる魅力もさることながら『あこがれ』の鑑賞がすばらしい。西村陽吉『評伝 石川啄木』(素人社書屋、一九三三年)。これは次の石川正雄の書とともに金田一の転回説にもっとも早く疑問を呈した点で重要。「啄木の教育観」の章もある。石川正雄『父、啄木を語る』(三笠書房、一九三六年)は日記等の非公開資料を利用しえた強みを発揮している。上田庄三郎『青年教師啄木』(啓文社、一九三六年)は教育者としての啄木の先駆性、卓越性をいちはやく見出した特色ある啄木論。啄木の盛岡中学校時代の友人小沢恒一は『久遠の青年啄木』(教育科学社、一九四五年六月)を著した。なお作品研究では渡辺順三、矢代東村『啄木短歌評釈』(ナウカ社、一九三五年)がある。啄木短歌の最初の体系的研究である。

戦後に移る。

一九四八年(昭和二十三)十月から一九四九年三月にかけて刊行された『石川啄木日記』全三巻(世界評論社)、一九五一年八月に出た『啄木全集』第十三巻（河出書房、この巻は大逆事件関係の記録・論評等を含む）等々はきわだって重要な情報の公刊であった。

斎藤三郎は戦争末期に盛岡に行って『岩手日報』を調査して啄木の作品と啄木関係の記事を多数発掘し、啄木の旧師新渡戸仙岳から重要な聞書きを行なった。『啄木と故郷人』（光文社、一九四六年）がそれである（また一九五六年に角川書店から出した『啄木文学散歩』も金田一の転回説批判等卓見に富む）。啄木の妹三浦光子の『悲しき兄啄木』（初音書房、一九四八年）とその大幅な増補版『兄啄木の思い出』（理論社、一九六四年）は貴重な証言が多く、とくに啄木の幼時とその環境を知る上で欠かせない。岡邦雄『若き石川啄木』（三笠書房、一九四九年）、中野重治『啄木』（前掲）、渡辺順三『石川啄木　その生涯と芸術』（飯塚書店、一九五〇年）、上田庄三郎の新著『青年教師石川啄木』（三一書房、一九五五年）、窪川鶴次郎『石川啄木』（要書房、一九五四年〈昭和二十九〉）はこの期のすぐれた成果である。とくに窪川の書は最初の啄木小説論を含め現在もなお継承し考究すべき論点を数多く蔵している。なお遠地輝武外『青春の悲歌――啄木詩歌鑑賞――』（ナウカ社、一九五一年）における壺井繁治の所論は最初の本格的な「呼子と口笛」鑑賞として位置づけられえよう。〔単行本をなしているわけではないが、石母田正の「国民詩人としての石川啄木」「啄木についての補遺」（『続　歴史と民族の発見』東京大学出版会、一九五三年所収）はすぐれた歴史学者の手になる啄木論として記念すべき作品である。作品論の傑作として桑原武夫「啄木の日記」（『啄木案内』岩波書店、一九五四年所収）がある〕。

一九五五年十一月、現象論的段階の諸業績を伝記研究の形で集大成し、一つの段階をくっきりとしめくくる大著があらわれる。岩城之徳『石川啄木伝』（東宝書房）である。この書は以後長期間にわたって啄木研究の最良の基礎となり、岩城自身は新しい段階の研究を率いてゆく。

2　実体論的段階　一九五六年～一九八七年

啄木に関する「現象」（＝情報）が十分に収集され記述されるや新しい段階が始まった。もちろんこの段階の開始が単に十分な資料的整備のみに基づくはずがなく、朝鮮戦争勃発と日本国内における左翼運動の抑圧、「逆コース」と呼ばれた諸傾向、スターリン批判の衝撃、左翼思想家の動揺等。そしてこれらとも連動してはじまった思想史、文学史再編の動きなどが背景にあった。

宮崎郁雨の『函館の砂――啄木の歌と私と』（東峰書院）が出るのは一九六〇年十一月であるが、これの主内容が雑誌『海峡』に発表されはじめるのは一九五六年からであった。啄木にとって最大の経済的援助者であった人の描いた「孤負的な驕慢児」啄木、「社会生活的には殆んど無力者に近かった」啄木、その裏づけとも見える衝撃の「借金メモ」の公開、啄木の妻節子に同情と慕情を寄せるがゆえにあらわになる啄木への嫌悪感等が印象的な著書である。伊東圭一郎の『人間啄木』（岩手日報社）は一九五九年に出たが、その内容は五七年一月から『岩手日報』に連載された。啄木の若き日の親友である伊東自身の思い出と若き啄木を知る人たちからの証言によって成るこの書には、浪漫主義時代の啄木、とくに『あこがれ』上梓前後の啄木の奇行が生きいきと描かれる。（大）詩人きどり、借金、うそ、大言壮語等に彩られる啄木。中野重治のいう「俊敏純正の啄木」とは対蹠的な啄木像がこうして描き出される。一九五七年、高桑純夫はその著『日本のヒューマニスト』（英宝社）で啄木のヒューマニズムを「爪先で立つヒューマニズム」と規定した。この論を背後から支えているのは金田一京助の「転回説」であった。こうして、啄木が遺した大逆事件関係の仕事の公刊と高揚する労働運動・左翼運動とが結合して思いきり高められた思想的に積極的な啄木像に対して、別の啄木像が次々に提出されはじめたわけである。

これらの傾向の統合者が国崎望久太郎であった。一九五七年三月以来「落伍者の文学——啄木論の一視点」をはじめ幾つかの論考をものしていた国崎は一九六〇年五月『啄木論序説』(法律文化社)を上梓した。国崎が、公刊された日記(および書簡)をよりどころとしてまず問題にしたのは「啄木の職業が転々としたこと、その就職期間中の欠勤の模様、仕事を棄てた理由、借金と返済の模様など」であった。国崎からすると啄木は一面では「生活上の落伍者であり、彼の文学は落伍者の文学であつた」(「啄木の文学的主体のひ弱さについて」)。こうして現象論的段階の最新の成果の一部であった日記等の資料は新しい啄木像を押し出した。国崎にあっては啄木は思想家としても落伍者であった。その最深の根拠は金田一の「転回説」であった。国崎は金田一の説を頭から信じていた。一九六一年から六二年にかけて、「転回説」に疑義を申し立て金田一に真向から論争を挑んだ岩城之徳とは対照的であった。国崎の功績は一九五〇年代までの啄木を論ずる者たちが、見えなかった、あるいは見なかった、あるいは故意に見ることを避けた啄木の側面を衝撃的に提示し、新しい研究はいやでもおうでもこの側面をとりこみ、その上で対立する諸側面とあわせて整合的に説明し、統一的な啄木像を創り出さねばならぬ、という難問をつきつけたことにあった。

国崎の提出した問題を真正面から受けとめ、これと全身的にとりくんだのは今井泰子である。今井の最初のまとまった仕事は『日本近代文学大系23　石川啄木集』(角川書店、一九六九年〈昭和四十四〉)における注釈の仕事である。『一握の砂』『悲しき玩具』『あこがれ』「呼子と口笛」「雲は天才である」「時代閉塞の現状」「千九百十二年日記」に独自性に富む頭注を付し、さらに精緻で厖大な補注を加えた。岩城之徳、山本健吉らのものをはじめ先行の諸業績があったとはいえこの仕事は驚嘆すべきものであった。関連する資料の博捜、その結果としての言及における遺漏の少なさ、問題を見出す鋭さ、読みの深さ等があいまって、啄木研究の宝庫をなしている。もっとも読みの深さはしばしば深読みとなり、切り込みの鋭さと強引さとが裏腹の関係をなしているなどの問題もかかえているが。数年後、今井はそれまでの諸論考を基礎に『石川啄木論』(塙書房、一九七四年)を著した。作品研究を十分にふまえていたから、これまでのいかなる啄木論よりも彫りが深く、かつその切り口の斬新な石川啄木論であった。しかしこの書は主として次の二点において国崎の衣鉢を継いでいた。まず一点目は国崎同様に金田一の「転回説」を実質的に下敷きにした上で国崎の〝挫折者啄木〟の像を継承したことである。したがって岩城が「奇跡の一年」と呼んだ啄木文学のもっとも豊穣の時期の後ろ半分は、そして啄木が思想家としてもっとも強い輝きを放った時期は、今井の同書にあっては、挫折する啄木、「燃えつきる焔」のような啄木が暗く絶望的な作品を書き、悲しくもむなしい営為に日をおくる時期としてあらわれる。そしてこのように設定された啄木の到達点に照応すべく国崎流の「実存の深淵を凝視する暗欝な啄木」が、啄木の早い時期から晩年にかけて目立たぬながら配置され積極的な啄木像に影のように添っている。今井の描く啄木像は内に亀裂をかかえ、外に対してはきわめて複雑で、陰影に富む、しかし結局は挫折者である啄木像なのである。したがってそれは啄木像の分裂を統一したのではなく、より複雑な分裂を創り出し、統一の課題の困難さを国崎以上にくっきりと呈示したのであった。ともあれ、こうして実体論的段階の特徴をもっとも豊かに内蔵し、この段階を代表するのは今井の『石川啄木論』である。

この期の啄木論として重要なものをいくつか挙げてみよう。渡辺順三・石川正雄編『啄木入門』(春秋社、一九六一年)。とくにその第六章「未来の人」を執筆した赤木健介の深い啄木理解は今も吟味されるべき多くの論点を蔵している。加藤悌三『石川啄木論考』(啓隆閣、一九七三年)。丹念に作品を読みつつ積極的啄木像を描いている。米田利昭『石川啄木』(勁草書房、一九八一年)。切れ味のよい評論集、とくに『一握の砂』と「ローマ字日記」の関係を論じた部分は卓見。松本健一『石川啄木』(筑摩書房、一九八二年)。「石川啄木の生涯を貫いているのは、たえざる闘いである」に始まり、その啄木が明治末年の「生活」において汲みあげてきた生活感情をどのように「作品」化していったかを論じ、「飛行機」の鑑賞で結ばれる斬新な啄木論である。

評伝を挙げよう。岩城之徳『石川啄木』（吉川弘文館、一九六一年）は前掲『石川啄木伝』を要約しつつ、この期の特徴である啄木の否定的側面等の新研究もくみこんでいる。広く読まれているもっとも手頃な石川啄木伝である。杉森久英『啄木の悲しき生涯』（河出書房新社、一九六五年）は啄木の心情分析に光るものをもつ。遊座昭吾『啄木と渋民』（八重岳書房、一九七一年）。啄木が育った宝徳寺に生まれ育った人がすぐれた啄木研究家になるという稀有のめぐり合せが生み出した評伝。堀江信男『石川啄木論考』（笠間書院、一九七一年）は『あこがれ』前後の啄木研究として先駆的な位置を占める。所収の啄木の読書リストの作成もまた先駆的。石井勉次郎『私伝石川啄木　詩神彷徨』（桜楓社、一九七二年）、『私伝石川啄木　暗い淵』（桜楓社、一九七四年）は「生涯を閉じる瞬間まで、彼の内部のエネルギーは複雑に渦巻いてい」て「或意味で貪婪きわまる精神」の持主であった啄木を描く。宮守計『晩年の石川啄木』（冬樹社、一九七二年）。啄木晩年の親友丸谷喜市から証言等をひき出している。岩城之徳『啄木評伝』（学燈社、一九七六年）。前掲の大著『石川啄木伝』とくらべて著者自身次のように述べている。「『評伝』はそれ（＝伝記）をめぐる諸問題を吟味し諸説を批判しながら、新しい資料を渉猟し、永い年月をかけて解明した伝記上の『学説』である。」　田中礼『論攷石川啄木』（洋々社、一九七八年）は啄木の歌や詩を論ずることを軸として展開される評伝とも言うべきもの。いわゆる歌人啄木と評論家啄木の分裂を統一する貴重な試みの一つ。国崎の前掲書に対するもっとも鋭い批判も展開されている。草壁焔太『石川啄木　「天才」の自己形成』（講談社、一九八〇年）は天才主義を縦糸とし、啄木短歌の深い鑑賞を横糸として織りなした、啄木評伝中屈指の傑作である。鳥居省三『石川啄木——その釧路時代——』（釧路市、一九八〇年）は釧路時代の、新聞記者としての啄木を知る上で有益。助川徳是『啄木と折蘆』（洋々社、一九八三年)。「時代閉塞の現状」および啄木晩年の思想を考える上で不可欠の文献。昆豊『警世詩人 石川啄木』(新典社、一九八五年)は著者多年の伝記研究の賜物であり、主として代用教員時代までの啄木が数々の卓見に彩られて語られる。遊座昭吾『石川啄木の世界』(八重岳書房、一九八七年)は、前掲書以来二十年近い研究の蘊蓄を傾けたもの。とくに啄木とワーグナー・尾崎行雄・北原白秋・荻原守衛等との関係の分析は注目される。〔なお単行本の一冊分をなしているものではないが、この期の逸することのできぬ啄木論として、鹿野政直「啄木の出発——その社会思想における——」(『日本歴史』一九七一年一月)・「啄木における国家の問題」(『科学と思想』一九七二年一月)、山本健吉『漱石 啄木 露伴』(文藝春秋、一九七二年)、湯川秀樹『天才の世界』(小学館、一九七三年)、橋川文三「石川啄木とその世界」(『現代日本文学アルバム 第四巻 石川啄木』学習研究社、一九七四年所収)、猪野謙二『明治文学史』下(講談社、一九八五年)、平岡敏夫『日露戦後文学の研究』下(有精堂、一九八五年)がある。外に神崎清『革命伝説』4(芳賀書店、一九六九年。改題再刊『大逆事件』4 あゆみ出版、一九七七年)は啄木と大逆事件に関する理解を深める上で必読の書。〕

作品研究を瞥見しよう。小田切秀雄『石川啄木の世界』(潮出版社、一九六八年、新編再刊第三文明社、一九八〇年)。日本の近代文学全般にわたって造詣の深い著者がその広い視野の中に啄木の歌・詩・小説・評論・日記・書簡・新聞記事等のそれぞれを位置づけつつ、総合的に論じている。いわば啄木作品の鳥瞰図である。今井泰子『日本近代文学大系23 石川啄木集』についてはすでに述べた。詩歌研究および鑑賞に移ろう。山本健吉編『日本の詩歌5 石川啄木』(中央公論社、一九六七年)に付された山本の鑑賞は示唆に富む。桂孝二『啄木短歌の研究』(桜楓社、一九六八年)は啄木短歌の特質を実証的に論じている。玉城徹『石川啄木の秀歌』(短歌新聞社、一九七二年)は実作者による学ぶところの多い鑑賞。秋山清『啄木と私』(たいまつ社、一九七七年)。「啄木と社会主義詩人」の章はとくに秀逸。「啄木私論」の章の支離滅裂ぶりにこの期の研究の悪しき特徴も出る。藤沢全『啄木哀果とその時代』（桜楓社、一九八三年）。『あこがれ』『一握の砂』『悲しき玩具』「呼子と口笛」に関する手堅い実証的研究。とくに第一章は『あこがれ』研究に不可欠。石井勉次郎『私伝石川啄木　終章』（和泉書院、一九八四年）。もっともすぐれた『悲しき玩具』論の一つであり、またもっともすぐれた石川啄木論の一つである。遊座昭吾『啄木秀歌』（八重岳書房、一九八八年）は平明なことばでつづられた秀歌鑑賞、巻末の「小伝　詩人の魂」は創見に富む。小説論。この段階における小説の本格的研究には上田博の『啄木　小説の世界』（双文社出版、一九八〇年）があるのみ。啄木の小説を考えようとする者は誰も窪川の前掲書とこの書を避けて通ることはできない。巻末の「啄木の小説に関する主要論文目録」は参考になる。日記研究に関係したものでは、木股知史『石川啄木・一九〇九年』（冨岡書房、一九八四年）が「『ローマ字日記』その他啄木の多様な表現の可能性を……同時代の表現や社会的観念との関係の中でとらえようと」（曾根博義）していて新しい。（相馬庸郎『日本自然主義論』（八木書店、一九七〇年）の中の二つの「ローマ字日記」論、ドナルド・キーン『続百代の過客』（朝日新聞社、一九八八年）の中の「啄木日記」は示唆に富む。）

なお、以上の分類の中に含めにくいもので重要な著作として次のものをあげておく。川並秀雄『石川啄木新研究』（冬樹社、一九七二年）。「石川啄木と国禁の書」「石川啄木と語学」の章はとくに参考になる。碓田のぼる『石川啄木』（東邦出版社、一九七七年）。長年左翼運動にかかわった者のみの持つセンスが余人の追随を許さぬ好論をつみ重ねている。浦田敬三『啄木その周辺』（熊谷印刷出版部、一九七七年）は啄木と故郷人の関係を正確に知る上で大変参考になる。森一『啄木の思想と英文学――比較文学的考察』（洋々社、一九八三年）。啄木の英語力を実証的に秤量しかなり高く評価している点、また数々の比較文学的考察は新しい啄木研究にとって貴重。中村洪介『西洋の音、日本の耳――近代日本文学と西洋音楽』（春秋社、一九八七年）の第五章「石川啄木と西洋音楽」および付録「明治文壇とヴァーグナー」は表題を論じ切った感がある。

さて、実体論的段階はどの時点までつづくのであろうか。これは現在を歴史記述する作業に同じいのであって容易のわざではない。が、以下の点を考慮して一つの画期を設定してみたい。岩城之徳はこの段階のはじめから一貫して研究を導いてきた。この間にあらわした著書二五冊、共著共編の書は二つの全集を入れて三〇冊である。枚挙にいとまがない。今は著書の方のみを見るが、本論との関係でいえば前掲『啄木評伝』と並んで『近代文学注釈大系　石川啄木』(有精堂、一九六六年)が重要であろう。これは『定本石川啄木歌集』(学燈社、一九六四年)をもとに編んだ校本的研究による啄木作品の定本化作業の一道標であり、現象論的段階からの諸家の業績の一集成であり、今井の前掲注釈の土台ともなったものであった。こうした著書を含む厖大な業績は結局一九八五年から一九八七年にかけて刊行された啄木研究三部作に凝結する。『啄木歌集全歌評釈』(一九八五年)、『石川啄木伝』(一九八五年)、『啄木全作品解題』(一九八七年)、いずれも筑摩書房刊、がそれである。『啄木歌集全歌評釈』と『啄木全作品解題』とは最高の石川啄木事典でもあり今後の研究者、啄木の愛好家でこれらの恩恵に浴せぬ者はないであろうといっても過言ではなかろう。この業績は現象論的段階に特徴的な情報収集を一方の柱とし、実体論的段階に照応した緻密な作品(短歌)研究を他方の柱としていて双方ともに一つの頂点にまで達している。『石川啄木伝』は新しい研究成果がふんだんに盛りこまれた重厚な著述であり第一人者のライフワークの一環をなす堂々たる業績である。しかし、啄木の内面的成長過程を中心として追求する伝記とはなっていない点、啄木一家の最終期の「みじめな経済生活の実態」は「この天才の矛盾せる二つの性格、高い矜持と負けず嫌いの性質、それとうらはらをなす生活の無力さを示すものである」というくだりにも窺える分裂した啄木像の影、一九一一年五月における啄木の思想的到達点を押さえていない点等に、実体論的段階の特徴があらわれている。

以上が一方にあるので、他方に本質論的段階を迎える条件があらわれてきているなら、実体論的段階も現象論的段階と同一の著者によって画される、ということになる。

3　本質論的段階　一九八七年～

本質論的段階とはいかなる段階か。『朝日新聞』夕刊（一九九一年五月九日）に載った有馬朗人東大学長（当時）の次の文章は武谷三男のいう本質論的段階の例である。

自然科学の進んできた道程を振り返って見ると、長年別々な現象（武谷はこれを「実体」と呼ぶ—引用者）と思われていたものの裏にひそんでいる共通性をみつけ、両者を統一して理解することによって、飛躍的な発展がもたらされたことがきわめて多い。

よく知られている例は、ニュートンの発見した力学である。一六〇〇年代にニュートン力学によって、太陽のまわりを回転する水星や金星などの惑星の運動と、地上の物体の落下運動が全く同質のものとして説明できるようになった。そしてリンゴと地球の間にも、惑星のような大きなものの間にも、全く同じ重力が働いていることがわかった。

有馬は他に三つの好例を示している。啄木論にもどしていえば、分裂した啄木像という対立的な二つの実体（それは、時代に先駆けて真摯に生きた青年詩人と実存の深淵をのぞきこむ落伍者、社会主義文学の先駆者と感傷的な歌人、かの強権に真正面から闘いを挑もうとした青年文学者と生活能力のない借金魔等々でありうる）の「裏にひそんでいる共通性をみつけ」出すことによって統一的に石川啄木を理解し説明する段階、これが啄木研究における本質論的段階である。

研究がこの段階を迎えるには二つの条件が必要であろう。第一の条件は金田一京助の啄木晩年の思想的転回説の存立しえないことが論証されること。研究者はこれによって七〇年来の直接間接の呪縛から解放されることになり、同時に従来の研究をこの見地から洗い直すことが可能になる。第二の条件は従来より一層深い内在的研究が登場すること。

前者については近藤典彦『国家を撃つ者　石川啄木』（同時代社、一九八九年）が大筋を解決した。あとは金田一がなぜあのような説を唱えたのか、またその際いかなるからくりを用いたのかが説明されればよい。

後者について。啄木研究が一段階深い内在性を獲得するためには、従来副次的な方法であった啄木の読書史（新聞、雑誌を含む）の掘り起こしと啄木作品の精密な読みとの結合が啄木研究の主要な方法として位置づけられる必要がある。啄木の読書史は啄木の内面史の重要な構成部分であり、その徹底した掘り起こしこそ作品研究の深化をもたらすとともに、分裂した啄木像の「裏にひそんでいる共通性」の発見をもたらすであろう。すなわち統一的啄木像が姿をあらわすであろう。この方法が唯一のものでないことは論をまたぬが、現段階における啄木（＝作家）研究の主たる方法であることは疑いない（この方法に基づく先駆的な仕事は実体論的段階においてすでに存在していた。しかしそれらは作家研究としての啄木研究にあって副次的あるいは部分的な位置しか占めていなかった、といえよう）。

この方法の適用が特徴的になされた著書があらわれたのは岩城之徳の三部作完成の直後であった。上田博『石川啄木の文学』（桜楓社、一九八七年四月）、近藤典彦前掲書（一九八九年五月）、小川武敏『石川啄木』（武蔵野書房、一九八九年九月）がそれである。上田は同書中において高山樗牛、姉崎嘲風、綱島梁川、田中王堂等々の著述と啄木作品とを広く丹念につきあわせることで啄木評論の研究に新生面を拓いている。近藤はたとえば啄木の読んだと推定される全社会主義文献のほとんどを追究して啄木社会主義の到達点を探りあてている。小川は大逆事件に関する深い造詣と啄木作品の綿密な読みとを結合することで小説「我等の一団と彼」の生彩に富む読解に成功した。
以上三冊の登場が前述の第二の条件に何とかかなうものとするなら、岩城の三部作が実体論的段階を画するとともに、啄木研究は今や本質論的段階に入ったと言えるであろう。

ところで、一九八九年十二月二日、岩城之徳の呼びかけのもとに国際啄木学会が設立された。会長に岩城之徳、副会長に上田博、事務局長に遊座昭吾が選ばれた（翌年今井泰子も副会長に選出される）。一九九三年現在、国内に一二、韓国、台湾、インドネシアに各一の計一五支部をもち、フランス、オーストリアの会員を含む約一四〇名の会員を擁する。啄木研究はこの面からも新しい局面に入ったのである。学会を中心とする啄木研究の最新の動向は「国際啄木学会会報」（創刊号、第三、四、五号、一九九〇、九一、九二、九三年）および『一九九一　国際啄木学会台北大会論集』（淡江大学日文系、一九九二年）に示されている。

この間に出た十数冊の単行本のうちから数冊を抽いておこう。在住地の特長を生かした盛合聰『啄木と小国露堂』（熊谷印刷出版部、一九九〇年）には露堂をめぐる得がたい情報が盛られている。清水卯之助『石川啄木　愛とロマンと革命と』（和泉書院、一九九〇年）は着眼点のおもしろさと考証の緻密さが小さくて大切な問題を次々と解決している。太田登『啄木短歌論考　抒情の軌跡』（八木書店、一九九一年）は啄木短歌の総体を相手どって新しい読みを試みる野心的な啄木短歌論である。冴えた切り口が随所に見られる代りに、論の運びにかなりの無理も見られる。関西啄木懇話会編『啄木からの手紙』（和泉書院、一九九二年）は啄木文学の重要構成要素をなす書簡にとりくんだ最初の単行本である。監修　岩城之徳　編集　遊座昭吾・近藤典彦『石川啄木入門』（思文閣出版、一九九二年）は岩城、今井、上田（博）らの執筆陣にめぐまれて内容、写真ともに豊富であり出色の入門書。塩浦彰『啄木浪漫　節子との半生』（洋々社、一九九三年）はかなり以前の論考の集成だが、啄木を妻の側から照らし出す好著。『金田一京助全集』第十三巻（三省堂、一九九三年）は岩城之徳の編集・解説・解題になるもので、金田一の啄木関係の文章のうちの価値あるものすべてと、金田一・岩城論争の全経過が収録されている。未見の人には委曲を尽した解説・解題も含め必読の書となっている。

あとがき

昨年八月蓼科で妻と二人ほととぎすを聴き、マリー・ローランサン、棟方志功などに親しみ、知己と会食を楽しんで帰ったのが、四日のことであった。その翌日のことだったと思う。外出先から帰宅したわたくしに妻が告げた。成城学園のサエキさんという方から電話があり、夜にでもまたかけますとのことだった、と。五百数十人の教職員のいる学園の中でわたくしが思い出せる方は佐伯有清先生お一人であった。お会いしたことさえない高名の歴史学者からお電話をいただくはずはないし……、途方にくれたわたくしは書斎で仕事にとりかかろうとした。途端に机上の電話が鳴った。

佐伯先生は八月二日の『朝日新聞』に出たわたくしの啄木研究に関する記事（白井久也編集委員）を読まれ、これまでの『成城文藝』等に載った小論や、上梓直後にご購読下さったという小著『国家を撃つ者　石川啄木』をご考慮の上で新著の出版をおすすめ下さったのであった。望外のよろこびに一刹那言葉が消えた。生涯忘れ得ぬ瞬間であった。

先生はわたくしの用意した全原稿にご高覧を賜わり、それら拙稿群を最良の形に編集して下さった。そして「石川啄木と明治の日本」と題して下さった。

ご高配とご芳情に対しただ深甚の感謝の念をささげるばかりである。

本書は分裂した啄木像統一の可能性を展望し、目標をそこにしぼって築いてきた仕事の一集成である。

本書はまた「明治の日本」の後半期を生きた文学者としての石川啄木の研究でもある。日本の近代史において見るならば啄木の幼年期は産業革命の始期にあたる。そしてこの産業革命、「機械の発明と利用を基礎にして資本制生産様式が全社会的に確立する過程」であり、「全社会を資本家と賃金労働者に分裂せしめてゆく……資本制的蓄積の全面的開始期」としての産業革命は、その終期を日露戦争の直後とする（石井寛治『日本経済史』）。同じ時期に明治憲法体制も完成した。したがって啄木の生きた「明治の日本」後半期は商品生産の急速な展開にもとづく個人主義の開花、労働運動・社会主義運動の発生と発展、強権による苛酷な抑圧（大逆事件）、「民衆」と結合したデモクラシー運動の胎動等をその特徴として持つ。

啄木の三次にわたる上京も、浪漫主義的・天才主義的生き方も、あの超凡の予見や教育も、強権の最深部にまで達した鋭い批判も、それらの結実としての文学上の達成も産業革命期・明治憲法体制成立、完成期日本とのぬきさしならぬ関係の中から生じたのである。

さて、本書の上梓にいたる数年をふりかえって、わたくしは国際啄木学会、初期社会主義研究会等の仲間から受けた学恩をしみじみと思わずにはいられない。記して感謝の意を表したい。

わけても岩城之徳先生とわたくしの間にはこの数年来啄木研究のほとんど全面にわたる情報の交換がなされており、その中で先生からいただいたご示教は今や測り知れないものとなった。もちろん本書もゲラの段階でご校閲をいただいた。

秋山虔先生には東大在学の頃にかわらぬご恩顧を今もいただいている。本書所収のほとんどすべての小論は初出の折すでに先生ご高覧の栄に浴した。とりわけ、注目されることのなかったひそかな会心作「石川啄木の借金の論理」をいちはやく評価して下さったのは秋山先生であった。

両先生に対し厚い感謝の念をこめてここにお礼申し上げるものである。

東大大学院時代の友人・中央大学教授渡部芳紀君の友情はわたくしの研究生活の一つの支えであった。ありがとう。

吉川弘文館社長吉川圭三氏からは本書の出版に際し有り難いご高配を賜わった。また、編集部上野久子氏の緻密なお仕事ぶりには賛嘆の念を禁じえぬことしばしばであった。擱筆に際し厚くお礼申し上げる。

一九九四年四月一三日

近藤典彦

初出一覧

フェニックスのような――はしがきに代えて
（原題）フェニックスのような――小さな石川啄木論――
『岩手日報』文学賞第五回啄木賞を受賞した際の記念講演（一九九〇年七月二〇日）の記録。

序　章　啄木研究史のアポリアを解く
「啄木最後の思想的転回」説の解明
（原題）啄木研究史の一視点――「啄木最後の思想的転回」説批判――
『一九九一　国際啄木学会台北大会論集』（淡江大学日本語文学系、一九九二年三月）

第一章　明治の時空を超えた詩人――その予見性・先駆性――
一　ローマ字詩「新しき都の基礎」の研究――東京大空襲の予見と重ねつつ――
（原題）啄木とローマ字詩「新しき都の基礎」――『空中戦争』にふれて――
『国際啄木学会会報』第五号（一九九三年七月）。四百字詰めで十数枚分加筆。
二　啄木の予見に関する考察――大気汚染・大正デモクラシー運動・生物圏破壊――（未発表）
三　明治教育体制批判の急先鋒――先駆する教育思想・教育実践――
（原題）教育者石川啄木試論

『成城学園教育研究所研究年報』第十五集（一九九二年一一月）。ごくわずかに加筆。

第二章　幸徳秋水らへのレクイエム・「呼子と口笛」の研究

一　長詩「はてしなき議論の後」に潜むモチーフ

（原題）石川啄木「はてしなき議論の後」の隠されたモチーフ――『創作』巻頭詩をめぐって――

『国語と国文学』第七十巻第十号（東京大学国語国文学会、一九九三年一〇月）。四百字詰めで約二〇枚分加筆。

二　「呼子と口笛」の口絵と幸徳秋水

（原題）「呼子と口笛」の口絵と『基督抹殺論』――秋水の遺著に重ねた啄木の天皇制批判――

『成城文藝』第一三三号（成城大学文芸学部、一九九〇年一二月）

三　「呼子と口笛」の扉絵考

（原題）啄木・マルクス・五ポンド紙幣

「国際啄木学会東京支部会報」第二号（一九九二年四月）。書きかえを行なった。

四　「墓碑銘」創作素材の多様性

（原題）啄木作品をめぐる小論二篇

「文叢」第二十二号（成城学園高校、一九八八年三月）。加筆および削除箇所はかなり多い。

第三章　啄木とリヒャルト・ワーグナー

一　啄木十七歳のワーグナー研究と英書

（原題）石川啄木のワーグナー研究と英書

「文叢」第二十四号（成城学園高校、一九九〇年三月）

二　「ワグネルの思想」をめぐる考察
（原題）「ワグネルの思想」をめぐる断想
『啄木文庫』第18号（関西啄木懇話会、一九九〇年一一月）。加筆および削除がある。
三　石川啄木の借金の論理
（原題）石川啄木の借金の論理
『成城国文学』第七号（成城国文学会、一九九一年三月）

終　章　不滅の天才詩人
一　啄木受容史序説——没後の三十年間——
（原題）啄木享受の歴史——没後三〇年の覚書——
監修　岩城之徳　編集　遊座昭吾・近藤典彦『石川啄木入門』（思文閣出版、一九九二年一一月）。四百字詰めで約一〇枚分加筆。
二　啄木研究史概説
（原題）石川啄木研究史大概
『群像日本の作家7　石川啄木』（小学館、一九九一年九月）。かなりの加筆と削除がある。

索　　引

1. この索引は利用者が本書を通読していることを前提として作成した。
2. この索引は複数のページで用いられている同一事項・人名の検索を容易にするために作成した。
3. したがって重要な事項・人名でも1ページにしか現われないときは項目をなしていない。
4. 「フェニックスのような——はしがきに代えて——」のページ数は（ ）に入れた。

あ　行

か　行

さ　行

た　行

な　行

は　行

ま　行

や　行

ら　行

わ　行

英　文

著者略歴

一九三八年　北海道旭川市に生まれる
一九六四年　東京大学文学部国史学科卒業
一九六六年　東京大学大学院人文科学研究科国語国文学専門課程中退。北星学園余市高校、成城学園中学校教諭を経て
一九八四年　成城学園高校教諭、現在に至る。この間成城大学文芸学部、成城短期大学講師。現在中央大学文学部講師。

〔主要著書〕
『マルクスの生産概念』（同時代社、一九八四年）
『国家を撃つ者　石川啄木』（同時代社、一九八九年）
『石川啄木入門』（共編著、思文閣出版、一九九二年）

石川啄木と明治の日本

平成六年六月十日　第一刷発行

著者　近《こん》藤《どう》典《のり》彦《ひこ》

発行者　吉川圭三

発行所　株式会社　吉川弘文館
郵便番号一一三
東京都文京区本郷七丁目二番八号
電話〇三―三八一三―九一五一〈代〉
振替口座東京〇―二四四番

印刷＝ディグ　製本＝石毛製本

© Norihiko Kondō 1994. Printed in Japan

石川啄木と明治の日本（オンデマンド版）

2019年9月1日　発行

著　者　近藤典彦《こんどうのりひこ》
発行者　吉川道郎
発行所　株式会社 吉川弘文館
〒113-0033　東京都文京区本郷7丁目2番8号
TEL　03(3813)9151(代表)
URL　http://www.yoshikawa-k.co.jp/

印刷・製本　株式会社 デジタルパブリッシングサービス
URL　http://www.d-pub.co.jp/

近藤典彦（1938～）
ISBN978-4-642-73655-8
© Norihiko Kondō 2019
Printed in Japan

JCOPY〈出版者著作権管理機構　委託出版物〉
本書の無断複写は著作権法上での例外を除き禁じられています．複写される場合は，そのつど事前に，出版者著作権管理機構（電話 03-5244-5088，FAX 03-5244-5089，e-mail: info@jcopy.or.jp）の許諾を得てください．